株洲县年鉴

ZHU ZHOU XIAN NIAN JIAN

2017

株洲县人民政府主办
株洲县年鉴编辑委员会编
方志出版社
Publishing House of Local Records

图书在版编目（CIP）数据

株洲县年鉴. 2017 / 株洲县年鉴编辑委员会编.
—北京：方志出版社，2017.12
ISBN 9787-5144-2901-5

Ⅰ·①株… Ⅱ·①株… Ⅲ·①株洲县—2017—年鉴
Ⅳ·①Z526·44

中国版本图书馆CIP数据核字(2017)第321396号

株洲县年鉴(2017)

编　　者：株洲县年鉴编辑委员会
责任编辑：刘方圆

出 版 人：冀祥德
出 版 者：方志出版社
地址　北京市朝阳区潘家园东里9号(国家方志馆4层)
邮编　100021
网址　http://www.fzph.org
发　　行：方志出版社图书经销中心
电话(010)67110500
经　　销：各地新华书店
印　　刷：株洲美彩印务中心

开　　本：889X1194　1/16
印　　张：16
字　　数：480千字
版　　次：2017年12月第1版　2017年12月第1次印刷
印　　数：0001—1000册

ISBN 978-7-5144-2901-5　定价：300.00元

编 辑 说 明

一、《株洲县年鉴》（2017年卷）由株洲县人民政府主编，为1996年创刊后的第19部，主要记载株洲县2016年度的政治、经济、文化、社会等方面的基本情况和重大事件。

二、本年鉴采用分类编排，框架结构与上年基本一致。全书共10个部类，计48万字，彩图112版面。

三、本年鉴稿件由各单位专人撰写，并经供稿单位领导审阅，确保了资料和数据详实可靠，具有权威性。

四、本年鉴所列各级各部门负责人名录（镇、场负责人见各单位概况前），均以2016年12月31日任职为准。

五、本年鉴在编辑过程中，得到全县各级领导、各部门、单位的大力支持与协助，谨致以诚挚的谢意。由于编辑水平有限，难免有疏漏错误，恳请读者和各界人士批评指正。

《株洲县年鉴》编辑委员会

《株洲县年鉴》编辑办公室

目　录

大 事 记

政 治

社 会 事 业

县辖镇（场）

光荣榜

株洲县各级各部门主要负责人名册

彩页目录

国家工业和信息化部副部长徐乐江到县现场查看华新水泥中央控制室

国务院水泥玻璃淘汰落后产能专项督查组听取县工作汇报

住建部考核组考核县城镇供水规范化管理工作

省委副书记、省长许达哲到县调研转型升级、园区建设、产业发展、环境保护等工作

省委常委、宣传部长蔡振红到县调研广播电视宣传工作

省政协副主席、民盟省委主委杨维刚到县调研盟务工作及“盟员之家”建设

省商务厅机关党委副书记彭澎、老干处调研员王仁兵一行到县调研开放型经济工作

省高级人民法院党组书记、院长康为民到县调研法院司法改革工作，实地考察建设中的县法院审判大楼

省检察院党组副书记、副检察长常智余一行到县检察院调研指导工作

省人大常委会联工委副主任符乔荫、省人大常委会联工委选举任免处调研员蒋胜兰一行到渌口镇调研镇人大工作

省档案局局长胡振荣一行到龙船镇慰问省档案局下派镇挂职党委副书记凌明同志，并就相关工作开展座谈

由省国土资源厅副厅长金勇章任组长的省委督查组一行到县对信访工作进行专项督查

省国税局局长刘明权到县调研国税工作

省民政厅副厅长杨薇到县参观县海福祥养老护理院，对养老服务质量的建设情况进行视察

省交通运输厅党组成员、副厅长肖文伟调研县治超工作

畜牧局副局长王元宝一行到县开展春季养殖业农资打假行动

省教育厅副厅长王玉清一行到县调研城乡义务教育一体化改革发展工作

市委书记、市人大常委会主任毛腾飞到县调研：以中共十九大精神为指引，决战决胜脱贫攻坚

市委书记、市人大常委会主任毛腾飞，市委副书记、市长阳卫国率相关部门负责人到县督查东城大道项目建设情况

市委书记、市人大常委会主任毛腾飞督查指导县防汛工作

市委副书记、市长阳卫国深入龙潭镇砖桥村、朱亭镇政花村调研脱贫攻坚工作

市委副书记、市长阳卫国连夜督查湘江险情处置情况，查访防汛值守情况

市委副书记雷绍业到株洲县调研脱贫攻坚、美丽乡村建设等工作

市委常委、市纪委书记赖馨正率相关部门负责人到县检查指导防汛工作

市委常委、政法委书记杨玉芳一行深入朱亭镇调研文化旅游特色小镇建设

市委常委、副市长田卫军到县调研经济社会发展情况

市委常委、宣传部长聂方红到县调研基层文化工作

市委常委、统战部长覃万成一行到县调研指导统战工作

株洲军分区司令员李波到县调研人民武装工作

副市长何朝晖到县督查原新惠树脂油厂原料处置问题

副市长谭可敏到朱亭镇调研特色城镇建设

市人大常委会党组书记、常务副主任刘光跃到淦田镇南塘村调研脱贫攻坚工作

市人大常委会副主任、市总工会主席王建之到县调研“一户培养一产业工人”工程

人大常委会副主任邓尚文到龙潭镇砖桥村调研精准扶贫工作

市人大常委会副主任钟燕走访调研龙门镇李家村扶贫工作

市政协副主席周雪辉一行到县调研“项目攻坚年”工作

邵阳市人大常委会副主任、新宁县委书记秦立军，县委副书记、县长谭精益率党政代表团新宁县党政代表团考察学习县征地拆迁和项目建设

县委书记罗绍昀在株洲县三级干部大会上讲话

县委副书记、县长刘克胤在县第十二届人民代表大会第二次会议上作政府工作报告

县人大常委会主任罗禧瑰在县第十二届人民代表大会第二次会议上作工作报告

县政协党组书记、政协主席王亚男在政协株洲县第九届委员会第二次全体会议上作工作报告

八一建军节前县委书记罗绍昀带队看望慰问驻县部队官兵

县委书记罗绍昀深入龙船镇、朱亭镇、淦田镇、南洲镇对出现的险情进行现场调度

县委副书记、县长刘克胤带领相关责任部门和镇级河长乘船巡湘江县段河况，履行“总河长”职责

县委副书记、县长刘克胤现场指挥化解险情，紧急调度防汛抗灾

县委副书记朱江先后深入淦田镇、朱亭镇、龙潭镇督查脱贫攻坚工作

县委常委、纪委书记谭伟生到龙门镇调研脱贫攻坚及党建帮扶工作

县委常委、政法委书记张德云到龙船镇农业综合开发国家储备林示范项目现场办公，协调解决制约项目发展的难题

县委常委、宣传部长刘美和到龙船镇督查指导综治维稳工作

县委常委、统战部长刘奇伟一行调研指导民族宗教工作

县委常委、县人武部部长易运华到县三中督查征兵宣传工作

常务副县长武挪强视察保障房小区项目建设

县委常委、县委办主任刘辉深入渌口镇松西子社区调研基层党建和精准扶贫工作

县委常委、组织部长谭成华到南洲镇荷塘村慰问退休党员教师陈建权

副县长晏永辉深入龙门镇花冲村走访慰问贫困户

副县长于大平率县政府办、民政、水利等部门负责人冒雨沿湘渌两江（株洲县段）沿岸实地察看防汛情况

副县长、县公安局长黄团结率公安、交警、消防等部门负责人督导检查安全生产工作

副县长（挂职）郭海滨在龙门镇调研

副县长吴宏亮调研统计工作

副县长漆帅花一行调研湖南省旅游重点项目——“挽洲岛-朱亭古镇-堂市土城水上观光旅游项目

副县长刘行国现场督办环保投诉案件

中共株洲县委十届三次全体（扩大）会议暨县委经济工作会议

县召开领导干部大会，专题传达学习中共十九大精神

中国共产党株洲县第十届纪律检查委员会第二次全体会议

县第十二届人民代表大会第二次会议

政协株洲县第九届委员会第二次全体会议

全县三级干部大会

县召开党务工作会议

县十二届人民政府第三次全体（扩大）会议

县四大家领导启动“掌上渌口”客户端

县政府联合株洲市经信委举行承接产业转移招商推介会

县2017湖南“港洽周”成功签约3个项目

湖南省股权交易所株洲县经济专板开通暨首批50家企业集体挂牌仪式

渌口大桥

株洲县成功签约株洲节能环保产业装备制造园项目

亿杰电子科技产业园项目举行开工仪式，市政协主席蔡溪宣布项目正式开工

株洲县在深圳产业对接既市情推介会上成功签约二个亿元项目

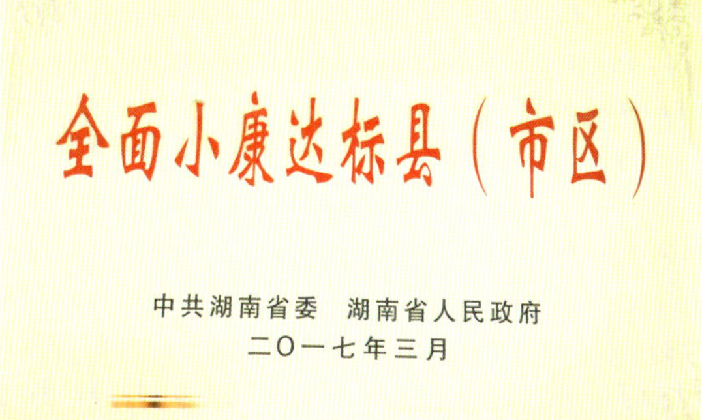

株洲县获评全省“全面小康达标县”

株洲县人民代表大会常务委员会

县人大常委会召开株洲县2017年专项工作评议大会

县人大常委会主任罗禧瑰视察重点项目

县人大常委会副主任郭兴龙走访南洲镇泗马村贫困户

县人大常委会副主任何沙慰问孤儿

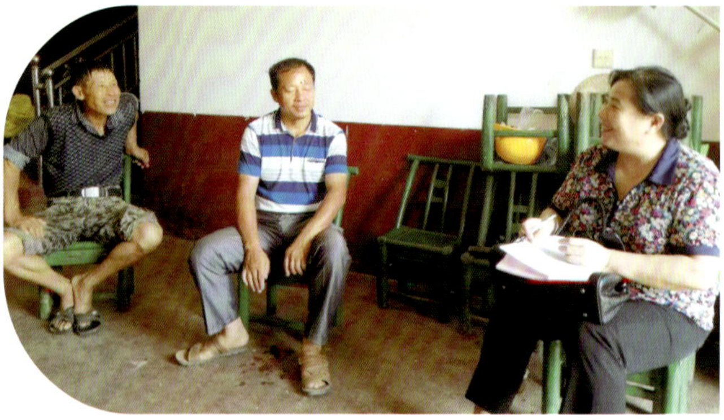

县人大常委会副主任李桂香走访慰问贫困户

县人大常委会副主任张国雄走访慰问贫困户

县人大常委会副主任唐定文督查指导防汛抗灾工作

政协株洲县委员会

九届政协委员参加井冈山红色革命教育学院学习

2017年民主评议动员会

2017年重点提案电视问案

县政协委员井冈山革命传统教育培训班结业仪式

县政协机关组织扶贫捐款

政协主席王亚男慰问
95岁贫困老人谢秋莲

“两学一做”工作部署会

政协研讨会

湖南省株洲县人民武装部

军分区政治部梅先清主任到县人武部检查指导工作

县委书记罗绍昀、常务副县长武挪强一行慰问武警官兵

常务副县长武挪强带领部领导干部及基层武装工作人员学习

副部长周学芝给民兵上国防教育课

2016年征兵工作部署会

2016年县基干民兵通信保障分队集训

训练

中共株洲县纪律检查委员会

县委常委、县纪委书记谭伟生接受株洲新闻广播电台清风株洲节目专访

县委常委、县纪委书记谭伟生宣讲十九大精神

召开中共株洲县第十届纪律检查委员会第二次全体会议

县委常委、县纪委书记谭伟生讲授“两学一做”专题党课

召开县纪检监察干部家属廉政座谈会

县纪委开展“深入农户察民意 精准监督促扶贫”主题党日活动

株洲县委办公室

县委常委、县委办主任刘辉在扶贫户家中走访慰问

党性大讨论之——信仰的力量

县委办集中学习中共十九大精神

县城老街洪水退去，县委办机关党支部开展“支部主题党日活动”，帮助老街群众清淤消毒

“朗读者”活动集体合影

县委办机关党支部开展“朗读者”活动

中共株洲县委组织部

开拓创新的领导班子

向毛泽东主席敬献花蓝

重温入党誓词

支部活动——传承中国革命精神

集中学习

县委常委、组织部长谭成华带头参加组织工作业务考试

中共株洲县委宣传部

省委宣传部副部长、文明办主任刘进能到县调研

部长刘美和做全县宣传系统“两学一做”学习教育专题党课

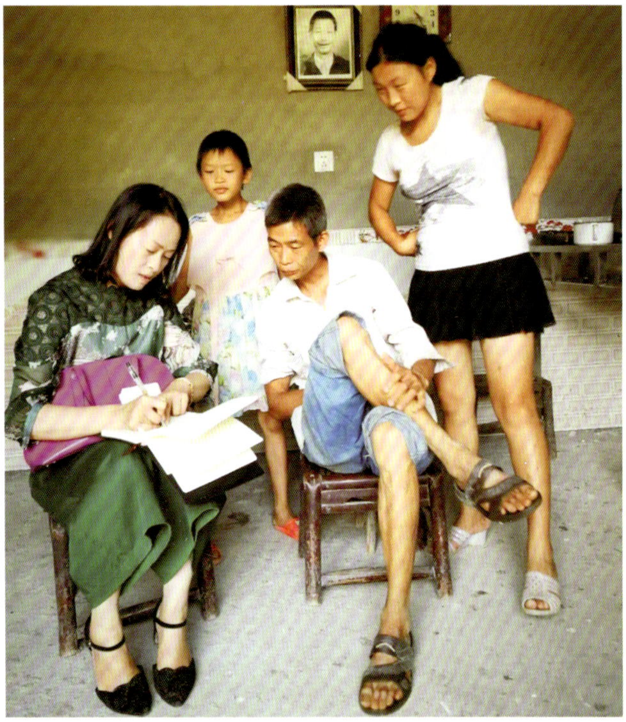

部长刘美和入户走访贫困群众

支部主题党日活动，重温入党誓词

部长刘美和到凤凰山林场宣讲十九精神

市委宣讲团到县宣讲撰中共十九大精神

中共株洲县委统一战线工作部

市委常委、统战部部长覃万成一行到株洲县调研

团结务实的领导班子

市民宗局调研株洲县佛教场所建设工作

组织党外代表人士赴湖南省党史陈列馆培训学习

统一战线喜迎十九大“同心共筑梦 助推大发展”演讲比赛决赛圆满落幕

组织赴台交流参访团开展为期一周的两岸交流活动

爱心汇聚、同心同行——株洲县非公企业为受灾群众捐赠善款和物资14万余元

县委常委、统战部部长刘奇伟到古岳峰镇岳峰村扶贫慰问

中共株洲县委政法委员会

县信访维稳和综治民调部署会

综治办开展夜间巡逻工作

县委政法委书记张德云在龙船镇讲党课

县委政法委书记张德云（右一）端午慰问贫困户

政法委“9·13”党日活动

组织网格员培训，推进网格化进程

株洲县政府办公室

在韶山开展党日活动

重温入党誓词

开展中层干部竞争上岗演讲大会

"致青春"主题朗诵比赛

秉承爱心，走访帮扶贫困户

志愿服务清扫伏波岭老街

参加全县月月赛男子篮球比赛

中共株洲县委党校、行政干部学校

校　长　欧阳开科

团结奋进、求真务实的领导班子

县乡科级领导干部学习贯彻党的十九大精神轮训班在党校开班

校长欧阳开科到县直单位宣讲党的十九大精神

党校“两学一做”领导干部讲党课

校长欧阳开科实地勘查贫困户危房现场

校长欧阳开科主持党的十九大精神第二期轮训班

湖南株洲渌口经济开发区管理委员会

株洲时代新材料科技股份有限公司

株洲光明重型机械制造有限公司生产的风电叶片

株洲金韦硬质合金有限公司展厅

正在建设中的株洲时代新材芳纶制品生产厂房

工业园一角

株洲县财政局

团结创新的领导班子

县农村财会人员政策培训班

全县2017年财政决算工作会议

特载

激情干事谋发展　务实担当抓落实

——2017 年 2 月 12 日在全县三级干部大会上

县委书记　罗绍昀

今天的会议，主要目的是总结表彰2016年工作先进，贯彻落实县委十届三次全会暨县委经济工作会议精神，号召全县上下激情干事谋发展，务实担当抓落实，奋力打造繁荣宜居幸福文明的株洲城市副中心，以优异的成绩迎接党的十九大胜利召开。下面，我讲三点意见。

一、总结成绩，坚定乘势而上、再创辉煌的发展信心

2016年，是值得铭记、值得自豪的一年。一年来，面对严峻复杂的经济形势，全县上下团结一心、攻坚克难、务实苦干，取得了极其不易的发展成果，为我们加速融城、加快发展打下了坚实基础、增添了强劲动力。

这一年，我们的发展思路更加清晰。我们严格程序、严明纪律，顺利完成了县乡两级党委、人大、政府换届和县政协换届，确保了组织意图圆满实现，确保了换届过程风清气正。特别是在县第十次党代会上，新一届县委审时度势，科学研判，确定了未来五年“加速融城、加快发展，打造‘三区一中心’，推进‘四个一体化’”的发展思路。实践证明，这一思路，契合了省市党代会精神，结合了株洲县发展实际，符合了全县人民期盼，既是株洲县历届县委工作思路的继承和创新，更是引领株洲县未来发展的正确指南。

这一年，我们的发展基础更加夯实。我们克服各种不利因素，全力稳增长、保投资、调结构，主要经济指标实现了稳步增长，综合实力明显增强。全年实现GDP127亿元，增长8.2%；公共财政预算收入13.1亿元，增长10.5%，税比63.4%；固定资产投资106.4亿元，增长14%；社会消费品零售总额41.4亿元，增长12.4%；城镇居民人均可支配收入29089元，增长8.6%；农村居民人均纯收入15982元，增长8.9%。各项经济指标增速均位居五县市前列。

这一年，我们的发展势头更加强劲。我们抓项目、活产业、惠民生、保稳定，各项社会事业取得了全面进步，多项工作在省市有影响、有地位。亚胺薄膜、渌湘大道、和谐大道等一大批项目相继竣工，湘江七桥、东城大道、二线船闸、渌水二桥等一大批项目加速推进，扶贫攻坚、教育、卫生、文化等一大批民生实事成效显著，群众的认同感、获得感、幸福感大幅提升。全年各项民生支出累计达22.2亿元，占到财政支出的72%。尤其值得高兴的是，去年我县提前实现了全面小康达标，综治民调总成绩全市第一，计划生育、安全生产、社会治安综合治理三项工作同时荣获省先进，取得了历史性的突破。

这一年，我们的发展氛围更加浓厚。我们坚持全面从严治党，切实加强纪检、组织、宣传、统战、政法、党管武装等党的建设各项工作，全力支持人大、政府、政协依法履职、高效履职，营造了风清气正、团结和谐的良好氛围。特别是新一届县委以壮士断腕的决心、刮骨疗毒的毅力，坚持一个声音、一个步调、一个标准，依法、阳光、公平推进征拆工作，有效匡正了社会风气，促进了公平正义，赢得了广大干部群众的普遍认同和广泛支持，全县上下支持发展、参与发展、维护发展的氛围日益浓厚。“百日攻坚”行动开展以来，共签订房屋征拆协议858户，拆除房屋451栋，取得了历史性突破。

回顾一年来的工作，最需要感谢的就是大家默默耕耘、无私奉献，最值得铭记的就是大家日夜奋战、风雨兼程，最令人感动的就是大家众志成城、无坚不摧。在此，我代表县委、县人大、县政府、县政协、县人武部，向所有为全县发展付出心血的党员干部群众以及社会各界人士致以最崇高的敬意和最衷心的感谢！向所有受到表彰的模范集体和先进个人，表示最热烈的祝贺！

成绩已成历史，未来任务尤坚。总结成绩的同时，也要清醒地认识到当前所处的阶段特征、面临的形势挑战和存在的现实差距。一是全面小康的达标，激励着我们向更高目标迈进。习近平总书记指出，小康不小康，关键看老乡。虽然我县全面小康建设已经达标，但很多分项指标还有上升空间，很多工作还有潜力可挖，和发达地区相比，我们的小康达标还处在低水平达标的阶段。二是“撤县设区”的加速，推动着我们向更高标准看齐。对株洲县来说，这既是难得的机遇和光荣的使命，更是艰巨的挑战和巨大的压力，特别是对照市区工作要求和城市建设管理水平，我们很多工作还存在较大差距。三是新常态带来的机遇和挑战，鞭策着我们向更高水平努力。当前及今后一段时期，虽然经济下行压力仍然较大，但经济发展长期向好的基本面没有变。同时，作为长株潭核心区的一部分，我们将接受更多的政策辐射；作为株洲市“一核一圈一廊”的重点区域和株洲市城市向南发展的战略要地，我们将赢得更多发展机遇。因此，我们要保持定力、坚定信心，突破已有的发展思维、工作模式、措施办法，学会用国际视野、战略眼光谋划发展，用市场理念、项目意识推动工作，用纪律规矩、法治观念规范行为，真正把坚实基础和大好机遇转变为现实优势，转化为发展成果，努力爬坡过坎，实现弯道超车。

二、狠抓落实，开启加速融城、加快发展的崭新征程

2017年，是推动加速融城、加快发展的关键之年，县委十届三次全会暨县委经济工作会议明确了今年的工作思路，接下来，就是要围绕既定的思路奋力攻坚、狠抓落实。全县上下务必统一思想、集中精神，突出抓好六个方面的重点工作。

1. 重视“三农”工作，在推动新农村建设上实现新突破。中央一号文件连续十四年均是关于“三农”，充分体现了中央一贯高度重视“三农”工作的战略思维。我县是传统农业大县，农业人口比重高，农村工作任务重，做好“三农”工作既意义深远，又责任重大。一要做大农业。深入推进农业供给侧结构性改革，不断加快农业现代化和产业化进程，努力构建以现代经营为特征、现代科技为支撑、现代农民为主体的现代农业体系。要推动农村土地经营权有序流转，提高农业规模化、集约化经营水平，着力培育一批大型农民专业合作社、种植基地、种植大户。要扬长补短，打造一批示范性农业龙头企业，创建一批知名的农副产品特色品牌。二要扮靓农村。坚持规划先行，对农村建设实施全域规划、科学规划、统一规划，形成地域特色和独特风貌。实施“全域美丽乡村”行动，加快美丽乡村建设和农村人居环境整治，逐步实现“村庄美、村民富、村风正”的新农村建设目标。进一步加大农村基础设施投入，不断完善农村电力、道路、水利、通信等基础设施建设，努力使农村设施更完备、生产更高效、生活更舒心。推进淦田、龙船、古岳峰、朱亭等乡镇的管网延伸工程和12个贫困村的安全饮水工程，解决3万人的饮水安全问题。启动农村公路提质“三百”工程，完成农村通畅工程100公里、拓宽改造100公里、安保工程100公里。实施电网改造项目62个。在推进农村建设过程中，要广泛集聚社会力量，充分调动群众支持、配合、参与农村发展的积极性，特别是要充分挖掘人脉资源，加强与在外成功人士的沟通联系，“引老乡、回故乡、建家乡”。三要致富农民。充分发挥地域和资源优势，大力发展村级集体经济。各村级组织要摒弃“等靠要”思想，开动脑筋、敢闯敢冒，坚持宜农则农、宜林则林、宜游则游，想方设法创造集体经济收入，坚决消灭村级集体经济“空白村”。要支持农民工返乡创业、自主创业，不断增加农民收入。四要建强堡垒。要把加强农村基层组织建设摆在重要位置，不断增强基层组织的创造力、凝聚力、战斗力。要切实抓好村级组织换届，选优配强村支两委班子特别是党组织书记，让更多的优秀村级后备干部和致富能人进入村级班子。要严肃换届纪律，对拉票贿选等干扰、破坏、操纵选举的现象，发现一起，严惩一起，绝不姑息。继续加大对基层的关心和支持力度，加快乡镇“五小”设施和周转房、社区办公用房、村级组织活动中心建设，切实改善基层工作条件。要保障和改善基层干部待遇，实行村干部工资集中统发，逐步提高村级转移支付标准，为广大基层党员干部扎根基层、安心工作扫除后顾之忧。

2. 坚持基础先行，在推动加速融城上实现新突破。融城发展是株洲县的最大机遇，主动融城是我们的必然选择。今年是我县全面实施融城战略的关键之年，全县上下务必紧扣打造“三区一中心”，推进“四个一体化”的战略目标，集中精力，合力攻坚，全力迈开融城发展的坚实步伐。一要强化融城意识。做任何工作，都要有前瞻意识和长远眼光，以市区的定位、市区的标准来谋划和推进。特别是要科学规划城市建设，从功能定位、基础设施、城市建管等各个方面，全方位、全领域地对接市区发展，避免重复和不合时宜的开发。要有敢于留白的胸怀，对一些想做但条件尚不成熟的事情，决不能操之过急、降低标准。要未雨绸缪，认真分析撤县设区后可能产生的不利影响，提前谋划、积极应对。二要夯实融城基础。大刀阔斧地推进基础设施建设，为融城发展打好基础、练好内功。要多建发展之路、便民之路、示范之路，构建便捷畅通的交通网络。建“发展之路”，就是要开工建设渌枫大道、湘江风光带东岸，积极推进渌水二桥、湘江大道、长株攸快速公路、醴娄高速建设，尽快打通融城动脉，实现核心骨干路网的互联互通。建“便民之路”，就是要启动漉浦西路、黎绍路、黄金路延伸段和连接湘江风光带东岸的下穿铁路市政通道建设，打通城区“断头路”；加大农村公路建设和改造升级，改善群众出行条件。建“示范之路”，就是要高标准建设、管理和养护道路，让群众既走得安心，更走得舒心。要筑牢园区平台，加快完善南洲新区配套设施，为更好地承接产业、引进企业奠定基础。三要提升融城品质。按照市区的标准来建设县城、改造县城，以青龙湾为依托，大力开发北部融城片区，建设一批高档精美的住宅小区，打造城市名片。高品质实施旧城提质，加快推进棚户区改造。建设一批公共停车场，缓解县城“停车难”。加快“智慧渌口”信息中心建设，加强城市精细化管理，全面与市区接轨，提高城市管理水平。

3. 攻坚项目建设，在强化发展支撑上实现新突破。深入开展“项目攻坚年”活动，把广大干部的激情和力量凝聚到项目建设上来，努力营造争先恐后上项目、热火朝天建项目、争分夺秒推项目的良好氛围。一要强化项目招引。方向要更准。紧扣株洲市主导产业配套区的发展定位，主动对接市“一谷三区”发展战略以及沿海地区、长株潭产业转移，明确新材料、汽车配套、轨道交通和环保四大产业为主要招商方向，着力引进一批大型配套企业。方式要更活。实施全员招商、飞地招商、精准招商、以商招商、中介招商等招商模式，凝聚方方面面的招商力量，形成“大招商”的浓厚氛围。保障要更强。组建专业化招商团队，建立科学有效的招商机制，从强化基础工作、加强信息研判、规范招商流程、提高洽谈效率等环节入手，提高招商工作的规范性。效果要更好。拿出“三顾茅庐请诸葛”的诚恳，鼓足“不破楼兰终不还”的干劲，看准的项目穷追不舍、紧跟到底，切实提高招商签约率和履约率。二要强化要素保障。以更大气魄、更强力度、更硬举措推进征地拆迁和控违拆违工作，巩固“百日攻坚”行动成果，推动项目建设再升温、再提速、再突破。各级各部门要在去年的基础上，自我加压，继续以攻坚的姿态，勇挑重担、狠抓落实，确保征拆工作取得更大成效。要加大用地报批力度，适当增加储备用地，为项目建设留足空间、节约成本。要深入研究推广运用PPP模式，撬动社会资本投资公共服务领域，解决融资难题。加快完成平台公司整合，提高经营效益，促进平台公司做大做强。三要强化项目管理。加大项目包装力度，分类建立项目库，形成策划、储备、申报、建设的梯次推进格局和良性循环机制。继续实行县级领导联系重点项目制度，各联点领导要率先垂范，既要“挂帅”更要“出征”，多到一线调度指挥、督办落实，决不允许当“甩手掌柜”。“两办”要切实加强项目建设督查，以目标倒逼进度、以督查倒逼落实，确保推进顺利。要发挥考核的“指挥棒”作用，将向上争资引项情况和项目完成情况列入政绩考核重要内容，以项目看担当、以项目论英雄，最大限度调动干部抓项目的积极性。

4. 突出企业帮扶，在优化发展环境上实现新突破。企业是市场经济的主体，是地方发展的重要依托。要大力开展“企业帮扶年”活动，当好“保安”、做好“保姆”，努力提供更加高效优质的服务，让投资者来有信心、住得安心。一要优政风，减小企业经营的阻力。进一步深化行政审批制度改革，坚决破除“肠梗阻”，实现服务效率、服务质量的同步提升。进一步规范工程招投标、政府采购等经济行为，努力营造规范有序、公平公正的市场环境。重拳出击、坚决打击强揽工程、强买强卖、强行阻工等违法行为，为企业正常生产保驾护航。严格落实园区“宁静日”制度，尽可能地减少下企检查，切实减轻企业负担。二要转作风，凝聚服务企业的合力。环境好不好，服务优不优，关键在干部，重点在作风。要严格落实干部作风管理“十二分制”，大力整治不作为、慢作为、乱作为，推动干部作风由“量力而行”向“全力以赴”转变。加大机关效能监督力度，集中查处、曝光一批违反工作纪律的典型案例，起到处理一批、震慑一片的效果。大力推行“一线工作法”，引导广大干部深入基层、深入企业，多为企业解决实实在在的问题。三要重帮扶，增添企业发展的动力。加大对企业的对口支持，继续实行县级领导联系帮扶企业制度，有针对性地解决企业发展的深层次问题。完善“绿色通道”建设，切实降低企业办事成本、生产成本和时间成本。拓宽企业融资渠道，发展壮大续贷转贷帮扶基金，为企业度过难关提供资金支持。

5. 抓好脱贫攻坚，在努力改善民生上实现新突破。习近平总书记在今年新年贺词中指出，最牵挂的还是贫困群众。虽然我县贫困人口不多，扶贫任务不重，但扶贫工作始终是县委、县政府最为关注、最为重视的中心工作。大家务必认真对照全面脱贫目标，以超强的力度、超强的举措全力推进，坚决打赢这场脱贫攻坚“歼灭战”。一要精准施策。要按照“突出重点、统筹推进、适当超前、全面脱贫”的总要求，围绕“七个一批”“六大工程”精准发力。要因户施策、因人施策，既要帮物质，更要帮精神；既要帮硬件，更要帮软件；既要帮眼前，更要帮长远。要引导发动群众自力更生、主动作为，强力推进产业扶贫、行业扶贫、金融扶贫，促进贫困人口就业创业、增收致富，确保实现真扶贫、不返贫。二要亲力亲为。领导干部要率先垂范、做好表率，多下基层调查研究，多到现场解决问题，真正做到与贫困户面对面、手把手、心连心。镇村干部、联点干部要沉在一线、干在一线，该下村的要下村，该上门的要上门，该住户的要住户，真正让困难群众感受到我们的真抓实干和真情实意，决不能走走过场、应付了事。三要强化保障。要聚焦中央和省市政策，想方设法争取上级资金。牢固树立"大扶贫"理念，把要素资源整合起来，把各方力量凝聚起来，集中力量办大事，把好钢用在刀刃上。财政要加大投入，社会力量要积极主动参与，努力形成全社会关注扶贫、参与扶贫的良好氛围。要加强脱贫攻坚的全程动态管理，加大督促检查力度，倒逼责任落实。特别要强调的是，今年实现全面脱贫，是"军令状"、硬指标，没有退路可言、没有条件可讲、没有理由懈怠。大家务必高度重视，完不成任务的，坚决实行"一票否决"，不转观念就转岗，不换思想就换人。四要统筹兼顾。在抓好脱贫攻坚的同时，还要注重抓好社保、教育、卫生、文化等普惠型民生事业的发展，让广大群众更多地分享发展成果。要全面落实"十大民生实事""民生 100 工程"，加快建设覆盖城乡的社会保障、社会救助体系，进一步扩面提标，逐步缩小与市区保障水平的差距。要重点推进育红小学和中医院改扩建、公共文化服务体系创建、镇敬老院和留守人员服务中心、殡葬改革等重点民生项目，切实解决群众就医、就学、住房、养老等方面的困难。

6. 加强社会治理，在维护平安稳定上实现新突破。平安稳定事关发展大局、事关群众福祉，任何时候都不能有丝毫放松。一要突出源头治理，抓好信访维稳。要重视信访问题、正视上访群众，带着责任、带着感情做好群众工作，引导他们依法表达合理诉求，对有正当理由的，要及时解决、妥善处置；对无理取闹、缠访闹访的，要坚持原则、依法打击。创新社会治理方式，加快推进"网格化"管理，不断提升社会管理和服务水平。扎实开展信访维稳"百日攻坚"活动，加大信访问题源头治理，从维护群众切身利益出发，化解一批信访积案。各位村组织书记一定要发挥好维护基层稳定的重要作用，积极化解邻里纠纷，疏导群众情绪，掌握动态信息，主动配合乡镇做好信访维稳工作。二要突出防控并举，管严安全生产。安全生产面前，任何人都说不得大话，任何时候都不能有侥幸心理。要时刻紧绷安全生产责任之弦，保持如履薄冰的忧患意识，把工作做在平时、做在前面、做在细处，切实做到监督管理不缺位、不失位。要加大安全隐患排查力度，敢于小题大做，善于见微知著，确保排查隐患不留死角、不留空白，打击违规不讲情面、不遗后患。三要突出疏堵结合，匡正社会风气。以持续推进征地拆迁攻坚行动为契机，释放党委政府维护公平正义的鲜明态度和坚定决心，进一步匡正社风民风。要开展专项整治行动，出重拳打击农村聚众赌博、吸毒、地下六合彩、“两抢一盗”等违法行为，净化社会风气，维护和谐安宁。特别是要加大对征拆户的正面引导，为他们就业创业、投资理财提供支持和帮助，防止他们迷失方向、走上歧途。要制定完善“村规民约”，注重把优良家风、文明村风和乡贤文化融入农村精神文明建设，引导群众弘扬邻里和睦、孝老爱亲、勤劳致富的传统美德。要以“道德模范”“最美家庭”等文明评选为契机，深入挖掘先进典型，用身边人、身边事教育引导群众，推动形成家家户户崇尚良好家风民风的社会氛围。

三、振奋精神，营造激情干事、务实担当的良好氛围

抓落实，关键在干部，核心在担当。只有将工作视为事业，将岗位视为使命，激情工作、务实担当，才能在狠抓落实中推动发展，在奋斗拼搏中成就人生。

第一，要将责任举过头顶。习近平总书记指出，有多大担当才能干多大事业，尽多大责任才能有多大成就。作为党员干部，组织培养了我们，人民寄望于我们，要始终保持重任在肩、寝食难安的责任意识，主动担负起加快发展的历史使命。一要知责明责。就是要时刻清楚我是谁、为了谁，知道自己该干什么、要干什么，始终把为民履职、为民用权作为干事创业的座右铭。落实到具体工作中，就是要围绕县委的决策部署，主动对号入座，自觉认领任务，做到工作上心、责任上肩、任务上手。二要履职尽责。就是要爱岗敬业、认真履职，发扬“5+2”“白+黑”的精神，以踏石留印、抓铁有痕的劲头抓落实，不折不扣地完成县委交办的各项任务；就是要严守纪律、规矩履职，有所为有所不为，职责范围内的事兢兢业业、如履薄冰，职责范围外的事严守规矩、不碰红线，坚定不移守护职责，战战兢兢尊重职责。三要敢于担责。就是要坚决杜绝为官不为、拈轻怕重、推诿扯皮等消极行为，面对矛盾敢于迎难而上，面对危机敢于挺身而出，面对失误敢于承担责任，面对歪风邪气敢于坚决斗争，在落实县委决策部署中、在急难险重任务中、在突发事件处理中体现担当、展现作为。

第二，要把激情融入血液。用力做事只能完成任务，用心做事才能成就卓越。要时刻保持对工作的激情、对发展的热情、对人民的真情，全身心地融入到加速融城、加快发展的伟大事业中去。一要有马上就办、真抓实干的作风。“马上就办”强调的是态度，彰显的是责任，体现的是效率。要有“等不起”的紧迫感、“慢不得”的危机感、“坐不住”的责任感，大力推行“五问”工作法，对定下来的事情，一种声音喊到底，一门心思干到底；对安排的任务，立说立行、雷厉风行，件件抓落实，事事有回音，决不能在等待观望中空耗时间，在徘徊犹豫中错失良机。要把“马上就办”贯穿于工作的方方面面，无论是争取政策，还是招商引资，都要抢先一步、快人一拍；无论是产业建设，还是融城发展，都要抢抓机遇，赢得主动；无论是安全生产，还是信访维稳，都要未雨绸缪、抓早抓小。二要有精益求精、追求卓越的精神。要大力弘扬"工匠精神"，对每一项工作都力争高标准、高质量、高效率，不干则以，干必干好。要坚决摒弃"差不多、过得去"的消极思想，以追求卓越、精益求精的心态去做事，少一些浮躁，多一些沉稳；少一些投机取巧，多一些脚踏实地；少一些急功近利，多一些执着追求。三要有知难而进、迎难而上的韧劲。逆境顺境看襟度，大事难事看担当。要敢于向困难叫板、与问题较真，经常到困难大、矛盾多的地方去解决问题；经常到群众意见大、怨气重的地方去化解矛盾；经常到情况复杂、条件艰苦的地方去打开局面。要有不达目的不罢休的劲头，对于职责范围内的事敢抓敢管，对于部署的工作紧盯不放，敢打攻坚战、能啃硬骨头，该出手时要出手，该亮剑时要亮剑，工作一件一件去落实，问题一个一个去解决，任务一项一项去完成。

第三，要把好选人用人的风向标。习近平总书记指出，事业兴衰，唯在用人；用人之要，重在导向。我们用什么样的人，什么样的人就会多起来；不用什么样的人，什么样的人就会少下去。要以正确的选人用人导向，激发干部干事创业的最大激情，凝聚推动发展的强大合力。一是"实绩说话"的用人导向。把项目建设、招商引资、安全稳定、环境优化等各类攻坚主战场作为发现考察干部的"赛马场"，以攻坚的成效来识别、评价、使用干部，旗帜鲜明地为敢为、善为、有为者撑腰，为想事、干事、成事者搭台，真正做到能者上、庸者下，不让老实人吃亏。二是"宽容失败"的激励导向。研究制定鼓励担当、宽容失误的容错机制，把加强干部监督与保护激励干部相结合，努力消除干部"多干多出事、少干少出事、不干不出事"的错误思想。对干事创业中出现失误的，对改革创新中出现过失的，只要是出于公心、为了工作，县委将旗帜鲜明地为担当者担当，为负责者负责，让有为者有位，决不让敢于干事、勇于担当的干部受委屈。三是"是非分明"的评价导向。随着反腐败力度加大，有极少数别有用心的人，搬弄是非，诬陷他人，转移视线。要加强对信访举报线索的分析、评估和研判，严格依纪依法办案，重事实、重证据，既严肃查处违纪，决不放过一个坏人，又要及时澄清是非，决不冤枉一个好人，旗帜鲜明地支持和保护党员干部干事创业积极性。对恶意造谣、恶意中伤的行为，要查清真相，严惩不贷，匡正风气，维护正义。

第四，要让纪律和规矩落地生根。人不以规矩则废，家不以规矩则殆，国不以规矩则乱。如果离开了纪律规矩的约束，各吹各的号、各唱各的调，谋发展的精力就会零零散散，抓落实的效果就会大打折扣。要切实将纪律规矩立起来、严起来，在全县营造遵规守纪的良好氛围。一要严明政治纪律。增强"四个意识"，特别是核心意识、看齐意识，始终在思想上、政治上、行动上同以习近平同志为核心的党中央保持高度一致，做到党中央提倡的坚决响应、党中央决定的坚决执行、党中央禁止的坚决不做。要坚决维护县委的权威，始终与县委保持步调一致，决不允许公开散布与县委决策相违的言论，决不允许在执行县委决策部署上打折扣、做选择、搞变通。二要严守法纪规定。做任何决策，抓任何工作，都要先想一想是不是符合法纪要求、符合程序规定，决不能把个人意志凌驾于法纪之上，目无程序、任性妄为。要强化法治观念，坚持按法律程序办事、按纪律规矩办事，努力让工作程序最优、成本最低、效率最高。特别是对于征地拆迁等涉及群众利益的工作，必须牢固树立程序意识，该走的程序一个也不能少，该办的手续一个都不能丢，最大限度地减少矛盾和纠纷。三要严格自我要求。一名干部，不论能力多强、水平多高，如果在廉洁上出了问题，那就是一票否决。全体党员干部要始终坚持挺纪在前，自觉系好人生的“扣子”，扎好修养的“篱笆”，管好欲望的“闸门”，在工作和生活的细节上严格要求自己。要始终把“公道无私、清廉无畏、朴实无华”当成做人、做事的美德，保持平淡生活、平和心态、平民情结，追求简洁的处事方式、简单的人际交往、简约的工作作风，真正做到一身正气、两袖清风。要倡导清清爽爽的同志关系、规规矩矩的上下级关系、干干净净的政商关系，不要把关系搞得太复杂、太庸俗。

同志们，雄关漫道真如铁，而今迈步从头越。美好蓝图已经绘就，新的战鼓已经擂响。我坚信，只要我们激情干事，务实担当，落实落实再落实，撸起袖子加油干，就一定能夺取加速融城、加快发展的全面胜利，以优异的成绩迎接党的十九大胜利召开！

名词解释（按报告内容顺序）：

1. 三区一中心：抢抓撤县设区重大机遇，把株洲县作为株洲市的南部新城区来重新定位，着力打造株洲市城市功能拓展区、主导产业配套区、休闲宜居生态区，力争建成株洲城市副中心。

2. 四个一体化：加快与市区的全面融入、深度融合、无缝融城，逐步与市区实现规划一体化、产业发展一体化、基础设施建设和城市管理一体化、社会保障和民生事业发展一体化。

3. 七个一批：发展特色产业脱贫一批、引导劳务输出脱贫一批、实施易地搬迁脱贫一批、结合生态保护脱贫一批、着力加强教育脱贫一批、开展医疗保险和救助脱贫一批、实施保障兜底脱贫一批。

4. 六大工程：交通扶贫工程、水利扶贫工程、电力光伏扶贫工程、农村危房改造与环境综合整治扶贫工程、文化扶贫工程、乡村旅游扶贫工程。

5.“五问”工作法：机关工作人员结合自身工作实际，从本月做了什么工作、采取了什么措施、有什么工作成效、有哪些不足之处、有什么工作计划五个方面集中进行汇报。

株洲县人民代表大会常务委员会工作报告

——2017 年 2 月 15 日在株洲县第十二届人民代表大会第二次会议上

县人大常委会主任　罗禧瑰

2016 年工作回顾

2016 年，在县委的坚强领导下，县人大及其常委会强化使命担当，坚持与时俱进，积极依法履职。一年来，召开人民代表大会 2 次，常委会会议 10 次，主任会议 15 次；就有关重大事项作出决议、决定 11 项；听取和审议专项工作报告及其他工作报告 32 个，下达审议意见书 15 件；开展 12 部法律法规实施情况检查；依法任免国家机关工作人员 50 人次。

一、坚持发展导向，紧扣中心，助推发展

围绕县域经济建设中心，县人大及其常委会始终把改革创新和转型升级作为聚焦发力的重点，助推加速融城，加快发展。

着力推动转型升级。县人大常委会审议通过《株洲县国民经济和社会发展第十三个五年规划纲要》《关于株洲县撤县设区的决定》和《关于株洲县城市总体规划 2001—2020 年修改成果》，就对接市委“一核一圈一廊”发展战略、园区产业布局、湘渌江沿岸控制、城市公共基础设施建设等提出了具体审议意见，着力推动城市规划、村庄规划与土地利用规划、“十三五”规划、环境保护规划的整体实施。

着力推动改革创新。为对接国家深化县城基础设施投融资体制改革试点，县人大常委会主任会议专题听取投融资运行情况汇报，一年来，支持四个平台公司累计融资 50 亿元，保证了建设资金与经济民生发展要求相适应。为支持县信用联社升级为农村商业银行，县人大常委会作出了以土地置换涉政不良贷款 1.5 亿元的决定，促进了县信用联社与广州农村商业银行的成功签约。为加快公立医院改革，完善新型农村合作医疗制度和国家基本药物制度，县人大常委会听取和审议新农合和药品零差率实施情况汇报，推动人民群众得实惠、医疗事业得发展。

着力推动城乡统筹。根据撤县设区的现实需求和打造“三区一中心”的发展要求，县人大常委会先后听取和审议环保、交管、房产、城管、文体广新和旅游等工作汇报，并开展专题视察，推动规划覆盖城乡、资源整合城乡、保障统筹城乡以及规划先导、生态优先、功能完善、共建共享，推进产业发展深度融合。为推动县域南部经济发展，对全县林业产业发展情况进行视察调研，提出把凤凰山林场打造成“一园一极七基地”，尽快建成省级森林公园的建议，得到县人民政府的高度重视。

二、坚持民生导向，关注民生，维护民利

围绕践行“百姓至上、百姓作主、百姓满意、百姓之家”的县人大工作理念，县人大常委会始终把维护民生民利作为人大工作主线，推动发展成果惠及广大人民。

关注民生解民忧。针对人口空间结构快速变化，群众对优质教育资源需求日益增长的状况，县人大常委会开展了学前教育的视察，提出了县机关幼儿园搬迁新建等建议。组织专题调研，并听取专题汇报，对完善失地农民养老保险、加快推进高危行业工伤保险、探索医保支付制度改革和统筹城乡居民基本医疗保险制度改革等重大民生事项，提出了相关建议，县政府及相关部门积极回应，社会保障改革明显提速。

落实政策促惠民。高度重视精准扶贫、棚户区改造、廉租房、征地拆迁的政策落地，提升群众幸福感。县人大常委会听取扶贫开发工作汇报，提出工作建议，推动“两不愁三保障”“七个一批”精准扶贫政策的落实。听取房产工作汇报，推动公租房和廉租房并轨改革，维护群众利益。

重视公正维民权。更加重视社会公平正义，切实维护群众合法权益。采取跟踪督办、回访督办、协调督办等方式，督促解决涉法涉诉信访50件。听取和审议住房公积金管理工作报告，督促落实和解决非公经济组织以发代缴、行政与企事业单位不均衡、临聘人员待遇不落实等问题。

三、坚持问题导向，加强监督，提高实效

围绕县委工作重点、政府工作难点、群众关注的热点，坚持以问题为导向，创新监督方式，实现监督与支持的有机结合。

加强财政监督。创新预算审查监督方法，认真听取和审议2015年县级财政决算草案和2016年预算执行情况的报告，审查批准2016年预算调整方案。支持政府攻坚克难，破解资金、土地、征拆、环境“四大”发展瓶颈，促进经济稳中求进、稳中向好、稳中有为。开展政府性债务情况专题调研，提出规范融资行为、优化债务结构、管控融资风险的建议。审议审计工作报告，听取25个县直机关单位对审计报告中指出问题的整改情况报告，开展整改情况的跟踪问效。

加强法律监督。在全市首创成立县级人大常委会法律专家咨询组。组织开展对司法廉洁的调查评议，听取和审议新《行政诉讼法》执行情况报告，加强规范性文件备案审查，全面推进“司法公正渌湘行”主题活动。全年对15件“一府两院”规范性文件进行合法性审查，牵头组织对60起行政执法案卷进行评查，依法组织60名人大代表对5起法院审判案件听审评议，有力促进了阳光司法、效率司法、公正司法和依法行政。

加强工作监督。通过《食品安全法》执法调研，督促相关职能部门加强对学校食堂、商店、农村集市、小作坊、小摊贩的专项整治。开展《水法》执法检查，促进水资源保护、农村水利设施建设和农村饮水安全。加强《大气污染防治法》和《环境保护法》综合执法检查，推动有关部门加大对医疗垃圾、餐饮油烟、生猪养殖等污染治理。听取城市管理和综合行政执法工作汇报，提出推进基础设施建设、加强停车场、市场、广场建设，以人为本推进城市管理。

四、坚持法治导向，严格标准，强化保障

认真贯彻《代表法》《地方组织法》和《选举法》，夯实履职基础，强化履职保障，发挥代表作用。

增强督办实效。不断创新代表建议督办方式，采取对口督办、联合督办、重点督办、跟踪督办、巡回督办、代表建议集中督办月等措施，切实提高代表建议解决率。县十一届人大六次会议以来，67 件代表建议见面率、满意率均达 100%，解决率 55.2%，同比增长 5%。改造教师新村水网、规范校车运营、农村电视信号转换、不可逆转贫困家庭集中供养、龙船镇杨柳水库整修等一批涉民生、接地气的建议件得到有效解决和落实。

保障依法履职。开展初任培训，提升新选代表的政治素质、法治素养和履职能力。巩固代表联系群众工作室建设成果，深化人大常委会组成人员联系代表、代表联系群众的“双联”工作。创新代表履职服务平台，建立基层代表参加全县重要会议、重大活动制度。实行镇人大主席、基层人大代表列席县人大常委会工作制度，扩大代表对常委会工作的参与度。采取代表参与法院案件听审、代表参与视察、调研、听证、执法检查等方式，拓宽代表知政知情渠道，提升履职水平。

严肃换届纪律。面对新常态下最严换届，始终坚持把县委领导贯穿于县镇人大换届选举全过程，下好“先手棋”，打好“主动仗”，严格要求督促指导，严格程序把握关键，严格标准保证质量，严格纪律改进风气。坚决落实中央、省委、市委和县委加强换届风气的要求，营造风清气正的选举环境。全县选举产生第十二届县人大代表 183 名、镇人大代表 540 名、市人大代表 31 名，选举产生县镇国家机关领导人员 77 人，新当选人员举行了庄严的向宪法宣誓仪式。

五、坚持目标导向，强基固本，创新发展

积极适应人大工作新形势新要求，不断加强人大常委会思想、作风和制度建设。

坚定履职方向。牢固树立“四个意识”，坚持把县委的领导落实到人大工作的全过程和各方面，严守政治纪律和政治规矩，切实强化“干在实处永无止境，走在前列要谋新篇”的使命担当。坚持举办常委会读书班、常委会会议期间法律讲座，拓宽视野境界，提高履职水平。按照中央、省委、市委统一部署和县委安排，深入开展“两学一做”专题教育，认真查找突出问题，加强整改落实，为推动人大工作与时俱进、创新发展提供坚实保障。

夯实履职基础。全面落实中发〔2015〕18号、湘发〔2015〕26号和株发〔2016〕8号文件，深入贯彻县委决策部署，切实加强对镇人大工作的指导。着力探索人大工作制度、议事规则和运行机制，修订《株洲县人大常委会人事任免办法》《进一步加强财政资金监督的若干意见》《株洲县人大常委会议事规则》、《株洲县人大常委会审议意见反馈办法》，推进人大工作制度化、规范化、程序化，不断增强人大工作的系统性、创造性和实效性。

提升履职能力。有序推进人大工作全面深化改革，健全相关工作机制，成立县人大法制委员会、财政经济委员会、城乡建设环境资源保护委员会三个专门委员会。坚持例会学法制度，举办《监督法》《预算法》《行政诉讼法》法制讲座3次。改进常委会会议审议方式，努力提高审议质量。加强人大工作理论研究和新闻宣传，推动人大工作理论与实践创新。

各位代表，回顾过去是更好地展望未来。我们清醒地看到，与宪法和法律的要求，与代表和群众的期望，县人大常委会的工作还有不小的差距。主要表现在：依法监督的力度还需进一步加大，履职审议的能力和实效还需进一步提升，代表的主体作用还需进一步发挥等等。对此，常委会将高度重视，并在今后的工作中切实加以改进。

2017年工作意见

2017年是我县全面建成小康社会的收官之年，是迎接党的十九大胜利召开的喜庆之年，是株洲县加速融城、加快发展的开局之年。2017年，县人大及其常委会工作的指导思想是：在中共株洲县委的坚强领导下，紧扣加速融城、加快发展，打造“三区一中心”，推进“四个一体化”工作主题，主动适应，主动对接，主动作为，结合深入开展项目攻坚年、企业帮扶年活动，切实履行宪法和法律赋予的各项职权，为实现渌湘转型升级、跨越发展做出新贡献。

一、围绕加速融城，把全力推进发展贯穿始终

加速融城是县委的重大决策，加快发展是人民的殷切期盼。人大常委会将强化责任担当，依法履行职责，实现更大作为。

紧盯规划强约束。增强规划刚性，强化全域规划理念，紧跟国家规划政策前沿要求，推进全县各项规划“多规合一”，统筹实施。按照“规划同编、交通同网、基础同标、设施同建、环境同治”的融城理念，人大常委会将依法审查、决定城市建设总体规划修编、村庄规划编制，重点听取和审议县城总体规划修改后的落实情况，确保县委“三区一中心”意图转变为人民的意愿，确保优化发展要素、预留发展空间，为全面融城创造良好条件。

紧盯保障作决定。为推动“产城融合，园城共建”，人大常委会将依法决定政府

融资、债务置换、盘活存量、重点项目投资列入财政预算有关重大事项。重点听取和审议渌口经济技术开发区建设情况、征地拆迁安置补偿标准执行情况、招商引资情况，对接“建设城乡统筹发展幸福区”的要求，促进形成与市区主导产业的补链发展、协同发展和融合发展。

紧盯建设提建议。组织人大代表专题视察、调研交通路网、产业新城、现代物流、美丽乡村建设情况，为融城发展建言献策。组织人大代表抓大事、议大事，围绕“加速融城、加快发展”，听民声，察民意，集民智，撰写一批质量高、份量足的意见建议，更多地争取省市建设规划和项目安排，争取产业政策和项目资金支持，助推株洲县融城发展。

二、围绕民生改善，把倾力促进民生贯穿始终

坚持民生为先，民生为本，民生为要，关注人民群众最直接最现实最迫切的利益问题，为人民群众督大事，解难事，办实事。

落实民生新要求。高度重视教育卫生、食品安全、饮用水安全、城镇污水处理、精准扶贫等问题，重点听取和审议脱贫攻坚、中小学校幼儿园规划建设、食品安全、移民开发、广播电视工作报告，通过调研视察、代表建议、专题询问、听取审议、跟踪问效等有效形式，切实推动解决教育均衡发展、看病难看病贵、村镇饮水困难、养老服务滞后等一批人民群众关注的热点难点问题。

践行民利新实践。高度关注义务教育发展、社会保障、公共文化建设、棚户区改造、公租房、停车场建设，开展跟踪问效。重点听取和审议《义务教育法》贯彻实施情况，确保教育优先发展。重点督促住房公积金审议意见的落实，规范住房公积金财政补贴标准。重点关注社会保障改革进程，回应社会关切，力促“全覆盖、保基本、多层次、可持续”。推动“全域美丽乡村”行动，重点督查道路交通、农村电力、安全饮水、农田水利等基础设施建设。

探索民权新途径。更加重视社会公平正义，着力推动依法行政、司法公正，切实维护社会秩序和群众合法权益。深入开展“渌湘环保世纪行”“司法公正渌湘行”“农产品质量安全行”“三湘农民健康行”“民族团结进步行动”等专项活动，让活动成果惠及更多群众。

三、围绕依法行权，把致力加强监督贯穿始终

围绕全县工作目标，压紧压实监督责任，做到敢于监督，善于监督，用心监督，严于监督，在增强监督权威上下功夫，在问效追责上动真格。

加强预算监督。继续推进财政预决算全口径监管、预决算公开、绩效审计、政府重大专项资金的监督工作。加强政府性债务审查监督，跟踪监督政府性融资管理和使用情况，强化风险管控。听取和审议县人民政府2016年度县本级预算执行和其他财政收支情况审计发现问题整改落实情况的报告，探索票决审计整改报告新方式，提高审计监督实效。

加强法律监督。强化司法诉讼监督，

继续组织人大代表听审评议司法诉讼案件。听取和审议县法院执行情况报告，推动解决执行难问题。听取和审议贯彻执行《禁毒法》工作情况，推动严打严惩，遏制毒品犯罪多发高发态势。发挥法律专家咨询组的作用，加强对政府规范性文件备案审查和人大法制研究。突出“司法为民”主题，着力在解决人民群众不满意的突出问题上取得新成效。

加强专项监督。针对全县重点领域、重点项目、重点工程、重点部门，继续开展专项工作监督。今年对卫计局、政务服务中心、财政局、环保局、民政局等五个单位开展专项工作评议，通过深入调研、明查暗访、听审评议、满意度测评、专项督办等方式，切实查问题，补短板，提建议，抓整改。

四、围绕发挥作用，把大力加强代表工作贯穿始终

人大代表是人大工作的主体，是人大制度的根基。人大常委会将不断完善服务代表机制，创新代表活动方式，丰富代表活动平台，努力推动代表工作与时俱进。

注重丰富活动方式。深入开展“一个载体、两项制度”建设，完善代表联系群众工作室，推进人大代表接待选民制度和代表述职制度的落实。提高代表活动质量，超前谋划活动主题、时间和方式，全县组成 16 个县代表小组开展活动。积极开展“选区公示代表、代表述职评议”的“阳光代表”行动，自觉接受选民询问和评议；继续实行邀请基层代表出席全县重要会议与重大活动、列席人大常委会会议制度，有序安排代表参加调研视察、执法检查、建议办理、行政听证等活动，扩大代表的知情知政权。

注重激发履职热情。加强代表履职培训，提高履职能力，逐步减少“名誉代表”“会议代表”和“无语代表”。组织代表重点开展问政于民“四个一”活动，打通县人大常委会联系群众“最后一公里”，着力推进县人大常委会组成人员和县人大代表深入实际、深入基层、深入群众，问政于民、问需于民、问计于民，提高县人大履职审议的参与度与履职质量。建立代表履职档案，开展评先评优活动，推选优秀建议议案、优秀代表小组、优秀代表小组长、优秀代表活动积极分子“四优”工作，并进行表彰奖励，有效激发代表依法履职的主动性和积极性。

注重建议办理质效。高度重视代表建议督办工作，筛选一批社会关注度高、群众反映强烈的代表建议实行领衔督办。坚持上下联动强化督办效果，组织市、县、镇三级人大代表联合视察调研、现场督办推进，形成办理合力。会同“一府两院”督查代表建议办理质效。常委会将专门听取和审议专题审议意见办理情况和代表建议办理工作情况报告，并进行满意度测评。

五、围绕创新履职，把努力加强自身建设贯穿始终

积极探索新常态下人大工作机制，不断提高人大理论研究和实践调研能力，推动人大工作不断创新发展。

完善工作机制。认真贯彻执行《代表法》，创新代表工作优选、培训、联系、知

政、活动、督办、约束、激励、保障、退出等“十大机制”，充分发挥人大代表在参与决策、加强监督等方面的重要作用。加强思想政治建设，始终坚持群众路线，不断巩固“三严三实”“两学一做”专题教育成果，持续推进“抓四风转作风”，严格落实党风廉政建设“两个责任”，持之以恒锤炼为民务实的作风，一如既往保持清正廉洁形象。

凝聚工作合力。增强“三个看齐”意识，树立创新理念、法治理念、市场理念、项目建设理念，保持政治向心力。加快人大信息化建设和新闻宣传工作，传播人大声音，讲好人大故事，增添工作凝聚力。抓好“精准扶贫”、项目攻坚、“一进两访”、党员进社区工作，增强服务新动力。充分发挥机关党组、总支、工会作用，加强机关文化建设和老干部服务工作，激活机关软实力。

增强工作实效。按照县委“监督站位要有高度、监督措施要有力度、监督方式要有广度”的要求，探索专题询问、审议、质询、专项评议等有效办法，进一步丰富监督手段。创新思想观念，强化问题意识，开展课题研究，突出提高发现问题的能力和督促落实的能力，以解决实际问题的成效来衡量和检验人大履职的实效。

各位代表，新时代孕育新动力，新常态呼唤新作为。新的一年里，我们要以时不我待的责任意识、勇于担当的为民情怀、奋发有为的工作激情，在中共株洲县委的坚强领导下，坚定信心，振奋精神，努力做好人大工作，为加速融城、加快发展，打造“三区一中心”，推进“四个一体化”做出新的贡献！

政府工作报告

——2017 年 2 月 14 日在株洲县第十二届人民代表大会第二次会议上

县长　刘克胤

2016 年工作回顾

在县委的领导下，在县人大、县政协的监督支持下，县人民政府团结依靠广大干部和人民群众，攻坚克难，真抓实干，实现了经济社会持续健康发展。完成地区生产总值 127 亿元，同比增长 8.2%。一般公共财政预算收入 13.1 亿元，增长 10.5%，税比达 63.4%。固定资产投资 106.4 亿元，增长 14%。社会消费品零售总额 41.4 亿元，增长 12.4%。城镇居民人均可支配收入 29089 元，增长 8.6%；农村居民人均可支配收入 15982 元，增长 8.9%。主要经济指标中，固定资产投资、城乡居民可支配收入等增幅居五县市之首，地区生产总值、一般公共财政预算收入、社会消费品零售总额等增幅居五县市第二。

一、突出产业建设，发展质量不断提升

实现规模工业总产值 132.5 亿元，增长 10.2%。新增规模以上工业企业 10 家。实现高新技术产业总产值 58.9 亿元，增长 30.7%。完成园区技工贸总收入 134.6 亿元，增长 18.1%。兆能电磁、时代芳纶、亚胺薄膜等一批产业项目加快实施。实现农业总产值 30.6 亿元。粮食总产量 24 万吨，保持产粮大县称号。打造森龙、宏鑫、中联天地等 3 个高产油茶示范片，巩固油茶生产大县地位。成功创建省级生猪标准化养殖示范县。建成 11 个农产品标准化生产基地，新增湘春农业、明扬农牧等 7 家省市农产品加工龙头企业。实现三产增加值 39.1 亿元。电商、物流、商贸业加快发展，大美物流入驻电商企业 110 家，中央时代广场、瑞和广场等一批商贸综合体相继完工并投入运营。房地产开发面积达 35.3 万平方米，销售商品房 1195 套。

二、突出项目攻坚，发展支撑不断增强

实施项目投资“312”工程，5000 万元以上项目达 38 个，55 个市县重点项目进展顺利。东城大道、紫涵湖等 10 个项目按期开工，南洲新区骨干路网、标准厂房等 8 个项目实现竣工。引进项目 91 个，到位资金 36.8 亿元。四大平台公司累计融资 62.3 亿元，到位 39.9 亿元。报批项目用地 283.2 公顷，荣获全国节约集约土地模范县称号。开展征地拆迁“百日攻坚”行动，强势推进拆迁拆违控违工作，累计签订房

屋征拆协议 858 户，拆除房屋 451 栋。

三、突出城乡统筹，发展基础不断夯实

改造老旧小区 17 个，建成渌江风光带二期景观工程。接通南洲新区燃气，启动建设污水处理厂。渌湘大道、和谐大道、杨塘大道建成通车，湘江七桥、渌水二桥、东城大道、二线船闸加速推进。新建改造农村公路 200 余公里，维修改造危桥 35 座，建成农村客运招呼站 30 处。完成水库除险加固、防洪保护圈等 7 大水利项目，建设“小农水”基础设施 1500 余处。完成农网改造项目 42 个 284 公里。全面划定生态保护红线，进一步加强环境保护和生态建设。打造 8 个“美丽乡村”，完成 10 个村的人居环境整治。完成湘江保护治理项目 21 个，取缔非法砂石场 17 家。龙潭镇成功创建小城镇建设市级重点镇，朱亭镇荣获“株洲市绿色乡镇”称号。

四、突出改革创新，发展环境不断优化

精简行政审批事项 15 项，全面取消非行政许可审批。加大“放管服”改革力度，第一批 5 家协会商会与行政机关脱钩。推动园区体制改革，40 余项审批权限下放园区。撤县设区工作通过省政府常务会并呈报国务院。深化事业单位分类改革，完成公路、自来水厂、客运公司、国有林场管理体制改革。完成投融资平台改革，制定《政府投资公司监督管理实施办法》。县城基础设施投融资体制改革试点扎实推进，“营改增”顺利实施。成立城乡居民医疗保险管理中心，实现城乡医保一体化管理。成立公共资源交易中心，促进公共资源交易规范化运行。深化财政管理改革，推行镇村资金分户拨付，启动专项资金公开公示。农村土地承包经营权确权登记、不动产登记和公务用车改革取得成效。全面实施企业登记“五证合一”“一照一码”，新增市场主体 1600 余户，增长 17%。创新企业帮扶机制，设立企业续贷转贷帮扶基金。成立“渌湘企业成长学院”，“企业帮扶年”活动承办问题办结率 100%。

五、突出民生改善，发展成果不断惠民

全面落实“民生十大实事”，全面完成“民生 100”工程。各项民生支出累计达 22.2 亿元，占财政总支出的 72%。社会保险进一步扩面，“五险”支付标准和城乡低保、农村五保救助水平稳步提高。创建两个市级创业基地，新增城镇就业 2073 人。改造农村危房 1505 户，改造棚户区 559 户，续建公租房 260 套。实施 37 所学校“全面改薄”工程，建设 10 所学校教师周转房。县一医院完成整体搬迁并投入运营，县中医院改扩建全面启动。国家公共文化服务体系示范创建工作深入开展，“欢乐潇湘·幸福渌湘”等文体活动亮点纷呈。大力推进脱贫攻坚，完成预脱贫 692 户 2021 人，12 个贫困村全部达到退出验收标准，朱亭镇长远、生田 2 个贫困村申报验收退出。完成农业普查前期工作，如期启动入户登记。建成平安城市二期工程，治安管控能力不断加强。切实维护农民工合法权益，为农民工追回拖欠工资 1232 万元。深入推进食品药品安全专项整治，有效保障食品药品安全。率先在全市实现烟花鞭炮生产企业全面退出。安全生产、计划生育、社会治安综合治理三项工作获省先进。

六、突出效能提速，发展能力不断提高

制定《株洲县人民政府工作规则》《株洲县政府法律顾问管理办法》等文件，进一步推动政府工作制度化、规范化和法制化。圆满完成“六五普法”工作任务，获评“全国法治宣传教育先进县”“全省法制工作先进集体”称号。完成乡镇“三定”方案，规范机构设置，精简内设机构、挂牌机构和事业站所153个。完成合村工作，行政村减幅达48%。完成141家行政事业单位资产清查。深入开展“两学一做”学习教育，严格执行中央、省委、市委和县委关于改进作风的规定，自觉接受人大、政协和社会各界监督，进一步完善行政监察和审计监督体系。同时，我们进一步加强了与各民主党派、工商联及工会、共青团、妇联、残联、老龄、文联等人民团体的联系，国防、民兵预备役、对台、宗教、移民、人防、供销、邮政、烟草、石油、档案史志、地方海事、住房公积金、机关事务管理等各项工作都有新成绩、新进步。

在肯定成绩的同时，我们也清醒地看到，工作中还存在一些问题。主要表现在：经济总量偏小，优质企业较少，产业支撑作用不强；社会事业相对滞后，公共服务供给不均衡，社会治理任务仍然艰巨；庸政懒政行为没有完全杜绝，不作为乱作为现象仍然存在，行政效能有待进一步提高。对这些问题，我们会以高度负责的态度，采取有效措施，认真加以解决。

2017年工作目标及措施

2017年是党的十九大召开之年，是贯彻落实县第十次党代会精神的首战之年，是脱贫攻坚、全面建成小康社会的决胜之年。我们唯有抢抓机遇，迎接挑战，才能夺取跨越赶超新胜利；唯有激情干事，务实担当，才能谱写融城发展新篇章。

今年政府工作的指导思想是：深入贯彻中央、省委省政府、市委市政府和县委决策部署，坚持稳中求进、进中求好的工作总基调，紧扣“加速融城、加快发展，打造‘三区一中心’，推进‘四个一体化’”发展思路，深入开展项目攻坚年、企业帮扶年活动，全面做好稳增长、调结构、惠民生、促改革、优环境各项工作，努力实现经济平稳健康发展和社会和谐稳定，以优异的成绩迎接党的十九大胜利召开。

全县经济社会发展主要预期目标是：地区生产总值增长8.6%，一般公共财政预算收入增长7.2%，规模工业增加值增长8%，固定资产投资增长16%，社会消费品零售总额增长12.5%，城乡居民收入增长高于经济增长速度。在此基础上，确保社会各项事业都有新发展。具体路径是：以“十大产业项目、十大基础工程、十大民生实事”建设为抓手，重点做好六个方面的工作。

一、树立经营城市理念，着力打造宜居宜业的城镇体系

围绕打造“株洲城市副中心”，以更宽广的视野优化空间，以更包容的胸怀集

聚要素，以更精彩的手笔提升品质。

坚持前瞻性规划，彰显城市特色。完成城市总体规划，推进“多规合一”试点，分层次有重点地进行城市设计。做好城市规划“加减法”，加快编制综合交通、市政园林、旧城改造等专项规划，做好湘江东岸风光带、渌水二桥联络线等城市道路区域控规设计。建立健全设计、审批、建设、验收“四同时”的规划审批机制，把好“三区”“四线”关，切实加大对违法用地、违法建设的打击力度，减少违建存量，杜绝违建增量。制定《加快小城镇建设实施方案》，重点打造朱亭、淦田等特色乡镇。

坚持大片区开发，完善城市功能。以青龙湾为依托，建设一批高档精美的住宅小区，大力开发北部融城片区。以南洲新区为载体，完善生产生活配套设施，加快建设南部产业新城。以漉浦路为主轴，有序开发老旧城区及东向区域，致力打造东部宜居休闲服务区。按照“东西联通、南北畅通”要求，加快构建“三纵一横、外环内网、水陆畅通”的交通体系，以大交通建设带动大片区开发。

坚持精细化管理，提升城市内涵。加快社会治理创新，不断完善城市管理机制，探索建立资源共享、信息相通、力量互动的“智慧渌口”综合信息平台。加快数字化城市建设，打造交通、治安、城管“三位一体”智能管理系统。推动管理服务扁平化、精细化、高效化，实现网格化社会治理全覆盖。加大政府购买服务力度，吸引社会力量和社会资本参与城市管理。倡导城市管理志愿服务，引导公众积极参与城市管理。

二、强势推进项目攻坚，着力打造动能充足的发展引擎

把项目建设作为稳增长、扩投资、调结构的第一抓手，补齐发展短板，破解制约瓶颈，加快推项目、促发展的步伐。

高质量策划项目。紧盯国家、省、市的投资重点和重大工程，围绕小城镇建设、产业发展、基础设施和民生事业等领域，加大项目包装策划力度。重点做好城市道路畅通工程、湘江沿岸及水上观光旅游带等项目前期工作。突出项目包装策划前瞻性，按项目成熟程度建立项目库，形成“策划、储备、申报、建设”梯次推进格局和良性循环机制。实施项目信息动态管理，准确把握项目进度，提高项目争取的成功率。

严要求管理项目。完善项目推进机制，以目标倒逼进度，以时间倒逼效率。加强对项目的预审评价、合同管理、实时跟踪和后续服务，确保项目顺利推进。实施重点项目 55 个，总投资 340 亿元，年内完成投资 110 亿元。按期开工一批，确保湘江东岸风光带、汽车零部件等 23 个项目按计划开工。加快推进一批，确保东城大道、渌枫大道等 27 个续建项目按进度落实。完成竣工一批，确保湘江七桥、福岭木业、法院审判庭等 22 个项目按节点竣工。

大力度保障项目。不断巩固和扩大征地拆迁“百日攻坚”成果，继续坚持“以拆违促拆迁、以拆迁促项目”，扎实开展项目征拆“净地行动”。认真做好控违拆违工作，以“零容忍”态度，对违章建筑实行立查立拆、动态清零。加大土地报批、调规等工作力度，计划批回土地1000亩，保持动态储备地1500亩，新增储备地600亩。加大政策性、开发性、商业性资金的争取力度，确保今年融资50亿元以上。优化项目建设环境，铁腕治理违规收费、索拿卡要等违纪现象，重拳打击强揽工程、恶意阻工等违法行为。

三、突出工业主导地位，着力打造特色鲜明的产业集群

强力推进新型工业化，加快形成主导产业集聚效应，切实提升发展质量和效益。

实施大招商。明确招商方向，对接市“一谷三区”，抓好产业配套；对接珠江三角洲，抓好产业转移；对接振兴实体经济的宏观政策，抓好产业升级。进一步丰富招商手段，创新招商模式，提升招商实效，营造大招商、招大商的浓厚氛围。开展“引老乡、回故乡、建家乡”等系列招商活动，引导企业家、知名人士到我县投资兴业。力争引进资金40亿元，引进过亿元项目5个，过5亿元项目1个，过10亿元项目1个。落实签约项目履约推进责任制，确保重点招商项目履约率达70%以上。在抓好招商引资的同时，鼓励企业走出去，力争外贸出口总额突破1000万美元。

打造大平台。高质量编制好南洲新区50平方公里控制性详细规划和5平方公里城市设计。完善配套服务功能，不断增强新区承载能力，加速“产城融合、园城共建”步伐。深化园区体制改革，真正落实“一权两制一司”。加速建设水、电、路、气等基础设施，规划建设渌湘大道延伸段，全面建设1、2、3号道路。

集聚大产业。扎实开展“企业帮扶年”活动，制定优惠政策清单，形成企业发展“小气候”，打造护商环境新高地。认真落实《株洲县鼓励工业发展若干意见》，全面启动企业应急转贷资金。加快发展非公经济，积极探索“多证合一”，推进工商登记便利化，进一步激发市场主体活力。突出抓好新材料、汽车配套、轨道交通和环保装备等四大产业，规划建设动力产业园，加快建设建安产业园、电子信息产业园、绿色环保装备产业园、湘融服饰产业园，尽快实现亚胺薄膜投产、芳纶竣工、兆能搬迁。出台标准厂房租售优惠政策，引进一批小微企业，力争实现标准厂房空置率清零。

四、加快城乡统筹步伐，着力打造固本强基的幸福家园

以增加农民收入为核心，大力发展现代农业，扎实推进新农村建设，促进农业农村全面发展。

以集约思维发展农业。推动农业规模化、集约化发展，降低生产成本，提高生产效益。实施粮食产能项目，新建1.3万亩高标准农田。继续推进蔬菜基地建设，扩大种植面积。积极推广农业新技术，不断提升农业机械化水平。深化供销社综合改革，构建现代“三农”服务体系。规范土地流转，发展农业专业合作社，培育孵化现代家庭农场。申报草食动物养殖大县，创建全省畜禽水产品质量安全示范县，建

成生物资源科学利用中心。完成新造林 2 万亩，打造 1 个万亩珍贵树种培育示范基地。发展壮大高产油茶、花卉苗木、林下经济、竹木加工等特色林业产业。支持湘春蕨菜、楚丰花卉等企业做大做强。

以全域美丽引领农村。严格落实《株洲市农村村庄规划建设管理条例》，按照“乡镇主责、村民作主”的原则，对村庄进行全域规划、科学规划，促进“一村一品”特色发展。实施“全域美丽乡村”行动，建设 4 个美丽乡村，完成 30 个行政村的人居环境整治任务。加快“五小”水利建设，完成淦田镇保护圈、荷包保护圈和昭陵港治理工程，提升沿河镇以及重点区域防洪抗旱能力。加大农村公路建设力度，完成农村通畅工程 100 公里，建设道路安保工程 100 公里。实施农村电网改造项目 62 个。

以精准脱贫帮扶农民。大力实施保底、保医、保学和保住等脱贫工程，扎实推进产业扶贫、电商扶贫、金融扶贫等重点工作。紧盯扶贫工作重点内容，对照“十个有没有”清单开展自查自纠。重点关注“三类”对象，通过医疗救治恢复劳动力、提供公益岗位、介绍外出务工等方式，实现就业增收。合理引导脱贫预期，让扶贫工作得到各方认可，确保提前完成省市下达的脱贫任务。

五、依托生态资源禀赋，着力打造繁荣兴旺的商旅品牌

坚持“既要金山银山，又要绿水青山”的理念，大力发展特色三产，加速建设休闲宜居生态区。

打好生态牌。落实湘江保护治理第二个“三年行动”计划，加强水资源管理、水污染防治和水生态保护。实行河道管护“河长制”，推进河道保洁常态化、规范化。加大河道巡查力度，依法严厉打击非法采砂。开展农村面源污染治理，推进企业点源污染防治，治理生活噪声、餐饮油烟、粉尘颗粒等城市污染。发挥林业资源丰富的优势，发展林业碳汇交易。

走好休闲路。举办渌湘旅游文化节，开展“最美乡村”摄影大赛、山地自行车邀请赛等休闲旅游主题活动。加快建设“青龙湾、紫涵湖”，打造城市休闲精品。积极申报凤凰山省级森林公园，扎实推进东冲 AAA 级景区创建，着力开发“访朱亭古镇、游凤凰仙山、观渌鸿风电”旅游线路，创建一批星级乡村旅游示范点，努力打造南部休闲旅游基地。整合杨得志故居、伏波公园、仙井革命烈士陵园等景点资源，提质基础设施，增强接待能力，着力打造伏波红色景区名片。

建好商贸圈。启动青龙湾奥特莱斯商业小镇和中加学校建设，做活广源家居商贸城，发展大美新芦淞物流园，以“三大项目”为节点，拉开北部商贸片区发展格局。发挥中央时代广场核心辐射作用，深度开发瑞和广场，激发漉浦广场商业活力，以“三大广场”为带动，促进县城商贸片区繁荣。力争启动渌口港区一期工程，加大驾考中心配套开发力度，依托湘江七桥发展商业地产，以“三大工程”为支撑，逐步激活南洲新区商业氛围。

六、坚持发展成果共享，着力打造幸

福和谐的民心工程

坚持量力而行、尽力而为的原则，集中精力干实事、办好事、解难事，不断提升群众幸福指数。

办好民生实事。围绕“三十”工程，在抓好大项目、搞好大建设、促进大发展的同时，重点办好一批与人民群众生活密切相关的实事。实施城市道路畅通工程，全面打通城区“断头路”，建设公共立体停车场，缓解县城拥堵和停车难。改扩建育红、南岸、水口、城塘等4所小学和机关幼儿园，缓解城区学位紧张问题。改扩建渌口、淦田敬老院，新建龙潭留守人员服务中心，改善农村养老设施薄弱现状。抓好食品药品安全示范创建，启动建设标准化检验检测中心，推进重金属污染耕地修复治理，保障食品药品安全。实施农村安全饮水工程，重点解决南洲、龙船、古岳峰等地区群众“吃水难”。扎实推进农村公路提质改造，实施“窄改宽”，建设“会车岛”，缓解农村道路会车难的问题。

夯实基本保障。进一步落实各类社会救助政策，提高城乡低保补助水平，实现农村低保标准与国家扶贫标准“两线融合”。开设“救急难”窗口，健全社会救助体系。健全最低生活保障标准调整机制，完善低收入家庭收入信息平台。开展零就业家庭、残疾人、低保对象等困难群体就业援助，积极引导全民创新创业，确保新增城镇就业人员2400人、转移农村劳动力1500人。推进社保扩面提标，新增企业养老保险参保1000人。完善住房保障体系，继续实施棚户区改造、危房改造，切实改善城乡居民居住条件。

繁荣社会事业。深入推进公共文化服务体系示范创建，打造一批特色文化示范镇村，实施“全民体育健身工程”，提升公共文体服务能力。围绕教育强县目标，继续改善办学条件，实施“全面改薄”，积极推进标准化学校建设。开展“健康渌湘”行动，大力发展医疗卫生事业，深化公立医院改革，健全分级诊疗运行机制，巩固医疗联合体、乡村医生签约服务等配套制度。加速实施中医院升级改造，启动妇幼保健院改扩建前期工作，高标准扩建淦田镇卫生院。坚持计划生育基本国策，有效贯彻落实“全面两孩”政策。巩固平安创建成果，启动平安城市视频监控系统三期建设。严格落实安全生产责任制，加大交通安全社会化管理力度，切实保障人民群众生命财产安全。规范信访秩序，引导群众依法合理表达诉求。深入开展信访维稳“百日攻坚”行动，加大信访积案化解力度，有效化解社会矛盾纠纷。同时，凝聚各方力量，大力发展“双拥”创建、优抚安置、民族宗教和慈善事业。

各位代表，我们的政府是人民的政府，人民政府必须始终服务于人民。我们一定向改革要动力，以创新激活力，不断提高政府治理能力，不断提升为民服务水平。同时，坚守国家立场、政府立场，坚持分层级管理、按程序办事、靠制度立信，坚决做到依法行政不偏废、阳光用权不任性。认真落实县人大及其常委会各项决议决定，自觉接受县人大及其常委会的法律监督、工作监督和县政协的民主监督。加强廉政风险防控，推进审计监督全覆盖，努力确保干部清正、政府清廉、政治清明。让我们在市委市政府和县委的领导下，紧紧团结和依靠全县人民，撸起袖子加油干，为打造繁荣宜居幸福文明的株洲城市副中心而努力奋斗！

名词解释：

1. 放管服：简政放权、放管结合、优化服务的简称。

2. 五证合一，一照一码：企业注册登记时实行营业执照、组织机构代码证、税务登记证、社会保险登记证、统计登记证合并办理，核发加载统一社会信用代码的营业执照。

3. 全面改薄：全面改善农村义务教育薄弱学校办学条件。

4. 多规合一：建立城乡总体规划、土地利用总体规划、国民经济和社会发展规划、环境保护规划等规划的统一协调机制。

5. 加减法：推进农民工市民化上做加法，提升城市管理水平上做加法，提高城市规划的科学性上做加法。减少城市病（交通、停车等问题）、化解房地产库存、缓解城市压力。

6. 三区、四线：生态空间——生态红线（刚性控制线）、农业空间——基本农田控制线（刚性控制线）、城镇空间——城镇增长边界控制线（刚性控制线）、城镇开发建设控制线（弹性控制线）。

7. 河长制：全面建立省、市、县、乡四级河长体系，由党委政府主要负责同志担任“河长”，负责组织领导相应河湖的管理和保护工作。

中国人民政治协商会议
株洲县委员会常务委员会工作报告

——2017年2月13日在政协株洲县第九届委员会第二次全体会议上

县政协主席　王亚男

2016年工作回顾

2016年，是“十三五”规划的开局之年，也是县政协换届之年。一年来，县政协常委会在中共株洲县委的坚强领导下，高举中国特色社会主义伟大旗帜，坚持团结民主两大主题，践行人民政协为人民的价值追求，围绕中心、服务大局，认真履职、扎实工作，圆满完成了各项任务，为全县经济社会发展作出了积极贡献。

（一）汇聚力量助推发展。我们坚持把服务好全县经济社会发展作为政协工作的根本追求，用新作为助推新发展。协商议政思发展。2016年，县政协常委会紧紧围绕县委、县政府中心工作，关注社会热点、难点问题，切实履行职能，委员的参政为公、议政为民的意识不断增强，建言献策水平不断提高。

在县政协八届五次全会期间，委员们充分运用参政议政大会发言这一协商平台，就加快小城镇建设、进一步规范农民专业合作社发展、完善农合制度等11个重点内容发声建言，县委、县政府主要领导认真听取了委员意见并做了重要批示。在县政协九届一次全会期间，委员们就撤县设区、城市管理、民生实事等内容，列举实情、分析原因、提出建议，与县委、县政府共商发展之计、共谋增长之策、共兴利民之举。调研献策谋发展。一年来，我们把开展调查研究、提供决策依据作为促进发展的重要抓手，全面深入基层一线，广泛收集素材，认真去粗存精，让政协所建之言是可信之言、所立之论是可取之论、所献之策是可用之策。政协课题调研组围绕小城镇建设、农村集贸市场转型升级、家政服务业发展等内容，到县直机关、乡镇和广州等地进行调研，有力推进了相关工作的开展。2016年，县政协常委会议围绕精准扶贫工作，组织专门班子通过座谈、走访等形式开展调研，撰写的《关于精准扶贫工作的调研报告》被市政协评为优秀调研报告二等奖。围绕中心促发展。发展的主体是人，政协委员当中人才荟萃、能人众多。一年来，我们在做好、做活委员这篇文章上下功夫，让他们在发展的舞台上当好主角、建功立业。在精准扶贫工作中，郭立华、贺铁明等委员发挥自身优势，积极为贫困群众提供就业岗位。县政协主席会议成员按照全县的统一部署，积极联系重点工程、重点项目，包镇联村开展扶贫攻坚、征地拆迁等工作，帮助解决实际问题。县政协机关干部深入征拆和扶贫一线，用自己的实际行动服务全县发展大局。

（二）履职为民凝聚人心。一年来，我们不忘为民服务初心，在为民谋福上持续用功，让人民走进政协，让政协服务人民。委员提案聚焦民生。我们始终注重抓提案质量，引导委员以民为本、以实为据写好提案。一年来，共收到委员提案78件，立案57件，其中民生实事类占36.8%。为促进提案成果转化，我们对强化城市污水排放治理、加强合乡并村资产管理、规范农民专业合作社发展、加快项目供地等6个提案进行了重点督办。在督办过程中，提案人与办理单位面对面协商沟通，提案办理由“文来文往”向“人来人往”转变，由“答复型”向“落实型”转变，由“领导督办”向“协商督办”转变，解决率达54.4%，与2015年相比提高了10个百分点。以加强食品监督管理为主要内容，举办第三期电视问案，通过媒体监督与群众监督的有效结合，帮助相关部门发现监管中的不足，帮助消费者识别并远离问题食品，促进了我县食品监管工作的提升。社情信息反映民意。一年来，我们把反映社情民意信息作为传民声、达民意、聚民智的重要渠道，完善社情民意信息网上提交平台，畅通民意表达。委员们广泛搜集群众关注的焦点问题，先后上报了加强文化设施建设、道路改造、农贸市场转型升级、统筹美丽乡村建设等社情民意30多条。整理后，向市政协上报社情民意信息8篇，刊发《渌湘社情民意》3期，促进了民生问题解决。主题活动助解民困。政协委员来自不同阶层，源自多个界别，在帮助群众就业、就医、就学等方面发挥了独特的优势。县八届政协委员积极响应省、市政协号召，全面参与委员助力脱贫攻坚“三个一”主题活动。委员们走进农家，询情况、送关怀、找出路、谋发展，倾心尽力、真心帮扶，与180多户贫困户结对子，捐资捐物5万多元，帮助解决就业40多人。

（三）监督支持实现共赢。我们始终坚持“在监督中服务、在服务中支持”的工作理念，开展民主监督工作，为加快发展营造了和谐共赢的氛围。视察工作求真。一年来，我们进一步规范了视察工作流程，对群众文化体育工作、林业工作、县城公交线路设置运营、得志公园建设、土地确权颁证等进行了视察，做到在视察前有调查，情况准确，不讲表面问题；视察中有建言，建议中肯，不图表面热闹；视察后有报告，反馈及时，不做表面文章。在视察中，委员们敢讲话、讲真话，不讲官话、套话，提出各类意见和建议40多条，不少意见建议转化为推进发展的务实举措。被视察单位通过政协视察监督推介了工作、扩大了影响，也赢得了委员的支持和理解。同时，我们拓宽了视察层面，倡导各镇、城区活动组委员运用视察的形式，了解当地经济社会发展的情况，在监督履职中维护好群众利益和社会和谐稳定。民主评议求实。一年来，我们对县交通运输局、县教育局、县经济科技信息化局开展民主评议，征集各类意见、建议共400多条。三个单位做到面对问题不找理由、整改落实不讲条件，以民主评议推动部门工作上台阶。2016年8月31日，我们召开了民主评议工作测评大会，与会的60名政协委员和基层群众代表从工作理念、工作职能、工作作风、工作成效入手，现场对三个单位进行了客观公正的测评。三个单位得分均在93分以上，全部获得民主评议工作优秀单位称号。在民主评议的实施过程中，委员的监督参与，既能知晓情况、消除疑虑，又能帮助发现问题、规范行为，更能积极鼓与呼，为职能部门开展工作创造条件，实现了委员履职到位与部门工作到位的双赢局面。促进团结求和。我们始终坚持团结和民主两大主题，调动一切积极因素，针对思想认识上的困惑点、利益关系上的交织点、社会矛盾上的易发点，积极发挥好政协在协调关系、理顺情绪、化解矛盾、增进共识等方面的作用，切实加强各方面的团结合作，努力夯实和谐社会的群众基础。一年来，我们通过召开民主党派座谈会、举办民主党派历史专题讲座等形式，引导民主党派人士凝聚正能量、唱响主旋律，巩固好共同的思想政治基础。

（四）发扬传统扩大影响。一年来，我们发扬求真务实、忠诚履职的优良传统，不断提升履职成效。广泛开展联络联谊。我们先后接待了文史博览杂志社、靖州苗族侗族自治县政协、汉寿县政协的考察调研团，向兄弟单位全面介绍了我县经济社会发展成就。积极参加市政协特邀界联系会议，利用此平台为株洲县发展积极发声。在市政协会议期间，驻县的市政协委员从加快我县交通网络建设、加快湘江东岸风光带建设等方面咨政建言，撰写涉县提案4个，为我县发展争取了各方支持。不断提升对外形象。我们充分利用网站、报刊、电视等媒介，及时报道工作动态，宣传委员风采。一年来，组织委员和政协工作人员，先后在《湘声报》《湖南政协》《株洲日报》等省、市报刊杂志和政协网站刊发稿件50多篇。《湘声报》以《真评实议出成效》为题，报道了我县民主评议工作。同时，积极对接省政协“互联网+”云平台建设，组织县政协委员通过“政协云”观看省政协常委会议，积极参与网络议政，进行实时互动。收集编撰文史资料。为全面反映八届政协的履职成效，我们策划编写了《同心向前》画册。画册共收集图片218张，从调研视察、提案办理、联络联谊、委员风采等方面，图文并茂地展示八届政协的特色工作。同时，积极配合市政协文史馆建设，及时报送反映县政协工作的图文资料。

（五）强化管理成效显著。一年来，我们注重队伍建设，强素质、抓管理，夯实政协工作基础，彰显政协工作特色。圆满完成换届选举。在县委的坚强领导下，县政协换届选举工作严格按照有关法律法规和政协章程顺利推进，协商产生了来自14

个届别的九届政协委员173名，委员综合素质明显提升。在县政协九届一次全会期间，按照换届选举的工作原则和目标任务，对新当选的政协委员进行了政协知识和换届纪律培训，组织委员观看了《警钟》和《镜鉴》两部警示教育片，签订了换届纪律承诺书，构建了全新的换届态势，圆满完成了换届工作。基层组织活动有序。按照有利于发挥委员特长、有利于参加活动的原则，我们以界别为主、区域为辅，设立了16个委员活动小组。一年来，各活动组积极开展小组视察、集中学习和反映社情民意等活动，为群众服务、为百姓代言。医卫活动组积极开展义诊，服务对象达2200多人；文艺活动组开展“送艺术进校园”、慰问民间艺人等活动，丰富群众文化生活。淦田镇、龙门镇等镇政协活动组，组织委员开展调研和走访活动，为各镇中心工作建言献策。着力转变机关作风。一年来，我们深入开展“两学一做”学习教育，组织开展“四讲四有”专题研讨。在学习教育中，坚持对照问题学、向理论经典学、向先进典型学，不断提升学习教育成效；开展了“纠‘四风’、治陋习”专项行动，针对“四风”方面的问题进行“回头看”；进一步完善内部管理规定，严格人、财、物的管理，县政协机关形成了和谐团结、紧张有序的工作氛围。

各位委员、各位同志，过去一年政协工作成绩的取得，是中共株洲县委坚强领导的结果，是县人大、县政府、县人武部大力支持和社会各界密切配合的结果，是广大政协委员、各民主党派、工商联、无党派人士、各人民团体积极参与、共同努力的结果。在此，我代表县政协，向所有关心、支持政协工作的各位领导、各界人士，向为政协工作付出辛勤汗水、作出无私奉献的广大政协委员，表示崇高的敬意和衷心的感谢！

我们也清醒地认识到，县政协工作还存在一些薄弱环节，主要是：协商议政的质量还需进一步提高，民主监督的实效还需进一步增强，委员的履职能力还需进一步提升，履职成果转化机制还需进一步完善。对此，我们将认真研究，在今后的工作中切实加以改进。

2017年工作意见

2017年，是党的十九大召开之年，也是全面落实省、市、县党代会精神的首战之年。全县政协工作的指导思想是：高举中国特色社会主义伟大旗帜，深入学习贯彻习近平总书记系列重要讲话精神，紧紧围绕县委“加速融城、加快发展，打造三区一中心，推进四个一体化”发展思路，牢牢把握团结和民主两大主题，认真履行政治协商、民主监督、参政议政职能，为全县经济社会发展贡献智慧和力量。

新的一年，我们要在全县“加速融城、加快发展”中体现政协作为、彰显政协价值，重点做好以下工作：

（一）精心组织政治协商。坚持把围绕中心、服务大局作为履行职能的第一要务，紧扣“加速融城、加快发展”的重大决策和工作部署，强化政治协商，以政情通报、调研视察、座谈评议等形式，不断扩大政治协商成果，使政治协商成为民意进入决策程序的重要渠道，让政治协商更加体现时代要求、契合党政需要、反映人民心声。根据“县委政府想什么，政协议什么；县委政府做什么，政协帮什么”的工作思路，更加活跃有序地组织开展专题协商、对口协商、界别协商和提案办理协商，广纳群言、广集民智，增进共识、增强合力，使政协工作与党政工作同频共振。今年，我们将就县委、县政府关注的重点工作，举行一次常委会议视察，形成高质量的常委会建议案，为县委、县政府科学决策、精准施策当好参谋。

（二）积极推进民主监督。突出问题导向，聚焦项目攻坚年、企业帮扶年活动中的重点环节，将民主评议和重点调研、专题协商统筹谋划、整体推进，开展经常性的民主监督活动；围绕精准扶贫、项目建设等开展重点监督；围绕耕地保护、环境治理、城市规划、教育发展等进行议政监督。继续秉承“促工作是目的、找问题是重点、抓整改是关键”的原则，对文体广电新闻出版和旅游局、住房和城乡规划建设局、畜牧兽医水产局3个单位开展民主评议工作，规范民主评议工作程序，推动相关工作开展。完善提案办理机制，强化提案督办，使委员提案切实起到助推发展的作用；继续以民生类重点提案为主要内容举办“电视问案”，公开提案、公开承办、公开满意度，深化提案办理实效，进一步提高提案办结率。

（三）务实开展参政议政。围绕县委“加速融城、加快发展，打造三区一中心，推进四个一体化”发展思路，准确把握全县工作大局和工作要求，有序组织委员开展参政议政，深度融入发展大局，助推大事实事解决。在开展调查研究、专题视察方面，进一步完善选题机制，丰富调研内容，改进调研方法，整合调研力量，使专题调研工作显特色、富成效。今年将重点对我县扶贫攻坚、“全域美丽乡村”行动、社会福利中心运营、“智慧渌口”综合信息平台建设、水利设施建设、征地拆迁、湘江风光带株洲县段建设等进行视察，斟酌对策，提出建议，供县委、县政府决策参考。加强参政议政成果转化，把会议协商、社情民意、调研报告所反映的问题，纳入视察范围，增强视察工作的实效性。同时，通过视察报告、常委会建议案、《渌湘社情民意》等形式，向县委、县政府及时报送参政议政成果，抓好跟踪落实，确保参政议政落地有声，取得实效。

（四）牢牢把握两大主题。实现紧密团结，发扬民主才更有基础；广泛发扬民主，加强团结合作才更有力量。今年，我们将继续开展与各民主党派的座谈活动，利用政协平台，充分交换意见，为各民主党派知情明政创造条件。积极支持各民主党派开展工作，努力营造和谐融洽、求同存异、体谅包容的团结氛围。坚持把理顺情绪、增进团结、协调关系、化解矛盾作为履行职能的重要着力点，积极促进党群关系、宗教关系、阶层关系和谐，使人民政协真正呈现出海纳百川、大气大度的精神风貌。发挥联系面广、包容性强的优势，当好社会各界群众联系县委、县政府的“连心桥”，及时准确传达上情，真实完整传递下情，使县委提出的“融城大突破、发展大提速”成为各民主党派、工商联、无党派人士、各人民团体和各界人士的行动自觉。进一步动员团结各方力量，调动一切积极因素，发挥政协委员和各级政协组织的优势，扩大对外交流，积极引资引智，服务发展大局。

（五）全面提升履职能力。2017年，是九届政协委员全面履职的第一年。今年，我们将举办委员培训，提升委员的政治素质和履职能力；健全完善委员履职评价考核体系，规范委员管理，加强委员联系，激励委员奉献，树立委员形象。指导各活动组积极履职，引导委员以组为单位开展形式多样的履职活动，继续投身“三个一”助力脱贫攻坚主题活动，关注困难、弱势群体，为全面建成小康社会作出积极贡献。继续对接省政协“政协云”建设，通过互联网拓宽委员的履职空间。今年，省委、市委将召开政协工作会议，我们要组织全体政协委员认真学习贯彻上级会议精神，全面提升全县政协工作水平。同时，进一步加强县政协常委会自身建设，县政协主席会议成员要按照县委安排，主动联企业、联项目、联镇村、联学校，帮助解决实际问题，发挥示范带头作用。落实县政协党组全面从严治党主体责任，进一步加强机关建设，紧扣县委中心工作，有重点地安排学习内容，深入推进机关党风廉政建设，动员机关干部在“加速融城、加快发展”中争当排头兵，在征地拆迁、精准扶贫中争当先锋队，努力打造一支政治坚定、作风优良、学识丰富、业务精通的高素质政协干部队伍。

各位委员、同志们，事业凝聚人心，使命催人奋进。株洲县的发展正处于一个充满希望、充满朝气、充满活力的新起点上，让我们在中共株洲县委的坚强领导下，团结一致，振奋精神，以更加昂扬的斗志、更加饱满的热情、更加务实的作风，创造优异成绩迎接党的十九大胜利召开！

专辑

召开株洲县第十届党员代表大会

2016年9月19日至22日，中共株洲县召开第十届党员代表大会，会议通过了县委书记罗绍昀代表株洲县第九届委员会向大会作的《加速融城、加快发展，为打造繁荣宜居幸福文明的株洲城市副中心而努力奋斗》的工作报告，选举产生了中共株洲第十届委员会和纪律检查委员会，会议号召全县党员要高举中国特色社会主义伟大旗帜，深入学习贯彻习近平总书记系列重要讲话精神，按照“五位一体”总体布局和“四个全面”战略布局，以“创新、协调、绿色、开放、共享”五大发展理念为引领，以供给组成结构性改革为主线，抢抓撤县建区重大机遇，加速融城，加快发展，打造“三区一中心”，推进“四个一体化”，奋力谱写经济更繁荣、城市更宜居、人民更幸福、社会更文明的发展新篇章。

获评全国法治宣传教育先进县

2016年5月20日，中宣部、司法部、全国普法办联合下发《关于表彰2011—2015年全国法制宣传教育先进集体和先进个人的决定》（司发通〔2016〕49号），株洲县获评“2011—2015年全国法治宣传教育先进县”。

“六五”普法期间，株洲县宣传以《宪法》为重点的60余部法律法规，编印发放法律政策宣传资料达15万多册，全县30多万人接受普法教育，各类普法对象的普及率达100%。

征地拆迁“百日攻坚”成效显著

2016年10月9日，株洲县启动征地拆迁“百日攻坚”行动，将征地拆迁工作任务层层分解至全县76个单位和部门，实施“大征拆”“大督查”“大公开”，县委将征拆工作任务完成情况直接与干部的“面子”“帽子”“票子”挂钩，征拆工作考核结果纳入各责任单位的绩效考核和政绩考核内容，作为年度评先和干部提拔重用的依据，“四大家”领导带头深入拆迁项目第一线，与拆迁户面对面谈心，并不定期召开调度会，以“现场办公会”等方式，共谋解决良策，加快拆迁进度，在短短100天内，全县完成征地3198.6亩，签订房屋征拆协议858户，拆除房屋451栋。

中国共产党株洲县历史出版发行

2016年6月，《中国共产党株洲县历史（1921—2008）》出版发行，该书共6篇21章83节，总计30万字，详细记述了1921年-2008年株洲县人民在历届县委的领导下，在政治、经济、文化领域和改革开放后两个文明建设等方面取得的辉煌成就。

渌湘企业成长学院

2016年6月20日，株洲县成立“渌湘

企业成长学院”，整合聚集企业发展阶段所需要的服务资源，为企业提供信息指导、融资担保、创业辅导、人才培训、技术支持、管理咨询、法律咨询、市场开拓等方面的服务。年内，学院举办四期企业管理人员培训，培训人员达 441 人。并为 15 个企业提供了创业辅导咨询。同时，建立企业帮扶和服务热线，设立经科微信服务公众号和短信推送平台，全年发布各类信息 850 条。

建制村合并

2016 年 2 月，株洲县全面启动镇建制村合并工作，截至 6 月 30 日，全县 8 个镇 1 个场由原有的 248 个行政村合并成 129 个行政村，减幅率达 48%。其中，南洲镇荣获“湖南省并村工作先进单位”荣誉称号。

（张恺鹏）

县情综述

行 政 区 划

2016 年，株洲县辖 8 个镇，1 个场。年内乡镇区划调整，由原有的 18 个居民委员会、248 个村民委员会合并为 10 个居民委员会、129 个村民委员会。共有 3189 个村民小组。土地总面积 1053.6 平方公里。有耕地面积 24584.22 公顷。其中，旱土 2501.81 公顷，水田 22082.41 公顷。年末总人口 35.2 万人，人口自然增长率为 7.6‰。

2016 年度株洲县国民经济和社会发展概况

2016 年，面对复杂多变的国内外经济发展环境，全县人民在县委、县政府的坚强领导下，全面贯彻落实中共十八大和十八届三中、四中、五中、六中全会精神，紧扣“十三五”规划总体目标，扎实开展“民生事业年、项目突破年、环境优化年”活动，以转型升级为主线，以改革创新为动力，助推经济发展，着力提高经济质量和效益，全县经济平稳健康发展，实现了“十三五”良好开局。

一、综合

初步核算，全县地区生产总值 127 亿元，增长 8.2%。其中，第一产业增加值 21.4 亿元，增长 3.7%；第二产业增加值 66.5 亿元，增长 7.5%；第三产业增加值 39.1 亿元，增长 11.8%。按常住人口计算，人均地区生产总值为 42893 元。

全县三次产业结构由上年的 16.8∶53.7∶29.5 调整为 16.8∶52.4∶30.8。一、二、三次产业对 GDP 增长的贡献率分别为 7.8%、49.5%、42.7%，拉动 GDP 增长 0.6、4.0、3.6 个百分点。

二、农业

全县实现农业总产值 30.6 亿元，比上年增长 3.8%。粮食种植面积 53.5 万亩，增长 1.7%，粮食总产量 24 万吨，增长 2.6%。稻谷种植面积 51.2 万亩，增长 1.5%，稻谷产量 23.3 万吨，增长 2.2%；玉米种植面积 0.8 万亩，增长 7.7%，玉米产量 2776 吨，增长 8.7%；蔬菜种植面积 13.6 万亩，增长 4.2%，蔬菜产量 25.2 万吨，增长 5.0%；水产品产量 11673 吨，增长 2.2 %；禽蛋产量 6569 吨，增长 2.6%；全年出栏肉猪 54.8 万头，增长 0.7%。

全年成功创建省级生猪标准化养殖示范县、11 个农产品标准化生产基地、3 个高产油茶示范片，新增 7 家省市农产品加工龙头企业。完成水库除险加固、防洪保护圈等七大水利项目，投资建设“小农水”基础设施 1500 余处。完成农网改造项目 42 个 284 公里。全面划定生态保护红线，进一步加强环境保护和生态建设。打造 8 个“美丽乡村”，完成 10 个村的人居环境整治。

三、工业和建筑业

全年全部工业增加值39.1亿元，增长8.0%。规模以上工业增加值37.4亿元，增长8.0%。在规模以上工业中，分经济类型看，国有及国有控股企业增长1.7%；集体企业增长3.6%，股份制企业增长9.7%，外商及港澳台商投资企业增长10.7%；其他经济类型企业下降12.2%。

全年规模以上工业中，农副食品加工业增加值比上年增长11.9%，医药制造业下降18.4%，通用设备制造业增长7.9%，计算机、通信和其他电子设备制造业增长6.4%，电气机械和器材制造业增长42.2%。六大高耗能行业增加值比上年增长8.4%。其中，非金属矿物制品业增长6.3%，化学原料和化学制品制造业下降5.0%，有色金属冶炼和压延加工业增长27.3%，黑色金属冶炼和压延加工业增长2.7%。

规模以上工业企业实现主营业务收入130.3亿元，增长9.8%；其中，国有控股企业主营业务收入15.9亿元，增长1.4%；股份制企业主营业务收入115.3亿元，增长12.3%。

全县建筑业实现增加值27.4亿元，增长7.6%；具有资质等级的总承包和专业承包建筑企业完成总产值70.9亿元，比上年增长23.2%，实现利润总额1.3亿元，下降29.3%。完成房屋施工面积561.9万平方米，增长16.5%；房屋竣工面积374.6万平方米，增长19.0%。

四、固定资产投资

全县完成固定资产投资106.4亿元，比上年增长14%。在固定资产投资中，第一产业投资14.6亿元，比上年增长93.0%；第二产业投资34亿元，比上年增长3.8%；第三产业投资57.7亿元，比上年增长9.0%。剔除跨区项目和房地产：按经济类型分，国有投资39.5亿元，增长34.8%；非国有投资48.9亿元，增长4.3%。按投资方向分，其中产业投资20.4亿元，下降3.6%；基础设施投资40.3亿元，增长25.8%。全年施工项目237个，其中新开工项目213个。

全年房地产开发投资12.5亿元，下降20.4%。其中：住宅投资10.2亿元，增长1.9%；商业营业用房投资1.6亿元，增长67.6%。全县商品房屋销售面积下降39.2%。其中：住宅销售面积下降27.1%。商品房销售额下降50.4%。

五、国内贸易和旅游

全县实现社会消费品零售额41.4亿元，比上年增长12.4%。按消费形态统计，批发业1.3亿元，增长10.6%；零售业35亿元，增长12.6%；住宿业0.3亿元，增长7.2%；餐饮业4.8亿元，增长11.1%。在限额以上企业商品零售额中，粮油、食品类零售额比上年增长34.4%，饮料类零售额比上年增长32.5%，烟酒类零售额比上年增长39.7%，服装、鞋帽、针纺织品类增长34.9%，化妆品类增长2.6%，日用品类增长5.8%，中西药品类增长41.2%，石油及制品类增长96.5%，汽车类增长17.6%。

全年进出口总额（海关口径）699万美元，比上年下降7.4%。全县引进内资项目91个，合同引进县外资金152.6亿元，实际到位县外资金36.9亿元，比上年增长

9.2%。实际利用外资4582.3万美元，比上年增长11.8%。

全年接待国内外游客83.5万人次，同比增长21.7%；实现旅游总收入5.02亿元，同比增长56.9%。

六、交通运输与邮电

全年完成农村通畅工程100公里、农村公路升级改造65公里、安保工程125公里、危桥改造35座、农村客运招呼站30个。新开通2条城市公交线路。渌湘大道、和谐大道、杨塘大道建成通车，湘江七桥、渌水二桥、东城大道、二线船闸加速推进。

全县实现交通运输、仓储和邮政业增加值2亿元，增长3.1%。其中：邮政业务收入3400万元。年末拥有固定电话用户1.6万户，移动电话用户27.7万户，互联网宽带接入用户3.4万户。

七、财政和金融

全县完成公共财政预算总收入13.1亿元，比上年增长10.5%。地方收入9.7亿元，增长14.4%。其中，税收收入8.3亿元，增长11.4%；上划中央收入2.6亿元，增长2.9%；上划省级收入0.81亿元，下降5.8%。全县完成公共财政预算支出22.6亿元，增长8.1%。其中，教育支出3.4亿元，增长11.3%；医疗卫生支出2.5亿元，增长11.3%。

年末全县金融机构本外币各项存款余额148.8亿元，增长23.8%；居民储蓄存款102.4亿元，增长17.1%。本外币各项贷款余额62.5亿元，增长17.3%。

八、教育和科学技术

全县共有基础教育校（园）113个，其中幼儿园67所，小学23所（不含：教学点22个），初中学校19所，高中4所。全县基础教育共有在校学生32669人。其中：学前教育8636人，小学教育13589人，初中教育5515人，高中教育4910人。2016年高考二本以上录取528人，录取率37.69%。全县在编在职教师2312人。全年，共发放助学金777.6万元，资助贫困学生9033人。新建7间录播教室，实施37所学校"全面改簿"工程，建设10所学校教师周转房。

全年全县实现高新技术产业总产值58.9亿元，增长30.7%；实现高新技术产业增加值17.4亿元，增长31.0%。承担重大开发（及转化）项目11项，全年完成专利申请164件，增长15.0%，其中发明专利16件。授权专利58件，其中发明专利16件。全县有农业科技示范户1278户，科技下乡2.5万人次。

九、文化、体育和卫生

年末全县共有文化馆1个，公共图书馆1个，广播台1座，电视台1座，有线电视用户17327户。大力实施文化惠民工程，对县文化广场、"两管一所"进行升级改造，两管一所全年免费开放共接待8.5万人次。举办为期6个月欢乐潇湘活动，开展送戏下乡活动30场，完成农村数字电影放映3000场，完成6120台电视"户户通"录入和安装，聘请专业艺术老师对全县业余文艺骨干进行三期免费培训。

全县体育设施总体达到531个，其中室内体育设施12个，室外体育设施519个。总场地面积56.1万平方米，人均设施面积

1.9 平方米。协办了省第九届老年人运动会钓鱼比赛。参加株洲市“三好杯”中小学生田径运动会，共获 7 块金牌、5 块银牌、6 块铜牌。

全县现有医疗卫生计生单位 18 个，其中县直医疗卫生计生单位 6 个、乡镇卫生院 12 个，有村卫生室 233 个。全县现有医疗卫生人员 1112 人，其中，高级职称 30 人，中级职称 216 人，初级职称 685 人。全县平均每千人有卫生技术人员 3 人，开放床位 1400 张，每千人拥有床位 4 张。农村适龄妇女“两癌”免费筛查 2295 人。一医院整体搬迁建设项目顺利完工全面投入使用。

十、资源、环境和安全生产

初步核算，全县规模工业综合能源消费量 19.2 万吨标准煤，比上年增长 20.4%。全年空气优良天数比例 74.9%，县内 4 个省环保厅认可的水质环境监测点位饮用水源地水质达标率为 100%，农村垃圾集中处理率 93.4%。全年报批项目用地 283.2 公顷，荣获全国节约集约土地模范县称号。城镇化率 44.0%，新增管输天燃气用户 1321 户，城镇化污水处理率 91.0%，水质综合合格率 99.0%，城区绿化覆盖率 32.87%。完成湘江保护治理项目 21 个，取缔非法砂石场 17 家。开展征地拆迁“百日攻坚”行动，签订房屋征拆协议 858 户，拆除房屋 451 栋。

全县发生各类安全事故 10 起，其中工贸行业发生事故 1 起，道路交通事故 9 起，同比下降 93.9%。直接经济损失 50.75 万元，同比下降 35.6%。全年未发生一起较大及以上生产安全事故。

十一、人口、人民生活和社会保障

年末全县户籍总人口 35.2 万人，常住人口 29.72 万人，城镇化率 44.01%。根据公安户籍数据显示：全县出生人口 4110 人，出生率为 11.7‰，死亡人口 1454 人，死亡率 4.1‰，人口自然增长率 7.6‰。

全县全体居民人均可支配收入 19476 元，比上年增长 9.0%。城镇居民人均可支配收入 29089 元，增长 8.6%。其中，工资性收入 15467 元，增长 5.1%。农村居民人均可支配收入 15982 元，增长 8.9%。其中，工资性收入 10355 元，增长 8.0%。全县城乡居民人均生活消费支出 13018 元，比上年增长 11.5%，其中，居民文教娱乐服务消费支出 2168 元，占消费总支出比重为 16.7%。城乡居民人均住房面积 67.4 平方米，增长 17.0%。

全县新增城镇就业 2073 人，新增农村劳动力转移就业 1915 人，大力推进脱贫攻坚，完成预脱贫 692 户，2021 人。建设创业保障平台 2 个，发放创业贷款 606 万元。养老保险、城乡低保、医疗保险持续提标。全年，共发放城乡低保资金 3453.7 万元，城乡低保人均救助水平分别提高至 320 元和 112 元每月，农村五保人均补助提高至 300 元每月。新建、改扩建敬老院 2 所，新增养老服务床位 186 张。年末全县参加城乡居民基本养老保险人数 18.4 万人；参加城镇职工基本养老保险人数 3.1 万人；参加城镇职工基本医疗保险 2.4 万人；参加机关事业单位养老保险人数 9753 人；参加工伤保险人数 2.3 万人；参加生育保险人数 1.4 万人；参加失业保险人数 1.1 万人；参加新型农村合作医疗保险人数 269950 人，参保率为 95.7%。

（资料来源：县统计局）

注：

1. 本公报数据为初步统计数。

2. 生产总值、各产业增加值绝对数按现价计算，增长速度按可比价计算。

3. 部分数据采取四舍五入，与总数会有出入。

大事记

大 事 记

1 月

6 日，长江委水资源局局长王新才一行到县检查取水许可和计划用水管理情况。

8 日，市委常委、宣传部部长张雄率市党风廉政建设责任制检查考核组到县考察。

10 日，“红领巾星基金会慈善行——走进株洲县爱心助学活动”到株洲县官塘小学举行爱心助学捐赠活动，团省委副书记李志超、省文明办副主任熊科文、副市长何朝晖、团市委书记梁天琛、株洲县副县长漆帅花等领导出席活动。

21 日，中共株洲县委九届十次全体（扩大）会议暨县委经济工作会议召开。

28 日，市军分区雷鸣司令员检查株洲县人武部安全工作。并到县利达茶业生产基地调研。县领导谭润洪、易运华等陪同。

2 月

4 日，市委常委、组织部长、统战部长彭爱华到县慰问驻县部队官兵、困难企业职工、困难劳模和群众，向他们送去节日的问候。

26 日，由湖南省林业厅主办的全省国家储备林基地建设项目现场会在株洲县召开，省林业厅副厅长柏方敏出席会议。

3 月

2 日，全省国家储备林基地建设项目现场会在株洲县召开。省林业厅副厅长柏方敏出席会议并对全省国家储备林基地建设作出重要指示。

11 日，省交通厅副厅长肖文伟、省水运投总经理蒋鹏飞、株洲市副市长何建波、市交通运输局局长刘正平及相关行业专家一行，就如何完善株洲航电枢纽二线船闸施工期间交通组织方案专门到株洲县调研。

18 日，省纪委副书记李政科、市纪委书记刘光跃一行到株洲县调研，并召开了全市的县市区纪委书记座谈会。

22 日，省粮食局副局长焦小毅率领省粮食局调控处处长欧阳建勋到株洲县调研粮食工作。县政协副主席陈代陆等陪同调研。

25 日，市人大常委会副主任王建之到

县调研财政预算和人大工作。

29 日，市委书记贺安杰，市委副书记、市长毛腾飞到县考察东城大道株洲县段建设情况。市委副书记阳卫国，市人大常委会主任刘力量，市政协主席黄曙光陪同视察。

31 日，军分区胡鹏飞政委检查株洲县民兵整组工作。县领导刘克胤陪同检查。

4 月

18 日，全市项目攻坚年重点项目流动现场会在株洲县举行，市委书记毛腾飞一行到县考察株洲航电枢纽二线船闸和梅子湖生态新区两个项目。

同日，梅子湖生态新区基础设施项目开工建设，市委书记毛腾飞，市委副书记、代市长阳卫国视察项目开工现场。

同日，市委书记毛腾飞，市委副书记、代市长阳卫国到县调研项目建设情况。

19—22 日，省委、省政府第二督查组到株洲县督查党风廉政建设及贯彻落实中央和省近期重要会议精神情况。

20 日，省军区黄跃进司令员率工作组检查指导株洲县人武部全面工作。市军分区雷鸣司令员、县委谭润洪书记陪同检查。

21 日，广西壮族自治区人大农业与农村委员会副主任委员刘胜福一行到株洲县考察河道采砂管理工作。

同日，株洲高新区管委会主任李智到联点企业华新水泥公司现场办公，解决企业难题。

26 日，市人民政府副市长、市公安局党委书记、局长李晓葵赴株洲县朱亭镇的湖南湘春农业科技有限公司调研。

同日，株洲市人大常委会副主任汤少云一行在株洲县人大常委会主任罗禧瑰陪同下，到株洲县地税局开展调研。汤少云一行认真听取了县地税局积极应对“营改增”、推进国地税合作、加强队伍作风建设等方面工作的汇报，并对跃达建筑公司和华荣康药业公司开展实地走访，深入了解其生产经营、依法纳税情况，详细记录其提出的合理化建议。

30 日，市政协主席黄曙光一行到株洲航电枢纽，调研航电枢纽和船闸的建设运营情况。

5 月

4 日，市人大常委会副主任汤少云一行深入县地税局开展调研。

同日，市委副书记、代市长阳卫国，市委常委、副市长杨玉芳一行到县督查防汛抗旱工作。

9 日，市人民政府副市长、市公安局局长李晓葵到县朱亭镇参加湖南省湘春农业 5000 吨蔬菜加工生产线项目奠基开工仪式。

同日，市人大常委会副主任冯建湘一行到朱亭镇政花村调研精准扶贫工作，了解村里水利光伏发电项目建设、无房户安居工程和村民生产生活情况。

11 日，省价格举报中心主任熊传令一行调研株洲县价格举报平台建设工作。

14 日，市政协副主席朱庸靖深入株洲

县部分乡镇督查防汛工作情况。

20日，中宣部、司法部、全国普法办联合下发《关于表彰2011—2015年全国法治宣传教育先进集体和先进个人的决定》授予株洲县司法局全国法治宣传教育先进县称号。

25日，水利部水资源司石秋池副司长带队到县考核华新水泥（株洲）有限公司在2015年实行最严格水资源管理工作。

6月

20日，省农委主任刘宗林，市委常委、副市长杨玉芳到县调研重金属污染耕地修复治理工作。

22日，全国妇联副主席、书记处书记谭琳率队到县调研基层妇联组织改革工作。市委副书记雷绍业，县委书记罗绍昀，县委副书记朱江，县委常委、县委办主任刘辉，副县长漆帅花陪同调研。

26日，市委常委、市纪委书记赖馨正率相关部门负责人到株洲县检查指导防汛工作。县委书记罗绍昀、县委常委、纪委书记谭伟生，副县长于大平陪同检查。

27日，国家统计局湖南调查总队和株洲调查队一行到株洲县核查春播面积、调研早稻生产形势。省调查总队农业处处长郑红梅、农业处科长肖鹏、市调查队副队长（主持全面工作）倪志华、副调研员戴榕川等领导到龙船镇新湖村，调查核实粮食生产大县早稻生产情况，利用PDA现场核实农作物遥感测量对地调查样本点的春播面积。

7月

7日，市军分区胡鹏飞政委到县人武部指导部党委年度民主生活会议。县委书记谭润洪参加。

12日，省委换届风气监督办对株洲县换届风气进行第一轮巡回督查。

16日，国家林业局速丰办副主任石敏一行，在湖南省林业厅副巡视员张凯锋等陪同下，到株洲县专题调研国家储备林建设情况。

20日，县第十次党代会专题调研座谈会在县委党校三楼会议室召开。县委副书记朱江，县委常委、宣传部部长刘美和，县委办主任刘辉出席会议。

8月

3日，市军分区雷鸣司令员到县人武部部检查指导征兵工作。县领导粮水云陪同。

19日，2016年湖南（上海）投资贸易洽谈周中国株洲·中国动力谷产业对接暨市情推介会在上海举行。株洲县在“沪洽周”签约引资达30亿元县委副书记、县长刘克胤，县委副书记朱江率领株洲县考察团参加会议。县政协副主席、商务和粮食局局长陈代陆，渌口经济开发区管委会主任刘伟参加系列经贸活动。

24日，省委机要局邓文一副局长一行到县调研内网建设工作。

30日，市政府副市长、市公安局党委

书记、局长李晓葵率市公安局、市发改委、市财政局、市交警支队相关负责人赴驾考中心督查建设工作。

9月

3 日，市委副书记、市长阳卫国深入株洲县，调研经济社会发展情况，听取撤县社区工作进展汇报。市委常委、副市长杨玉芳参加调研，县委书记罗绍昀，县委副书记、县长刘克胤，县委副书记朱江，县人大常委会主任罗禧瑰，县政协主席陈光国，县委常委、常务副县长稂水云，县委常委、副县长刘奇伟，副县长吴宏亮、晏永辉，县政协副主席陈代陆，县领导彭铁锋、刘伟陪同调研。

同日，市委副书记、市长阳卫国深入株洲县调研经济社会发展情况，听取撤县设区工作进展情况的汇报。

18 日，市政府副市长谭可敏率领市政府副秘书长王事兴、市住建局局长蒋开建等相关单位负责人以及市建筑协会会长、伟大集团等企业负责人赴株洲县开展株洲市建安产业园落户选址考察。

19—22 日，株洲县召开中国共产党株洲县第十次代表大会。

20 日，中国共产党株洲县第十次代表大会在县接待中心 1 号栋三号楼会议室召开。县委书记罗绍昀代表中共株洲县第九届委员会作了题为《加速融城，加快发展，为打造繁荣宜居幸福文明的株洲城市副中心而努力奋斗》的工作报告。

10月

9 日，株洲县征地拆迁百日攻坚暨控违拆违行动动员大会在县接待中心 1 号栋三楼会议室召开。全体县级领导、县直机关各单位、乡镇征拆分管领导及工作人员参加了会议。县委书记罗绍昀出席并讲话，县委副书记、县长刘克胤作动员报告，县委副书记朱江主持会议。

11 日，株洲市副市长、株洲市工商联主席杨胜跃一行赴株洲县，到湖南华源荣康药业有限公司调研指导。株洲市侨联党组书记李建平、中共株洲市委统战部调研员黄荣辉、株洲市工商联副主席石强，县委常委、统战部长刘奇伟等领导陪同调研。

13 日，株洲县人武部党委第一书记任职大会在县人武部五楼会议室召开。市委常委、军分区政委胡鹏飞，县委常委、县人大主任、县政协主席等领导出席了会议。

14 日，市人大常委会副主任王建之到株洲县督查县乡两级人大换届选举工作。

16 日，市委书记毛腾飞调研株洲县重点项目建设情况。市人大常委会主任刘力量，市委常委、组织部长彭爱华、市委秘书长、副市长毛朝辉，副市长谭可敏，县委书记罗绍昀、县委副书记、县长刘克胤陪同调研。

同日，市委书记毛腾飞调研株洲县重点项目建设情况。

20 日，市委常委、统战部部长羊贵平

一行来到株洲县调研统战工作，督查县人大、政协换届工作。市委统战部副部长杨志华，县领导罗绍昀、刘克胤、朱江、王亚男、谭伟生、刘奇伟、刘辉参加了调研座谈。

同日，市委常委、纪委书记赖馨正调研株洲县纪检监察工作。

同日，市委常委、统战部部长羊贵平调研株洲县统战工作。

24日，国家林业局速丰办主任丁立新在湖南省林业厅副厅长李益荣陪同下，到县调研国家储备林建设工作，深入龙船镇百益嘉农林综合开发有限公司项目基地，现场察看国家储备林栽种情况。

同日，国家林业局速丰办主任丁立新在湖南省林业厅副厅长李益荣陪同下，到县调研国家储备林建设工作。

11月

6日，市委副书记、市长阳卫国深入株洲县调研承接产业转移和引进配套企业工作情况。县委书记罗绍昀，县委副书记、县长刘克胤陪同调研。

同日，市委副书记、市长阳卫国深入株洲县调研承接产业转移和引进配套企业工作情况。

10日，中组部组织二局一处副调研员罗元开，省委组织部组织指导处闫宗玉，市委常委、组织部部长彭爱华，市委组织副部长周琪到县调研市选派退出领导岗位干部到村任职情况。

22日，市委常委、宣传部部长聂方红到县调研宣传思想文化工作，并召开了宣传思想文化调研座谈会，听取了株洲县工作情况汇报和宣传思想文化工作专题汇报。县委书记罗绍昀，县委副书记、县长刘克胤，人大常委会主任罗禧瑰，政协主席王亚男，县委副书记朱江，县委常委、宣传部长刘美和，县委常委、办公室主任刘辉陪同调研。

29日，株洲县第十二届人民代表大会第一次会议在圆满完成各项议程后闭幕。会议表决通过了《株洲县第十二届人民代表大会第一次会议关于株洲县人民政府工作报告的决议》《株洲县第十二届人民代表大会第一次会议关于株洲县人民代表大会常务委员会工作报告的决议》。

12月

13日，市政府党组成员、副市长提名人选何朝晖调研园区工作。

同日，市政府党组成员、副市长提名人选何朝晖到县调研交通和新型工业化发展情况。

14日，市委副书记、市长阳卫国率队来株洲县看望基层的市人大代表、政协委员。副市长谭可敏主持座谈会，县委书记罗绍昀，县委副书记、县长刘克胤，县委副书记朱江，县人大常委会主任罗禧瑰，县政协主席王亚男出席会议。

同日，市委副书记、市长阳卫国率队对株洲县进行调研，看望基层的市人大代表、政协委员，面对面听取株洲县社会各界对《政府工作报告（征求意见稿）》的意见和建议，研究经济发展有关工作。

24 日，省委宣传部副部长、省文明办主任刘进能到株洲县考察文明创建工作，对县国土局创建省级文明标兵单位的情况进行了考察和指导。

26 日，市委副书记雷绍业到县调研工作。

政治

中国共产党株洲县委员会

【概况】 2016年，中共株洲县委县委坚持把方向、管大局、做决策、抓落实，对经济社会发展的领导全面加强，全年完成地区生产总值127亿元，增长8.2%；公共财政预算收入13.1亿元，增长10.5%，税比63.4%；固定资产投资106.4亿元，增长14%；社会消费品零售总额41.4亿元，增长12.4%；城镇居民人均可支配收入29089元，增长8.6%；农村居民人均纯收入15982元，增长8.9%。

年内，按照上级的统一部署，加强对集中换届的领导，圆满完成县乡两级党委、人大、政府换届和县政协换届。县第十次党代会上，新一届县委审时度势，科学研判，在深入调研、广泛征求意见的基础上，确定了未来五年“加速融城、加快发展，打造‘三区一中心’，推进‘四个一体化’”的发展思路。

全年新增规模以上工业企业10家，达109家，实现规模工业总产值132.5亿元，增长10.2%。实现高新技术产业总产值58.9亿元，增长30.7%。完成园区技工贸总收入134.6亿元，增长18.1%。一批重大产业项目加快实施，亚胺薄膜即将试投产，兆能电磁线、芳纶等项目开工建设。粮食总产量24万吨，保持产粮大县称号。打造森龙、宏鑫、中联天地等3个高产油茶示范片，巩固油茶生产大县地位。成功创建省级生猪标准化养殖示范县。建成农产品标准化生产基地11个，新增省级龙头企业2家，市级龙头企业5家。电商、物流、商贸业加快发展，大美物流入驻电商企业110家，中央时代广场、瑞和广场等一批商贸综合体相继完工并投入运营。

深入推进“项目攻坚年”活动，引进项目91个，到位资金36.8亿元。55个市县重点项目进展顺利。四大平台公司累计融资62.3亿元，到位39.9亿元。报批项目用地283.2公顷，获评全国节约集约土地模范县称号。大力开展征地拆迁“百日攻坚”行动，签订房屋拆迁协议800余户，拆除房屋400余栋。

渌湘大道、和谐大道、杨塘大道建成通车，湘江七桥、东城大道、二线船闸、渌水二桥等项目加速推进，新奥燃气管道延伸到南洲新区，启动建设污水处理厂，城镇、园区基础设施不断完善。拆除违法建设1.4万余平方米，改造老旧小区17个，建成渌江风光带二期景观工程。新建改造农村公路200余公里，维修改造危桥35座，建成农村客运招呼站30处。完成水库除险加固、防洪保护圈等七大水利项目，建设“小农水”基础设施1500余处。全面划定生态保护红线，进一步加强环境保护和生态建设。打造8个“美丽乡村”，完成10个村的人居环境整治。完成湘江保护治理项目21个，取缔非法砂石场17家。龙潭镇成功创建小城镇建设市级重点镇，朱亭镇荣获“株洲市绿色乡镇”称号。

全面落实“十大民生实事”，全面完成“民生100”工程，全年各项民生支出累计22.2亿元，占财政支出的72%。社会保险进一步扩面，“五险”支付标准和城乡低保、农村五保救助水平稳步提高。创建2个市级创业基地，新增城镇就业2073人。改造农村危房1505户，改造棚户区559户，续建公租房260套。以超强的力度、超常的举措推进脱贫攻坚，围绕“七个一批”“六大工程”精准发力，强力推进产业扶贫、行业扶贫、金融扶贫，促进贫困人口就业创业、增收致富，完成预脱贫692户2021人，12个贫困村全部达到退出验收标准，朱亭镇长远、生田2个贫困村申报验收退出。完成县一医院整体搬迁，全面启动县中医院改扩建，推进37所学校“全面改薄”、10所学校教师周转房以及15所标准化卫生室建设。深入开展国家公共文化服务体系示范创建工作，“欢乐潇湘·幸福渌湘”等文体活动亮点纷呈。加强社会综合治理，综治民调总成绩全市第一。率先在全市实现烟花鞭炮生产企业全面退出。计划生育、安全生产、社会治安综合治理三项工作荣获省先进。

深入推进行政审批制度改革，完善“一站式”审批服务体系，精简行政审批事项15项，66项非行政许可审批事项全面取消，审批效率不断提高。加大“放管服”改革力度，第一批5家协会商会与行政机关脱钩。推动园区体制改革，40余项审批权限下放园区。深化事业单位分类改革，完成投融资平台、公路、自来水厂、客运公司、国有林场管理体制改革。成立城乡居民医疗保险管理中心和公共资源交易中心，实现城乡医保一体化管理，促进公共资源交易规范化运行。农村土地承包经营权确权登记、不动产登记和公务用车改革取得成效。撤县设区工作已通过省政府常务会并呈报国务院。积极稳妥完成并村工作，全县248个村精简至129个。全面实施企业登记“五证合一”“一照一码”，新增市场主体1600余户，增长17%。创新企业帮扶机制，开辟重点企业建设“绿色通道”，设立企业续贷转贷帮扶基金，成立“渌湘企业成长学院”，“企业帮扶年”活动承办问题办结率达100%。

牢固树立“抓好党建是最大的政绩”理念，坚持严抓严管，不断提高党的建设科学化水平。切实强化“政治意识、大局意识、核心意识、看齐意识”，自觉同以总书记习近平为核心的党中央保持高度一致，不折不扣地贯彻落实省委、市委的各项决策部署，保证党的方针政策在株洲县落地落实。高度重视意识形态和宣传思想工作，谋划建设新媒体中心。扎实推进

"两学一做"学习教育，开展了"十百千"评选和"六个争当"系列活动。以"一主四基"理念引领基层党建工作，新建"两新"组织党组织22个，党员组织关系排查摸排率、查找率和处置率达100%，提高了村级运转经费标准，完善了乡镇"五小"设施和周转房建设。加强全面从严治党，深入推进党风廉政建设，压实"两个责任"。开展"马上就办、真抓实干"活动，完善干部作风管理"十二分制"，干部作风持续好转。扎实开展"雁过拔毛"式腐败问题和"纠'四风'、治陋习"专项整治，共追缴、清退资金1200多万元，处分82人。高标准建成县预防腐败警示教育中心。全年，共立案122起，结案122起，党纪处分95人，政纪处分33人。

【全县三级干部会议】 3月4日，县委、县政府召开全县三级干部大会暨"民生事业年、项目突破年、环境优化年"工作动员会，县委书记谭润洪作《提神振气鼓干劲 用心用力抓落实》的工作报告，动员全县上下深入贯彻落实县委九届十次全会暨县委经济工作会议精神，坚定信心，鼓足干劲，夺取株洲县发展转型升级的全面胜利。

【第十次党代会】 9月20日，中国共产党株洲县第十次代表大会召开，回顾总结过去五年工作成绩，谋划未来五年工作思路。县委书记罗绍昀作《加速融城 加快发展 为打造繁荣宜居幸福文明的株洲城市副中心而努力奋斗》的工作报告，动员全下上下高举中国特色社会主义伟大旗帜，深入学习贯彻习近平总书记系列重要讲话精神，按照"五位一体"总体布局和"四个全面"战略布局，以"创新、协调、绿色、开放、共享"五大发展理念为引领，以供给侧结构性改革为主线，抢抓撤县设区重大机遇，加速融城、加快发展，打造"三区一中心"，推进"四个一体化"，奋力谱写经济更繁荣、城乡更宜居、人民更幸福、社会更文明的发展新篇章。　（易络庚）

县委办公室工作

【概况】 2016年，中共株洲县委办公室在全县办公室系统的倾力协作下，以市委办"三提三新"主题活动为载体，围绕县委整体工作部署，强化参谋、服务、协调的工作职责，开创全县党办工作新局面。

【督查工作】 年内，中共株洲县委办公室紧扣征地拆迁、项目建设、扶贫攻坚等工作开展督促检查，全年开展各类督查活动40余次，编发《督查通报》24期、《督查专报》10期。落实上级批转件和领导批示件，办理上级批转件8件，办理县委主要领导交办件7件、批示件30件。特别是征地拆迁"百日攻坚"行动期间，督查发挥职能，有力地推动了县委决策的落实。县委督查室被评为"全省党委督查工作先进基层单位"。

【政研综调】 年内，圆满完成了县委九届十次全会报告、三级干部会议讲话、党代会报告、政协人大会议讲话、"两学一做"

学习教育动员讲话及专题研讨、纪念建党95周年暨“七一”表彰大会讲话和各类专题会议讲话材料。共起草领导讲话稿70余篇，汇报材料40余篇；刊发《领导参阅》《县讯》《县委通报》23期。

【文秘工作】 全年，共办理上级文件920件，制发本级文件356件，实现收发文“零失误、零差错”。办会组织严密，在会议预案、材料准备、会议通知、会场布置、会间调度、会后整理、信息反馈等环节上专人负责，确保会议效率和质量。9月，牵头承办中共株洲县第十次党代会会务，完成党代会期间26场会议，株洲县第十次党代会取得圆满成功。

【信息工作】 以“三服务”为目标，及时收集反馈各类工作动态、经验做法、社情民意等信息，累计向省、市上报信息840条，编发《株洲县信息》81期，《每周要情》32期，《中央省市领导活动动态》32期。全年上报信息被省委办采用39条，市委办采用50余条，县委办信息室被评为“全省党委信息工作先进单位”。

【改革创新工作】 深入推进行政审批制度改革，完善“一站式”审批服务体系，精简行政审批事项15项，66项非行政许可审批事项全面取消。完成公路管理体制改革、公共资源交易平台整合。撤县设区工作已通过省政府常务会并呈报国务院。完成并村工作，全县248个村精简至129个。创新企业帮扶机制，开辟重点企业建设“绿色通道”，设立企业续贷转贷帮扶基金，成立“渌湘企业成长学院”，“企业帮扶年”活动承办问题办结率100%。年内，中央、省、市级媒体先后报道株洲县改革成效30余次，其中县纪检体制改革和土地集约利用“五种模式”得到省委改革简报的推介，扶贫攻坚考核实行“一票否决制”在农民日报头版刊发，戴道晋副省长做了重要批示。

【绩效考核】 按照统筹兼顾、分类指导、精准高效的原则，收集整理各单位提出的考核任务，编制2016年株洲县绩效考核指标，汇总整理2015年各单位的绩效考核成绩，草拟2015年度绩效考核结果通报文件，收集整理县市对县考核任务工作完成情况，建立考核台账，对市对县考核任务数据采集单位完成情况进行全程跟踪，做好年度考核基础工作。根据考核工作的具体实践及各单位反馈的意见，绩效考核办建立符合株洲县实际、具有可操作性的考评体系，充分运用好考核结果，打破“干多干少一个样”“干好干坏一个样”的惯性，层层传导压力，推动工作落实。

【后勤保障】 合理使用各种经费，充分利用各类资源，努力降低行政运行成本。加强安全保卫，提高机关管理信息化水平，规范机关日常管理，抓好信访维稳工作，为机关正常运转提供良好环境。大力推进机关绿化、亮化、净化、花化、美化，努力完善便民服务设施，不断提高机关的文明程度和群众对机关的满意程度，切实改善干部职工的工作和生活环境。圆满完成各项重宾接待任务及系列重大公务活动，做到考虑周全、安排周密、服务周到。

【保密工作】 加强对全县涉密文件资料的回收和销毁，未发生失泄密事故和责任事故，确保了上传下达和政令畅通。

（马　灿）

纪检监察

【概况】 2016年，全县各级纪检监察组织切实履行党章赋予的职责，着眼于增强人民群众对党的信心，强化监督执纪问责，全县纪检监察工作在全市党风廉政建设综合考评中取得优异成绩。推动"两个责任"层层落实，制定《全面从严治党主体责任任务分解》《两个责任清单》等文件制度，实行党风廉政建设谈话、约谈全覆盖，谈话800余人次，县委书记、县纪委书记共约谈相关单位一把手100余人次。整合公检法等多部门资源，形成齐抓共管、协同作战的反腐败工作格局。反腐败协调小组各成员单位向县纪委移送党员干部问题线索71件，其中立案42件。发挥纪检监察派驻机构职能作用，各派驻纪检组立案32起，结案32起。指导淦田镇开展村级作风监督员试点工作。严肃问责追责，有33名党员领导干部因履职不力受到责任追究。

促进干部作风持续好转。进一步完善《株洲县干部作风"十二分制"管理办法》，开展督查36次，下发作风通报12期，114名当事人被记分，有28个责任主体被扣分，45个责任主体被加分。"5910"廉政账户收缴红包礼金90笔共计人民币77万余元。查处"雁过拔毛"式腐败案件45起，结案45起，纪律处分45人，追缴资金255万元，清退资金206.6万元。"纠'四风'、治陋习"立案26起，结案26起，组织处理6人，纪律处分37人。加强换届选举风气监督，严把组织审查关，对违反换届纪律的人员从严追责，确保换届风清气正。

积极落实挺纪在前要求。举办各类廉政学习培训班6期，培训人员3000余人次，发放各类廉政宣传资料20000余册，委局机关干部到各镇各单位讲授廉政党课40余次。投资200万元对县预防腐败警示教育中心进行改版升级并投入使用，接待中央、省、市、县共55家单位，1900余人次参观学习。在中央、省、市各级媒体上发表宣传推介株洲县党风廉政建设工作信息600余篇。在全县财务专项大检查中，督促78家单位整改问题100余个。

保持惩贪治腐高压态势。每月中旬由县纪委书记牵头召开一次案件、信访工作调度会，委局机关共受理信访举报73件。积极践行"四种形态"，坚持抓早抓小，谈话函询33人次，组织处理50人，其中诫勉谈话14人，批评教育36人。共立案122件，立案数与上年相比增幅54%，结案122件，结案率达100%。党政纪处分总人数122人，其中党纪处分95人，政纪处分28人，双重处分2人，免予处分1人。强化办案安全责任机制，实现纪律审查安全"零事故"。

多措并举，激发纪检干部队伍活力。加强对纪检干部的日常管理，推行岗位双向选择和平行管理模式，规范派驻纪检组考评考核、责任追究等制度。加大纪检干部业务培训力度，建立每周一下午的学习例会制度。实行机关室主任、纪检组长、镇纪委书记到纪检监察室、信访室“跟班学习”制，切实提高纪检队伍的实战能力和业务水平。（周　蕾）

组织工作

【概况】 2016年，县委书记履行基层党建工作责任述职评议考核在全市5个县(市)中排名第二。年内，深入开展“两学一做”学习教育，把开展学习教育作为重要的政治任务抓紧抓实。组织“两学一做”学习教育工作部署会、党务骨干培训会等有关会议6次，培训800多人次，确保工作顺利推进。通过开展“党课大宣讲”活动，设立学习活动月，组织“党的知识大测试”，举办演讲比赛和知识抢答赛，组织开展“十百千”评选活动等，丰富了学习形式，提升了学习实效。把学习教育与推动经济社会发展紧密结合起来，扎实开展“立足岗位当先锋，奋力建设新渌湘”主题实践，创设了“六个争当”活动载体，在全县上下形成“领导机关带头、领导班子带头、领导干部带头”的良好局面，实现449个基层党支部全覆盖、1.7万多名党员全参与。

集中换届圆满完成。严格履行换届工作程序，把好代表、委员人选推荐关、考察关、审查关。乡镇党委、人大、政府换届选举中，组织提名人选当选率100%；县委、人大、政府、政协换届选举中，组织提名人选均满票或高票当选，全面实现组织意图。

建立基层党建工作常态化巡查机制，压紧压实党建主责。开展“基础工作集中整改月”活动，完成8个镇“五小”设施、24个村（社区）活动场所提质改造，消除25个集体经济空白村；培训基层党务骨干、党组织书记286人；村级运转经费提高到10万元/村，为在职村（社区）主干和“第一支书”购买意外伤害保险。扎实推进党建7项重点任务，全县找到失联党员78人，101名违法违纪党代表和党员全部处理到位，20个未按期换届党组织完成换届，新建“两新”组织党组织22个。统筹推进党建帮扶工作，共派出101个单位，1810名机关干部进驻村（社区），与3184户贫困户结对帮扶。

在全县组织开展“学习焦裕禄、践行‘三严三实’、争当好干部”评选活动，选树10名“好干部”典型。公开择优比选8名优秀“三类人员”进入乡镇领导班子。举办10期主体培训班，培训党员干部1000多人次。制定《县管科级非领导职务干部管理办法（试行）》等规范性文件，进一步规范干部管理。对全县78个科级领导班子开展调研，与近600名科级领导干部谈心谈话，原汁原味进行反馈。扎实开展超职数配备干部专项治理工作，完成95％的“消超”任务。

圆满完成县乡换届工作。严格履行干

部选拔任用工作程序，把好党代表、人大代表和政协委员人选推荐关、考察关、审核关，既保证人选的结构要求，又充分体现人选的广泛性、先进性、代表性。坚持依法依规组织换届选举，制定大会执行方案和操作细则，细化、规范工作程序，把牢换届选举的正确方向。坚持把纪律和规矩挺在前面，深化学习教育，严肃换届纪律，确保换届风气正、政治生态好。乡镇党委、人大、政府换届选举中，组织提名人选 88 人，当选率 100%；县委、人大、政府、政协换届选举中，新一届县“四大家”领导班子成员 29 人，均满票或者高票当选，全面实现组织意图。

为提升组工干部专业能力，县委组织部开展“组织工作政策法规学习月”活动。1 月 9 日，组织开展政策法规闭卷考试。考试委托专业考试机构命题制卷，党校教师监考及阅卷，部机关全体干部、乡镇党委专职副书记、组织委员共计 50 余人参加。县委常委、组织部长谭成华带头参加此次考试。

完善部务会、月工作调度会等内部管理制度，促进工作高效规范落实。坚持集中学习日制度，组织开展“组织工作政策法规学习月”活动，编印《组织工作文件选编》，组织业务知识闭卷考试，提高了组工干部的专业能力。积极选派组工干部参与征地拆迁、扶贫攻坚、项目建设等工作，推动组工干部在服务大局中发挥作用、展现担当。

【召开县第十次党代会】 9 月 19 日至 22 日，株洲县召开中国共产党株洲县第十次代表大会，顺利选举产生新一届县委和县纪委领导班子，同时选举产生株洲县出席中国共产党株洲市第十二次代表大会代表，圆满完成县委换届的各项任务。会前，全县 21 个选举单位采取无记名投票方法，共选出代表 253 名，占党员总数的 1.5%。9 月 22 日，大会选举产生了中共株洲县第十届委员会委员、候补委员，县纪委委员，11 名县委常委满票当选，40 名县委委员、25 名县纪委委员全部高票当选。

【建立基层党建常态化巡查机制】 以全县“基层党建提升年”活动为契机，建立基层党建常态化巡查机制，实行“月初预安、月中调度、月末巡查”，每月月初下发党建工作提示，月末督查排名，呈送县委常委会领导审阅，切实传导责任压力，树立党建主责意识。全年，巡查通报整改问题 200 多个，约谈 1 名乡镇党委书记，调整 2 名乡镇组织委员，巡查结果得到有效运用。

【开展“两人三评六争当”活动】 在“两学一做”学习教育中，结合县情实际，积极创新活动载体，通过分层次、分类别开展“党的知识大测试”活动，组织 300 余人参加闭卷考试和知识抢答赛，以考促学。开展“党课大宣讲”活动，设立“四个讲堂”，即专家讲堂、领导讲堂、典型讲堂、互助讲堂，以微课堂、微访谈、微故事等多种形式扩大讲党课范围，全年开设 600 余次讲堂。组织全县党员开展“十百千”评选活动，即开展“十佳模范单位”评选，广泛动员全县各单位抓实学习教育；开展“百个先进典型”评选，培树先进典型，明晰合格党员标准；开展“千条精品学习感悟”评选，创新学习方法，提升党员的学习主动性。创设“六个争当”活动载体，即：争当项目攻坚先锋、争当企业帮扶先锋、争当改革创新先锋、争当扶贫帮困先锋、争当服务群众先锋、争当廉洁自律先锋。要求全县各级党组织结合自身岗位特点，有针对性地开展各项实践活动。

【开展“学习焦裕禄、践行‘三严三实’、争当好干部”评选活动】 为巩固拓展党的群众路线教育实践活动和“三严三实”专题教育成果，在全县各级干部中开展了“学习焦裕禄、践行‘三严三实’、争当好干部”评选活动，经组织推荐、联合考察、评选出10名“焦裕禄式好干部”，培树先进典型，激发全县各级干部积极性。

【比选配备乡镇“三类人员”】 在乡镇领导班子换届工作中，根据中央和省、市委要求，开展从乡镇事业编制人员、优秀村干部、大学生村干部“三类人员”中选拔配备班子成员工作。由县委组织部牵头，县纪委全程参与监督，县委组织部制订“三类人员”比选工作实施方案，通过宣传发动、组织报名、资格审核等环节，委托长沙市委组织部考试中心负责笔、面试出题、阅卷评分，综合笔、面试成绩及体检、考察结果，经县委常委会议研究同意，从乡镇“三类人员”中比选产生8名干部担任乡镇领导班子副职，切实调动乡镇干部的工作激情，也进一步选优配强乡镇领导班子。

（江 烨）

宣传工作

【概况】 2016年，株洲县宣传思想文化工作出台《株洲县落实党委（党组）意识形态工作责任制实施方案》，围绕“四个全面”战略布局、项目建设、党风廉政建设、六中全会、市县党代会精神等方面，县委中心组开展集中学习15天，组织“两学一做”专题学习研讨4次，参与率达到98%。开展“大宣讲”活动，成立了9个微宣讲小分队，以微课堂、微宣讲、微故事、渌湘大讲堂、读书月等多种形式，开展基层理论宣讲300余场，深入宣传意识形态、五中全会、六中全会、市县党代会、换届纪律等重要精神。组织开展“笃行‘两学一做’，争当‘焦裕禄’式好干部及“两学一做”知识竞赛、主题征文、演讲比赛、展板宣传等活动。重点做好了“回眸十二五”、“喜迎党代会、共谋新发展”、“两学一做”学习教育、“项目建设年”、企业帮扶、扶贫攻坚、百日攻坚等主题宣传，加强了道德模范、好干部、最美女性等先进人物的典型宣传，在市级以上主流媒体刊载新闻稿件600余篇，县电视台播发新闻1200余条，通过株洲县新闻网、微博等媒体平台推送稿件800余篇，并完成了撤县设区汇报片拍摄任务。制定下发《关于进一步加强网络舆情办理工作的通知》，全年交办舆情66件，处理网络舆情158条。把社会主义核心价值观贯穿到纪念建党95

周年、长征胜利80周年等主题宣传教育活动中，大力弘扬尊德尚德之风，年初表彰了县道德模范及提名奖获得者12名、好干部10名、最美女性5名。深入开展株洲县第四届道德模范、身边好人评选活动，龙育利入选湖南好人，姜元英等2人获评市道德模范提名奖，谢树桥获评市孝慈之星，孙有余获评“感动株洲十大人物”。开展“众心向善·微聚大爱”、保护湘江徒步毅行、重阳敬老、扶贫义诊、关爱留守儿童等各类志愿服务和公益活动60余次。成功举办第五届“欢乐潇湘·幸福渌湘”和第五季“走进松西子、体验新农村”大型群众文化活动，举办“中国梦 渌湘美”首届职工美术、书法、摄影作品大赛以及夕阳红分会书画展、全民健身运动等一系列文化活动，在欢乐潇湘湖南省总决赛中，株洲县原创节目《家的感觉》荣获银奖。以创建国家公共文化服务体系示范区为契机，全力推进县乡村三级文化设施建设，重点打造渌口镇晓岭村综合文化服务中心、渌口镇综合文化站等5个示范点。

严格落实党委（党组）意识形态工作责任制，强化意识形态主体责任，加强思想政治教育和思想舆论阵地管理，确保全县意识形态领域安全稳定。出台《株洲县落实党委（党组）意识形态工作责任制实施方案》《关于进一步加强网络舆情办理工作的通知》，通过对各部门落实意识形态责任制的责任进行细化分解，健全考核制度，细化督查内容，用制度推动意识形态工作的落实。同时开展意识形态专项督查，通报督查情况，推动意识形态工作整改落实。

以县委理论学习中心组为龙头，结合“两学一做”教育实践，深入开展系列教育活动。组织县委理论学习中心组“两学一做”专题学习研讨4次，在全县范围内开展了“笃行‘两学一做’争当焦裕禄式好干部”主题活动、“两学一做”学习教育知识竞赛、主题征文、演讲比赛、展板宣传等活动，引导党员干部深学、细照、笃行，在全县营造“比、学、赶、超”的浓厚氛围。

【“欢乐潇湘·幸福渌湘”大型群众文艺会演活动】 株洲县“欢乐潇湘·幸福渌湘”大型群众文艺会演活动自4月28日开始到7月5日结束，历时65天，深入全县各镇、村组、街道社区、机关学校。全县共组织海选和初赛演出11场，参与演出的团队108个，演员1082人，初赛的节目共有115个，原创节目10个。其中，株洲县原创情景合唱《家的感觉》荣获2016年“欢乐潇湘”全省群众文艺会演总决赛银奖。

【“喜迎党代会 共谋新发展”献智献策活动】 为迎接市县党代会召开，在全县范围内开展“喜迎党代会 共谋新发展”献智献策意见建议征集活动。自7月12日到9月初，共征集到53个单位合计300余名干部群众对市、县意见建议190余条，主要涉及基础设施建设、民生改善、经济发展、社会治安管理、文化建设等方面。其中对县建议110余条。（彭　静）

统战工作

【概况】 2016年，全县统战工作积极践行“同心、民主、包容、共赢”核心理念，充分发挥统战工作优势，全县大统战工作格局得到巩固和发展。

年内，围绕多党合作，支持党外队伍建设。民主党派基层组织逐步壮大，民主党派成员共90人。九三学社于2016年10月底由小组升格为渌口支社。研究制定《株洲县关于进一步做好统一战线工作的意见》（株县发〔2016〕2号）和《株洲县关于加强政党协商的实施意见》（株县办发〔2016〕10号）等文件，逐步形成开展政党协商的长效机制。先后组织民主党派、无党派代表人士和县工商联、县知联会主要负责人参加县“十三五”规划、县第十次党代会报告征求意见会、县人大和县政协换届工作等民主协商活动。民盟总支、民进支部等统一战线同创单位开展从“关爱孤寡老人”“为民送春联活动”“送医送教”等为主题的创建活动。逐步完善了松西子、明扬农牧等创建点的各项设施，松西子社区成功创建为第二批市级“同心社区”示范点。

民族宗教。深入开展“和谐寺观教堂”创建和教风年活动，完成全县宗教场所的调研普查、法律“六进”、重点难点矛盾调处和凤凰庙会监管等工作，确保宗教场所和谐稳定。加强少数民族流动人口的管理服务，开展“民族进步行”活动，完成全县少数民族的人口调查摸底，审核考生民族优惠政策5例。

始终关注非公经济的健康发展和非公经济人士的健康成长，指导县工商联完成换届工作，成立8个镇基层商会，服务全县8128户私营企业、7051户个体工商户。针对县内规模非公企业在发展壮大过程中所面临的困难和问题，为企业提供劳动用工、市场开拓、项目对接、维权服务，特别是融资服务，联络走访邮政、华融、中国银行等多家金融机构；承办或组织参加“株洲市青商会创业交流会”、“智慧女性、幸福人生”座谈会、“经济新常态与改革创新”专题培训班、“总裁商业智慧”专题讲座，在学习共进、分享共鸣中提振了非公企业的发展信心；指导非公企业深入开展“两学一做”学习教育活动，引导非公企业代表人士积极参与光彩事业和感恩行动。支持全县非公经济健康发展，为农村转移劳动力和城镇新增就业提供了岗位，持续拉动全县财政增长。县工商联获评全国和湖南省2015年度“五好”县级工商联殊荣。

加强与沿海地区台商协会和台资企业的联系，宣传株洲县优越的区位优势和发展态势。赴珠三角、上海闵行区莘庄工业园拜访多家台资企业，召开了恳谈会。对接东莞樱花厨具公司、台湾乔本生医股份（南京）生物科技有限公司两家台资企业，与5家台资企业面对面交流。到东莞与台商运时通家具集团董事长陈燕木对接，并成功在第十二届湘台经贸交流合作会上签订合作框架协议。县委常委会专题研究对台工作，给予资金、政策等方面的支持。

协调各部门帮助澳门“德晋慈善会”做好3所“德晋”中小学校的后续服务管理工作。协办了2016年度台胞“心德教育奖学金”颁奖仪式，为25名成绩优秀的株洲县籍中、小学生颁发奖学金2万余元。帮助涉台人员解决生活生产困难，协助解决原台资企业潇湘双语学校土地权属纠纷、台商万德福农林科技公司土地流转和经济纠纷的问题，协调处理台胞丁先生祖宅被拆要求补偿信访问题。

做好党外代表人士的实职安排和政治安排工作。全县副科以上党外领导干部44名。县人大、政府、法院、检察院领导班子中各有一名党外领导干部，县政协有3名党外副主席。政府工作部门配备党外领导干部20人，其中，正科职“一把手”领导2名，镇人民政府领导班子配备了党外干部6人。9月，县委统战部积极发挥牵头、组织、协调作用，圆满完成党外人士结构比例这一刚性政治任务，确保县人大、政协换届工作顺利完成。党外县人大代表70名，占比38.3%，其中党外人大常委会委员7名，占比33.3%；党外县政协委员105名，占比60.7%，其中党外常委15名，占比68%。党外市人大代表11名、党外市政协委员6名。

【九三学社株洲市委员会渌口支社成立】 10月30日，九三学社株洲市委在株洲县南洲镇召开渌口支社成立大会。九三学社株洲市委主委金继承、副主委肖运平、袁满久、周红斌，县委常委、统战部长刘奇伟和县委统战部其他领导班子成员，芦淞区、荷塘区、石峰区、天元区工委主委出席会议。渌口支社全体成员参加了成立大会。

（谢仁兴）

县委党校

【概况】 中共株洲县委党校是在县委、县政府直接领导下培养党员、干部和国家公务员的学校。株洲县委党校、县行政干部学校实行两块牌子，一套人马。学校实行校务委员会领导体制，内设办公室、教务科、财资科、科研科和学员科5个机构。学校在编职工17人，有专兼职教学人员12人，其中高级讲师4人，讲师3人，助理讲师2人。

干部培训。2016年，按照《株洲县2016年干部教育培训计划》的安排，共举办培训班9期，培训940人次，扩大了培训的覆盖面；积极开展对外宣讲，充分发挥党校理论宣传阵地作用。年内，共有5人参加了县委“两学一做”学习教育宣讲团、十八届六中全会精神宣讲团，到县直机关、乡镇进行理论宣讲30余场次。聚焦主业主课，打造“红色殿堂”。做好教学模块设计，科学安排党的理论教育和党性教育教学单元，切实做到主课内容不“走样变调”，主课时间不“缺斤少两”，理论教育和党性教育占到总课时的71%。突出需求导向，注重能力素质培养。根据干部岗位特点和工作要求，有针对性地开展履行岗位职责所必备知识的培训，加强各种新知识新技能的教育培训，帮助干部提高专业素养和实际工作能力。创新教学方式，促进教学相长。综合运用讲授式、研究式、现场体验式、情景模拟式、案例式等教学方法，利用多媒体教学手段，将互动式教学方法贯穿于教学全过程。

科研资政。学校建立起与县委政研室、政府综调室、县委宣传部、部分县直单位等部门的科研合作方式，采取或委托、或承包、或联合形式进行科研协作，构建团队协作攻关与个人自由探索并重的团队机制，全年完成联合调研课题 4 项。完善了调研课题的生成机制，发挥党校咨政设谋的作用。全年，共完成论文及调研报告 19 篇，在省级以上刊物共发表理论文章 3 篇，全省党校系统理论研讨会获二等奖 1 名，三等奖 3 名，一名副校长撰写的调研报告被省级内刊《决策信息》采用，全市党校系统理论研讨会一等奖 1 名，二等 2 名，三等奖 3 名，被评为全市科研工作先进单位。学校采取集体备课、个人攻关等形式，结合每人每年一堂新课的要求，将科研成果尽力转化为教学内容，有《新型农业经营主体研究》《新型城镇化研究》《新农村主流价值观研究》《房地产去库存研究》等 5 篇论文正转化为教学材料，优秀论文转化为教学课题的转化率达到 83%。同时，出版两期《渌湘调查与思考》校刊。

（粮艳斌）

信访工作

【概况】 2016 年，株洲县信访局围绕“基层基础强化年”要求，突出“化解、稳控、打击”为重点，实现“信访形势总体平稳可控，信访秩序持续好转”的目标任务。全年，共接待来访 872 批 2570 人次，其中集访 77 批 1367 人次；到市上访共 38 批 238 人次；赴省上访 6 批 12 人次；进京上访 29 批 91 人次，登记非访 16.5 人次。没有发生重大群体性事件和大规模进京集访事件。

年内，围绕建立“责任信访”机制，重点抓“三个强化”。一是强化初信初访办理。加强人民来访接待中心规范化建设，按照“基层基础强化年”要求，在各镇及县直相关单位全面推行职能部门联合接访；健全基层群众工作网络，鼓励村镇引入老干部、老党员、老教师等联合接访，矛盾纠纷上交不断减少，提高了初信初访办理质量。二是强化信访事项督查督办。统一规范了督查工作制度，将信访积案化解纳入党委政府督查的重要工作范围，增强了督查督办工作效果。三是强化业务工作督促指导。定期对县直单位及乡镇来信来访办理情况进行综合分析，对重点单位、重点领域，定期开展专题督查，强化了对业务工作的督查指导，推动了信访问题的及时就地化解。

抓实积案攻坚、提升群众满意度。以省、市积案化解攻坚行动为契机，结合“两学一做”学习教育活动，对全县信访积案进行了全面排查梳理，并将排查出的 13 个涉众涉稳重点问题，25 件个案与维稳工作领导小组一起进行交办，排查的案件全部由县级领导包案，明确责任单位和责任人员，实行包掌握情况、包思想教育、包问题化解、包停访息诉的“四包”责任制，切实做到“一个积案、一名领导、一套班子、一包到底”。全县所有县级领导均参与包案，有效形成了一级抓一级，层层抓落实的工作格局。同时，株洲县还在年度考核办法中明确规定“每化解一起积案，对责任单位给予3分的奖励政策，确保信访问题及时就地得到处理。全年化解信访积案20起，有力维护了信访群众合法权益。

抓紧非访治理，压实基层责任。层层签订责任状，每月定期通报，特护期每日调度，严格落实“五包一”教育稳控措施，启动问责追责机制，不断压实领导责任和基层工作责任。年内，由于对非访稳控不力，县委对2个镇党政主要领导和分管信访工作领导进行问责追责。县纪委同时按作风建设十二分制的相关规定，作出对问责人员各扣3分的处罚决定。同时，加大对非访行为的依法处置力度，全县依法行政拘留4人次，训诫35人次。

根据湖南省信访信息系统改革的统一部署和要求，全力推进网上信访综合平台建设。开展网上信访宣传月活动，挂出横幅20余条，制作宣传板报4个，发放宣传资料5200余份，在农村集市开展《信访条例》、依法信访等相关法律法规及政策进行宣传讲解，对“网上信访”操作进行解疑释惑，现场指导群众运用“网上信访”平台，向群众推广“信访+互联网”工作模式，利用县电视台渌湘电视图文频道滚动播出网信知识，在县政府门户网站开辟“网上信访”链接，并在全市率先开通信访微信公众平台，大力宣传网上信访，引导群众多“上网”、少“上访”。

加大对《关于进一步规范信访事项受理办理程序引导来访人依法逐级走访的实施细则》的宣传力度，为逐步将网上信访建设成为群众信访的主渠道，县财政投入近15万元，为8个乡镇、近20家县直机关单位配备网上信访系统运行设施，并组织系统操作员培训。各镇信访部门进一步掌握依法逐级走访的具体程序和方法，让信访群众逐步加深对依法逐级走访的理解认同。全县形成网、电、信、访四位一体的信访服务网络。年内，县本级门户网站信访投诉点受理网上信访11件。

创新信访秩序改革。组织学习解读《湖南省信访事项复查复核办法》，同时，拟定《株洲县规范信访秩序实施意见》，现该方案正报请政府常务会研究决定。通过推动信访事项复查复核办法学习、推进落实逐级走访，规范全县信访秩序等工作的开展，全县“依法治访”水平有效提升，“法治信访”新导向在株洲县进一步确立。

（罗　华）

老干部工作

【概况】 2016年，中共株洲县委老干部局树立“老干部工作无小事”的观念，认真落实老干部的政治、生活待遇，及时妥善地解决好老干部反映的热点、难点问题，强化“三项建设”。为切实抓好离退休老干部的教育、管理和服务工作，不断增强老干部的政治意识、大局意识、核心意识、看齐意识并确保老干部工作落到实处，成立中国共产党株洲县离退休干部工作委员会和株洲县老干部工作领导小组。同时，全县有老干部的单位和部门都明确分管老干部工作的副职和老干工作联络员，联合组织部下发文件，明确专职人员，进一步完善老干部工作机构的管理制度。年内，县财政拨出专款 60 万元对老干部活动中心、老年大学教室进行升级改造，新扩建老年大学多媒体教室和活动室，并添置教学设备设施。设置阅览室、老年保健咨询中心等服务窗口。

围绕“五个坚持”，全力落实老干部生活待遇。坚持走访慰问。利用节日、生日，开展走访慰问，对全县 135 名离休、县级退休和老干部遗属均进行走访慰问活动。坚持入院探望。把探望、慰问住院老干部纳入重要工作日程，及时把县委、政府对老同志的关心送到病房、家中，全年探望生病住院老干部达 60 人次。坚持保障到位。认真落实《株洲县副处级以上退休干部医疗待遇实施细则》，及时报销住院起付线费用。联合县一医院为老干部开辟“绿色就医通道”，为每位老干部发放就医卡，为老干部免费开展测血糖、量血压等服务。成立株洲县保健协会，设立保健咨询中心，聘请专业的保健师为老干部进行免费的健康咨询，同时增添一批保健器材，满足老干部养生保健的需要。离休干部的医药费、门诊费全部按时足额到位。组织老干部每年开展一次健康检查。坚持做好善后。年内，有 4 名离休干部因病逝世。为充分体现县委对离休干部的尊重和关心，老干部局在进行慰问的同时，积极与老干部原单位联系，落实好老干部政策，协助处理善后事宜，及时化解家属的疑虑与纠纷。坚持协调督办。切实做好老干部信访工作，一是妥善解决原老干所住户 5 位遗孀的搬迁遗留问题；二是解决农机局 1 名去世职工的抚恤金遗留问题；三是上门解决离休干部万扬伟“三职九”待遇等同于副县级待遇的问题。

做到“三个注重”，认真落实老干部政治待遇。注重政治学习。“七一”前夕，结合开展纪念中国共产党建党 95 周年，组织全县离退休干部党员近 200 人听取市委党校赖建明教授关于“抓好两学一做，争做合格党员”的专题党课学习。同时，印发 350 多份学习资料连同笔记本送到老干部手中，方便老干部随时随地进行自学。注重活动引导。每月组织老干部开展一次有益身心健康的活动。组织离休干部参观杨得志故居，缅怀革命先辈，参观县一医院、福利院和松西子社区建设情况；组织副处实职退休干部参观考察航电枢纽二线船闸、湘江七桥、渌水二桥重点工程项目建设；组织享受副处级待遇退休干部和享受副处医疗待遇退休干部，参观考察惠天然青龙湾房地产、上景领袖时代房地产、渌滨西路廉租房开发等项目建设。组织全县老干部参与“喜迎党代会 共谋新发展”献智献策活动，共收集到 20 多条具有实用价值的意见和建议。注重支部建设。根据省、市文件精神，县委把离退休干部党支部和老干部思想政治建设纳入了党建目标考核。老干部党支部建设进一步规范，全县乡镇和离退休干部较多的单位建立老干部党支部，做到支部班子健全、制度完善、经常开展活动、发挥作用明显。

突出“两个重点”，促使各项工作齐头并进。突出阵地作用这个重点，丰富活动内容。聘请老干部为作风建设监督员、网吧义务监督员、行风建设评议员、市容监督员、行风监督员等，达150多人。县关工委联合县教育局组织全县企事业单位开展“金秋助学”，共募集资金78万余元，扶助190名大一的贫困学生。县老年大学开设声乐、舞蹈、书画等6个专业，聘请专业的声乐老师和书法老师教学。组织老干部参加在松西子社区举行的中国共产党建党95周年大型文艺会演和书法展示活动。在“欢乐潇湘·幸福渌湘”大型群众文艺会演中，老年大学选送的3个节目包揽一、二、三等奖。成立老年人阅览室，满足老干部学习的需求。县老年科协组织多次农业技术培训和咨询，与残联一起举办残疾人就业知识培训，培训人数达400多人次。5月，县老体协成功承办省第九届老年人运动会钓鱼比赛。12月28日，县老龄办成功举办“株洲市关爱留守老人社工支持项目活动”的启动仪式。突出民生实事这个重点，抓好老龄工作。认真抓好创建城乡居家养老示范点和老年协会等工作，逐步健全完善基层养老服务机构和养老保障机制。年内，为年满65周岁的老年人办理老年人乘车优待证2300多个。落实90高龄（含百岁老人）补贴政策，全年为955名90高龄老人和10名百岁老人发放补贴共计70余万元。全面落实基本养老服务补贴政策。基本养老服务补贴改为政府购买服务，以老年协会或养老服务示范点为平台，为享受基本养老服务对象提供服务，全年，共为2500余名老人提供养老服务，购买服务补贴金额达150余万元。老年人意外伤害保险工作在进一步推广中。

（吴　坤）

机构编制

【概况】 株洲县机构编制委员会办公室，加挂株洲县事业单位登记管理局牌子，为县机构编制委员会的常设办事机构，是县委、县政府的工作机构，列入县委机构序列。负责全县机构编制的日常管理工作和机构改革、行政审批制度改革、全县事业单位登记管理及政务、公益机构中文域名注册工作。

严格控制机构编制总量。以2012年机构、编制、财政供养人员统计数据为基数，严守中央提出的“两个不突破”底线，机构编制实现“一平三减”，制度建设和创新管理做到了四个“率先”，财政预算和在编人员管理实现组织、编办、人社、财政多部门联合管控。实现机构编制精细化动态管理。用编先申请，用编必核编。根据职能变化适时调整人员编制。根据人员编制变化情况，统计数据实时更新。

【政府职能转变和机构改革】 做好城乡居民医保体制改革，将县卫生和计划生育局下属农村合作医疗管理办公室和县人力资源和社会保障局所属的医疗保险局职责整合，设立株洲县城乡居民医保管理服务中心。配合做好公共资源交易制度改革，整合各部门公共资源交易职责成立了株洲市公共资源交易中心株洲县分中心。配合做好换届有关机构编制工作。规范了人大机构设置，明确了非公经济组织和社会组织党工委设置。高效完成乡镇区划调整改革工作。重新确定乡镇类别，完成了乡镇“三定”方案。乡镇区划调整后内设机构减少 32 个，事业站所减少 22 个，挂牌机构减少 99 个。做好了检察、法院、环保系统有关改革准备工作。完成市公路管理体制改革工作。做好了机构改革涉改单位人员编制调整工作。配合车改、养老保险制度改革等，完成全县在编人员的编制审核工作。

【行政审批制度改革】 取消非行政许可审批事项。出台《株洲县人民政府关于调整一批审批事项的通知》（株县政发〔2016〕4 号）、《株洲县人民政府关于取消非行政许可审批事项的决定》（株县政发〔2016〕8 号），共取消非行政许可审批事项 66 项，9 项非行政许可审批事项调整为政府内部审批的事项，49 项调整为其他权力事项，不再保留“非行政许可审批”这一审批类别。取消行政审批事项。印发《株洲县人民政府关于取消一批行政审批事项的通知》（株县政发〔2016〕10 号），取消 8 项行政审批事项。完成了政府工作部门三清单一目录动态调整工作并在政府门户网站上公布。

【事业单位分类改革】 进一步深化事业单位分类改革。根据机构改革后情况，对机构改革中更名、整合、新建的事业机构确定类别。将城市建设投资管理中心、国有资产投资管理中心职能整合，并与城市建设投资有限公司、国有资产投资有限公司分离，实行政事分离、事企分离。

【事业单位登记和域名管理】 加强事业单位登记管理工作。创新事业单位登记服务，及时进行事业单位登记和注销。对机构改革中撤销的单位，按程序履行注销手续。坚持把好“三关”即程序关、资料关、审核关。对有变化的督促其及时进行变更登记。全县有事业单位法人 251 家。年内，新登记 1 家，进行变更登记 45 家，对事业法人单位进行年度报告公示。加强行政事业机构网上安全管理，完成机关、党群、事业机构域名注册，并进行网上标识管理，加强网络安全监督和管理。全县党政群机关和事业单位共注册中文域名 318 家，完成任务的 102%。启动党群机关统一社会信用代码赋码工作，全县行政、群团机关单位共计 54 家，统一社会信用代码赋码工作完成 100%。 （李雪梅）

株洲县人民代表大会常务委员会

【概况】 2016年，株洲县人大常委会召开人民代表大会2次，常委会会议10次，主任会议15次，就有关重大事项作出决议、决定11项；听取和审议专项工作报告及其他工作报告32个，下达审议意见书15份；开展12部法律法规实施情况检查；依法任免国家机关工作人员 50 人次。依法作出《关于批准县人民政府提出的〈市、县自来水公司合并相关事宜的议案〉的决定》《关于株洲县撤县设区的决议》《关于批准株洲县2015年度财政决算的决议》《关于批准2016年县级预算调整议案的决议》《关于批准〈株洲县人民政府关于提请审议株洲县城市总体规划修改（2001—2020 年）成果的议案〉的决定》等39项决议决定。

听取和审议环境保护、社会保障、房产、文体广新和旅游、新农合和药品零差率实施、扶贫开发、林业产业发展、公积金管理和使用等情况汇报。听取和审议县“一府两院”关于办理县十一届人大六次会议代表建议、批评和意见情况汇报。听取和审议审计工作报告及县政府有关部门财政同级审反映问题整改落实情况报告。视察全县重点项目建设、文体工作、学前教育发展等。听取投融资运行情况汇报，支持政府性融资累计达50亿元。听取和审议株洲县贯彻实施《中华人民共和国水法》情况、城市管理综合行政执法情况汇报，开展《中华人民共和国水法》执法检查，加强《中华人民共和国大气污染防治法》和《中华人民共和国环境保护法》综合执法检查，配合市人大做好《中华人民共和国食品安全法》《中华人民共和国消费者权益保护法》等执法检查工作。继续开展“渌湘环保世纪行”“农产品质量安全行”“三湘农民健康行”“民族团结进步行动”“司法公正渌湘行”活动。巩固代表联系群众工作室建设成果，深化人大常委会组成人员联系代表、代表联系群众的“双联”工作。完善代表联系群众工作室，充分发挥人大代表联系人民群众的作用。召开全县人大工作座谈会，组织有关人员开展学习培训。扎实开展“两学一做”学习教育工作。在全县人大系统和人大代表中开展“一公开五促进”主题活动。督促解决涉法涉诉信访50件。

创新代表建议督办方式，采取对口督办、联合督办、重点督办、跟踪督办、巡回督办、代表建议集中督办月等措施，切实提高代表建议解决率。县十一届人大六次会议以来，67件代表建议见面率、满意率均100%，解决率55.2%，较上年同比增长5%。改造教师新村水网、规范校车运营、不可逆转贫困家庭集中供养等一批建议件得到有效解决和落实。

创新预算审查监督方法，认真听取和审议2015年县级财政决算草案和2016年预算执行情况的报告，审查批准了2016年预算调整方案。支持政府攻坚克难，破解资金、土地、征拆、环境“四大”发展瓶颈，促进经济稳中求进、稳中向好、稳中有为。开展政府性债务情况专题调研，提出规范融资行为、优化债务结构、管控融资风险的建议。审议审计工作报告，听取25个县直机关单位对审计报告中指出问题的整改情况报告，并开展整改情况跟踪问效。

【县十一届人大六次会议】 1月29日至31日，县十一届人大六次会议在县城渌口召开，出席会议代表171人，列席人员336人。大会认真听取并审查批准了县人民政府、县人大常委会、县人民法院、县人民检察院工作报告，审查批准了株洲县2015年国民经济和社会发展计划执行情况及2016年计划（草案）的报告、2015年财政预算执行情况和2016年财政预算（草案）的报告，审查批准了株洲县国民经济和社会发展第十三个五年规划纲要、2016年国民经济和社会发展计划、2016年县级财政预算。会议补选了株洲县第十一届人大常委会委员5名。

【县十二届人大一次会议】 11月29日至31日，县十二届人大一次会议在县城渌口召开，出席会议代表183人，列席人员312人。大会认真听取并审查批准了县人民政府、县人大常委会工作报告，审议通过了关于设立株洲县人大三个专门委员会的决定。会议选举产生了县第十二届人民代表大会常务委员会主任1名、副主任5名、委员21名，县人民政府县长1名、副县长7名，县人民法院院长1名，县人民检察院检察长1名，县人大专门委员会主任委员3名、副主任委员3名、委员（兼）3名。选举产生应由株洲县选举产生的株洲市第十五届人民代表大会代表31名。

【县镇人大换届选举】 坚持把县委领导贯穿于县镇人大换届选举全过程，坚决落实中央、省委、市委和县委加强换届风气的要求，营造风清气正的选举环境。全县选举产生第十二届县人大代表183名、镇人大代表540名、市人大代表31名，选举产生县、镇国家机关领导人员77人，新当选人员举行向宪法宣誓仪式。

【司法监督】 在全市首创成立县级人大常委会法律专家咨询组。组织开展对司法廉洁的调查评议，听取和审议新《中华人民共和国行政诉讼法》执行情况报告，加强规范性文件备案审查，全面推进“司法公正渌湘行”主题活动。全年对15件“一府两院”规范性文件进行合法性审查，牵头组织对60起行政执法案卷进行评查，依法组织60名人大代表对5起法院审判案件听审评议，有力促进了阳光司法、效率司法、公正司法和依法行政。 （邓日红）

株洲县人民政府

【概况】 2016年，全县完成地区生产总值127亿元，同比增长8.2%。完成公共财政预算收入13.1亿元，增长10.5%，税比达63.4%。完成固定资产投资106.4亿元，增长14%。实现社会消费品零售总额41.4亿元，增长12.4%。实现城镇居民人均可支配收入29089元，增长8.6%；农村居民人均可支配收入15982元，增长8.9%。主要经济指标中，固定资产投资、城乡居民可支配收入等增幅居五县市之首，地区生产总值、一般公共财政预算收入、社会消费品零售总额等增幅居五县市第二。

突出产业建设，发展质量不断提升。实现规模工业总产值132.5亿元，增长10.2%。新增规模以上工业企业10家。实现高新技术产业总产值58.9亿元，增长30.7%。完成园区技工贸总收入134.6亿元，增长18.1%。兆能电磁、时代芳纶、亚胺薄膜等一批产业项目加快实施。实现农业总产值30.6亿元。粮食总产量24万吨，保持产粮大县称号。打造森龙、宏鑫、中联天地等3个高产油茶示范片，巩固油茶生产大县地位。成功创建省级生猪标准化养殖示范县。建成11个农产品标准化生产基地，新增湘春农业、明扬农牧等7家省市农产品加工龙头企业。实现三产增加值39.1亿元。电商、物流、商贸业加快发展，大美物流入驻电商企业110家，中央时代广场、瑞和广场等一批商贸综合体相继完工并投入运营。房地产开发面积达35.3万平方米，销售商品房1195套。

突出项目攻坚，发展支撑不断增强。实施项目投资“312”工程，5000万元以上项目达38个，55个市县重点项目进展顺利。东城大道、紫涵湖等10个项目按期开工，南洲新区骨干路网、标准厂房等8个项目实现竣工。引进项目91个，到位资金36.8亿元。四大平台公司累计融资62.3亿元，到位39.9亿元。报批项目用地283.2公顷，荣获全国节约集约土地模范县称号。开展征地拆迁“百日攻坚”行动，强势推进拆迁拆违控违工作，累计签订房屋征拆协议858户，拆除房屋451栋。

突出城乡统筹，发展基础不断夯实。改造老旧小区17个，建成渌江风光带二期景观工程。接通南洲新区燃气，启动建设污水处理厂。渌湘大道、和谐大道、杨塘大道建成通车，湘江七桥、渌水二桥、东城大道、二线船闸加速推进。新建改造农村公路200余公里，维修改造危桥35座，建成农村客运招呼站30处。完成水库除险加固、防洪保护圈等七大水利项目，建设“小农水”基础设施1500余处。完成农网改造项目42个284公里。全面划定生态保护红线，进一步加强环境保护和生态建设。打造8个“美丽乡村”，完成10个村的人居环境整治。完成湘江保护治理项目21个，取缔非法砂石场17家。龙潭镇成功创建小城镇建设市级重点镇，朱亭镇荣获“株洲市绿色乡镇”称号。

突出改革创新，发展环境不断优化。精简行政审批事项15项，全面取消非行政许可审批。加大“放管服”改革力度，第一批5家协会商会与行政机关脱钩。推动园区体制改革，40余项审批权限下放园区。撤县设区工作通过省政府常务会并呈报国务院。深化事业单位分类改革，完成公路、自来水厂、客运公司、国有林场管理体制改革。完成投融资平台改革，制定《政府投资公司监督管理实施办法》。县城基础设施投融资体制改革试点扎实推进，“营改增”顺利实施。成立城乡居民医疗保险管理中心，实现城乡医保一体化管理。成立公共资源交易中心，促进公共资源交易规范化运行。深化财政管理改革，推行镇村资金分户拨付，启动专项资金公开公示。农村土地承包经营权确权登记、不动产登记和公务用车改革取得成效。全面实施企业登记“五证合一”“一照一码”，新增市场主体1600余户，增长17%。创新企业帮扶机制，设立企业续贷转贷帮扶基金。成立“渌湘企业成长学院”，“企业帮扶年”活动承办问题办结率100%。

突出民生改善，发展成果不断惠民。全面落实“民生十大实事”，全面完成“民生100”工程。各项民生支出累计达22.2亿元，占财政总支出的72%。社会保险进一步扩面，“五险”支付标准和城乡低保、农村五保救助水平稳步提高。创建两个市级创业基地，新增城镇就业2073人。改造农村危房1505户，改造棚户区559户，续建公租房260套。实施37所学校“全面改薄”工程，建设10所学校教师周转房。县一医院完成整体搬迁并投入运营，县中医院改扩建全面启动。国家公共文化服务体系示范创建工作深入开展，“欢乐潇湘·幸福渌湘”等文体活动亮点纷呈。大力推进脱贫攻坚，完成预脱贫692户2021人，12个贫困村全部达到退出验收标准，朱亭镇长远、生田2个贫困村申报验收退出。完成农业普查前期工作，如期启动入户登记。建成平安城市二期工程，治安管控能力不断加强。切实维护农民工合法权益，为农民工追回拖欠工资1232万元。深入推进食品药品安全专项整治，有效保障食品药品安全。率先在全市实现烟花鞭炮生产企业全面退出。安全生产、计划生育、社会治安综合治理三项工作获省先进。

突出效能提速，发展能力不断提高。制定《株洲县人民政府工作规则》《株洲县政府法律顾问管理办法》等文件，进一步推动政府工作制度化、规范化和法制化。圆满完成“六五”普法工作任务，获评“全国法治宣传教育先进县”“全省法制工作先进集体”称号。完成乡镇“三定”方案，规范机构设置，精简内设机构、挂牌机构和事业站所153个。完成合村工作，行政村减幅达48%。完成141家行政事业单位资产清查。深入开展“两学一做”学习教育，严格执行中央、省委、市委和县委关于改进作风的规定，自觉接受人大、政协和社会各界监督，进一步完善行政监察和审计监督体系。同时，进一步加强与各民主党派、工商联及工会、共青团、妇联、残联、老龄、文联等人民团体的联系，国防、民兵预备役、对台、宗教、移民、人防、供销、邮政、烟草、石油、档案史志、地方海事、住房公积金、机关事务管理等各项工作都有新成绩、新进步。

（吴 参）

政府办公室工作

【概况】 2016年，株洲县政府办围绕全县中心工作，以理念领先、发展率先、作风当先为目标，在参与政务、办理事务、做好服务等方面取得长足发展和进步。在中国社会科学院开展的“2016中国政府网站绩效评估活动”中，荣获“2016年试点县（市区）及自报名政府门户网站评估第十三名”；在全省推进依法行政、加快建设法治政府工作中，荣获省政府法制办、省人社厅联合颁发的“省政府法制工作先进集体”授牌；在市政府办关于法治政府建设考核中，被评为株洲市法治政府建设先进单位；在株洲市市长热线（信箱）工作中，满意率、总得分均位居十县市区前列，办理情况等级为A级；在株洲市政务公开工作中，被评为优秀单位；在市对县绩效考核中，县优化办负责的“优化经济发展环境工作年度考核”项目，株洲县考核排名五县（市）第一名；在全县精神文明建设中，获得县精神文明建设指导委员会颁发的“株洲县2016年度文明单位”授牌；在全县财政决算工作中、全县财政非税票据管理工作中均被评为先进单位。

【综合调研】 全年，共计刊发《政务通报》12期，整理政府常务会议、县长办公会等纪要10余期，起草《政府工作报告》（换届）等各类文稿100余篇，累计70余万字。围绕项目突破、企业帮扶、脱贫攻坚、征地拆迁等全县中心工作，对政府决策需求、群众关心热点进行调研，先后形成了《加快株洲县征拆工作的几点思考》《精心、诚心、用心与企业心连心》等高质量的调研报告，为领导决策提供了及时、有效、可靠的依据。鼓励上报登刊，全年发表各类文章20余篇，《抓好粮食工作，惠及渌湘百姓》《株洲县精准脱贫一个不落》《精准扶贫战略下关于农村社会“精神扶贫”的几点思考》《建设新渌湘，铸就新辉煌》等文章先后在新湖南、株洲日报、株洲工作等新闻媒体上发表。

【政务督查】 全年，对《政府工作报告》中的“三十”工程及相关内容开展督查10余次；以领导批示和交办事项为重点，进行专项督办，共办理领导批示件52件，办结率100%。针对重点项目、“征地拆迁百日攻坚行动”、“马上就办、真抓实干”专项活动，开展督查34次，下发督查通报9期，有力促进项目建设、征地拆迁、脱贫攻坚等各项任务的落实。办理人大代表建议68件（含市人大代表建议3件），政协委员提案51件，建议、提案办结率均100%。

【办文办会】 全年，共处理中央、省、市来文1291件，其中秘密件119份，制发各类文件稿近300件，印制发放办公室刊物40余期。承办政府常务会议9次，县长专题办公会议40次，组织衔接省市要求的电视电话会议25次，协助和指导其他单位和部门的办会300余次，没有一起会议出现重大纰漏。抓方案源头，强协调调度，全年，共制定各类调研考察接待方案68次，确保各项公务活动有效开展。

【政务公开】 县政府门户网站顺利完成市级平台集约化建设、迎接全国网站普查和省市绩效考核。制定《株洲县人民政府办公室关于进一步加强政务信息、政府网站和政务公开工作的通知》、县政府门户网站普查通报、信息审核制度、信息保密制度、政府网站绩效考核制度等一系列规章制度。全年上传市政府门户网站信息5600余条，平均每日发布及更新信息15条，推送信息被省政府门户网站采纳1条，被市政府门户网站采用290余条，上报各类政务信息230余条。

【应急值守】 全年，共编制并实施专项应急预案7件，部门预案23件，应急预案体系得到进一步完善；严格落实预案演练、重点事件评估分析和年度评估分析，24小时值班制度和领导带班制度，实行重要节假日县级领导轮流带班制度等工作。全年处理回复市长热线1200余件，接听县长热线2000余件，处理重特大问题60余件。

【金融工作】 全县驻县银行机构达到10家。金融业总量快速增长，其中12月末存贷款余额分别达到150.7亿元和61.8亿元，较年初新增29.6亿元、8.9亿元，增幅分别达到24.4%和16.9%，存贷款增速均高于全市平均水平，居五县（区）第二名。县政府下发《株洲县企业应急转贷资金管理办法（试行）》，为县内规模工业企业到期贷款提供续贷展期或者转贷融资服务。经省政府批准，省财政厅、省财信投资公司等共同管理的湖南农信担保公司驻株洲县办事处挂牌开业。

【法制工作】 严格审查制度，共审查涉法文件76份，县政府合同协议56份。通过调剂工作人员、优化工作机制、强化责任督促等多种措施，加大复议应诉工作力度。受理行政复议案件21件，上年结存2件，办结19件，办理行政应诉案件12件。对机构调整后的行政审批事项分批次进行清理并完成公布，共涉及25家单位640项内容。出台《株洲县政府法律顾问管理办法（试行）》和《株洲县人民政府法律顾问团工作报酬支付办法（试行）》，进一步整合全县法律顾问资源，为规范法律顾问管理提供制度保障。　（刘　俊）

【县接待中心】 有在编员工 44 人，退休职工 25 人，主要职能是负责全县来宾接待和有关会议服务工作。中心内设办公室、餐饮部、客房部、后勤保障部。中心有客房 80 间，可接纳入住客人 120 余人；有大、中、小型会议室 4 个；餐厅共有大小包厢 5 个，大厅可容纳 500 余人就餐。

2016 年，全中心上下围绕“三二一”（三强：强基础、强素质、强管理；二提：提高服务水平、提升经济效益；一树：树酒店品牌）的工作思路，接待中心整体面貌焕然一新。全年，共投入 300 余万元，对硬件设施进行改造和升级，会议室更换了座椅、加装了大型 LED 彩色电子屏。一楼餐厅加装巨幕电子彩屏，提升宴会酒席承接环境品质；三号综合楼翻新了公共卫生间；新建封闭式垃圾池。对闲置多年的二号楼进行改造，进一步提升了接待承载能力。推行绩效考核制度，打破过去“大锅饭”，实行效益工资制，让员工们多劳多得。同时强化管理，《十二分制管理规定》实行服务差错扣分扣奖金，用制度管人管事，收到良好效果。对员工进行全面培训，提升服务水平。

全年，共实现经营收入 535 多万元。其中，餐饮 371 万元，客房 164 万元。上交税收 15 万元。（肖　喜）

机关事务服务

【概况】 株洲县机关事务服务中心以做优做活现代服务业，围绕机关后勤“管理、服务、保障”工作重点，发挥职能业务作用，树立良好的服务保障形象，全力维护县委县政府机关大院正常工作秩序。

后勤服务保障。积极开展消防安全隐患排查和整改，联合消防部门在机关大院内开展安全大检查，完善消防安全监控设施设备，在政府办公楼一楼设立微型消防站，全年，共完成日常维护工作 500 余人次，深入开展电器设备和线路的安全巡查，有效的保障设备设施的正常运转。协调人防办完成了人防战备物资储备库前期工作、协调县城投公司完成了政府大院棚户区改造工程，完成机关大院低压裸导线更换电缆、县财政局变压器更换及办公楼线路改造、县委办公楼厕所改造、机关大院内六栋视频监控安装、标识并增加院内停车位及政府大门口热熔禁停黄标线、根据领导干部调整完成县委领导办公室维修改造，积极开展机关大院环境集中整治，对院内办公楼进行全面的整修，实施全天候保洁，垃圾日产日清。全力做好机关大院绿化、美化工作，及时除草、修剪、施肥、更换新盆景，为大家提供一个良好的工作环境。

安全保卫管理。安全保卫工作始终以“提高警惕、警钟长鸣”为宗旨，加强综合治理工作，严格门卫值班和检查登记制度，切实加强对政府大院的巡逻巡查力度，并严格对来访人员进行登记管理和跟踪监督服务，全年外来人员到政府大院各单位登记数 9978 次，平均每天登记人数 53 次。认真执行治安保卫条例，切实配合有关部门做好信访、突发事件的稳控工作，确保机关大院秩序井然。

会议会场管理。会议会场管理以提高服务质量和满意度为着力点，管理人员不论节假日始终保持随时在位，做到随叫随到，接到会议通知后及时做好会场布置，会议室设施摆放整齐，环境卫生整洁，管理服务保障到位。全年，共安排会议 850 余场次，服务参会人数 30030 人次。按照县委、县政府及机关大院的需求统筹安排，使会议室功能得到了最大化的综合利用，做到了会议场所的优质、高效运转。会议室服务保障无一次差错。

公车改革车辆服务保障管理。在深入公务用车清理工作基础上，建立和完善公务车辆管理制度，严格大院车辆出入管理、行驶管理和停放管理。制定公务应急用车制度，完善车辆的信息登记，建立了台账，使机关公务应急用车实现审批程序化、使用制度化、日常管理科学化。在全县党政机关公车改革工作方面，积极深入开展调查，并多次向各县区讨论学习公车改革工作，提高驾驶员自身素质，规范行为准则，增强了驾驶员“安全、高效、优质、准时”的服务宗旨。始终将安全行车放在首位，做到无酒后驾车、带病出车，在驾驶员中提倡“安全、文明、节约”。 （宾玉洁）

政务服务

【概况】 2016 年，株洲县政务服务中心结合行政审批制度改革，梳理审批项目，优化审批流程，提高办事效率。政务中心窗口及分部共受理办理各类事项 102589 件，办结 101395 件，按时办结率 100%，完成收费 1515.6 万元。

加强政务中心自身建设。将加强政务中心建设列为株洲县“2016 年度十大民生工程”，年内更换政务中心网络设备及 20 台办公电脑，完成政务中心屋顶防漏处理和水电设施维修，进一步完善中心硬件设施和办公条件。同时启动“短信告知服务”便民措施，对外让办事群众及时了解工作进程，对内提醒领导和督促经办人进行及时办结；推行“三约”（事前预约、事中简约、事后践约）服务方式，让工作人员走出窗口，变被动受理为主动服务，把服务的触角延伸到园区、企业和基层群众；开通微信服务平台，通过微信平台的宣传，让群众在平台上了解窗口办事程序及相关政策和法律法规。

全面推行政务公开。继续推行行政审批“两集中两到位”改革。将各职能部门分散在多个内设机构向政务中心集中；各职能部门所有审批项目做到进驻窗口到位，各单位对窗口工作人员授权到位。结合行政审批制度改革，将各窗口单位的职能、内容、依据、审批和服务事项办事程序、条件、时限、收费标准及服务承诺等进行全方位梳理，并建立信息公开目录，通过政府门户网站向社会公开。

不断提升服务效能。进一步完善了企业注册登记、涉建项目审批和民生三条“绿色通道”；健全完善产权“同台联办”制度；继续完善建设项目联合审批机制。严格执行基本建设项目收费“一表制”，将审批与收费分离，统一扎口征收各项费税，其他审批环节不再交纳任何税费。年内，组织“学府公馆二期”等20个项目的联合审批，均使用“一表式”收费，充分体现“规范、公平、公正、公开”的原则，优化了经济环境，得到企业的充分信赖。

完成政务中心“统一着装”的审批和政府采购的相关工作，进一步提升政务中心整体形象。深入开展“两学一做”学习教育，狠抓中心作风建设，努力营造争创一流的氛围，引导全体工作人员立足服务岗位，打造政务服务特色品牌，争做“服务标兵”，争创“红旗窗口”。通过民主评议，共评出“红旗窗口”4 个、“优秀党员”4 名、“服务标兵”5 名。

【政务中心国土资源局窗口荣获省级“青年文明号”】 7月14日，株洲县政务服务中心国土资源局窗口荣获湖南省“青年文明号”，授牌仪式在县政务服务中心举行。授牌仪式上，团市委书记梁天琛宣读了《共青团湖南省委办公室关于命名2015年省级青年文明号的决定》，并为窗口颁发了湖南省“青年文明号”牌匾。

【政务中心新设不动产统一登记窗口】 9月9日，株洲县不动产统一登记中心在政务服务中心一楼挂牌成立，这标志着株洲县土地、房产、林地等不动产分散登记历史的结束，不动产统一登记新征程的开启。对于进一步健全现代产权制度、保护不动产权利人的合法权益、全面深化改革具有重要意义。 （唐永红）

人力资源和社会保障

【概况】 株洲县人社局定编104人，其中行政编制17人，参公54人，事业31人，后勤事业2人，实有在职在编干部职工91人，缺编13人内设8个股室，辖副科级事业单位6个，分别是城乡居民医疗保险管理中心（2016年9月，原农合办和医保局合并为城乡医疗保险管理中心）、劳动就业管理局、社会劳动保险局、城乡居民社会养老局、劳动保障监察大队和人力资源服务中心。股级事业单位3个，分别是人力资源考试培训中心、人事劳动争议仲裁院、统计信息中心。全局在职党员65名，离退休党员 27 名。2016 年，县人社局持续推进更高质量水平的就业、更好的社会保障水平和更和谐的劳动关系建设，全县人社工作荣获省示范仲裁院、株洲市人社系统先进基层党组织、株洲县2016年度计划生育综合治理工作良好单位等荣誉。

年内，县人社局全面完成上级下达的各项指标任务，其中部分任务超额完成：开展就业、创业培训完成目标任务的167%、新增企业养老保险参保人数完成目标任务的191%，企业养老保险征缴基金完成率 165%，生育保险征缴基金完成率126%，失业保险征缴基金完成率118%，城乡居民养老保险基金征缴完成率110%等。

以就业富民为导向，全力实施就业创业工程。一是架设用工桥梁，做好牵线人。切实开展好每年年初举办的大型春季劳务交流活动——“春风行动”，并每月举办一场小型现场招聘会，继续组织“送岗下乡”活动，联合市人社局，市县知名企业把招聘现场设在南州镇横江村，真正把就业岗位送到群众家门口。全年职业指导2250人，职业介绍427人。二是加大创业扶持，以创业促就业。出台《关于促进“大众创业，万众创新”工作的实施意见》，通过政策引导、扶持全民创新创业。进一步加强高校毕业生见习基地建设，全县共批准建立7家高校毕业见习基地。积极参加省、市创新创业示范平台评选活动，南洲镇五架桥村被评选为湖南省创新创业带动就业村。年内，全县新增城镇就业2026人，实现城镇失业人员再就业820人，新增创业主体数1025户，带动城乡就业就业人数2152人，实现农村劳动力转移人数1920人。三是加强技能培训，提升就业能力。紧密结合企业需求和就业要求，统筹推进就业前培训、在职培训、再就业培训和创业培训等各类培训，全面落实职业培训补贴政策。同时，加大农村劳动培训力度，全年组织进城务工农民培训600人，农村劳动力转移就业培训893人。

以社保惠民为重点，着力完善社会保障体系。全年全县社会保险累计参保57.9万人次，“五险”基金征缴5.9亿元，全年被征地农民保障金征缴7900万元。为全县人民的养老、医疗、失业、生育、工伤提供的坚强的保障。城乡居民基本养老险基础养老金最低标准由每人每月75元提高到80元；城镇职工生育保险医疗费用支付标准提高500—1000元；城镇职工基本养老保险人均每月养老金达到1620元；新农合人均筹资标准由原来的470元提高至540元，参合贫困户在市县两级定点医疗机构住院补偿比例均提高5%；属于大病保险补偿范围的贫困户其报销起付线相应下调50%；城镇职工医疗保险最高支付限额，一个结算年度内参保人员的住院和特殊病种门诊医疗费用累计最高支付限额由8万元调整为10万元，大病医疗互助累计最高支付限额由20万元调整为30万元；失业保险金提高到每月1063元。根据省市文件精神，出台《关于机关事业单位工作人员养老保险制度改革实施意见》，并按照上级要求的时间节，做好机关事业单位养老保险改革整体推进工作。切实做好城镇居民医疗保险和新农合的整合工作，并对人员和职能进行整合，新成立株洲县城乡居民医疗保险管理中心。加强对全县被征地农民保障工作的调研力度，确保明年按照全省被征地农民保障工作“六统一、六自主”的原则，完善全县被征地农民保障制度，切实维护失地农民的合法权益，确保全县社会的稳定发展。

以维权安民为核心，积极构建和谐劳动关系。一是做好群众矛盾的“调解员”。累计来访咨询785起，投诉27起，结案25起；累计仲裁受理案件116起，涉及诉求金额542万元。其中，裁决10起，不予裁决23起，调解15起。有效的化解了劳动者和用人单位劳资矛盾。二是做好企业监管的“预防员”。切实开展“清理整顿人力资源市场秩序”专项行动。整顿违规经营的职业中介机构，进一步规范了职业中介机构中介活动和用人单位的招工行为，有效遏制职业中介领域的违法犯罪活动，严防县域内出现“黑劳工”“黑中介”等严重违法犯罪行为。三是做好劳动者获取劳动报酬的“护航员”。积极推进农民工工资保障金制度，从源头上预防和防止拖欠农民工工资现象发生。同时，开展农民工工资支付专项行动，为1216多名农民工追回拖欠的工资1300多万元。

以人才利民为动力，全面推进人事人才工作。公务员和事业单位工作人员招聘工作做到“政策公开、过程公开、结果公开”，每个环节都进行网上公示，全程由人社、纪检、监察部门共同参与。全年录用公务员14名，组织教育、卫生等各类事业单位考录2次，录用127人。配合编办和教育系统开展清理在编不在岗工作，清理在编不在岗121人，督促返岗71人，规范借用、病事假管理10人，开除17人，共清出编制50个。认真做好专业技术人员继续教育培训，公务员职业道德培训以及新进人员素质培训等工作，进一步提升机关干部的职业道德水平，培养爱岗敬业的职业精神。

以民生实事为抓手，致力民生工程谋幸福。县人社局是全县民生“100”工程的牵头协调单位，全县“民生100”工程坚持按照“三个第一”，即第一位置、第一责任、第一工程的工作要求，制定相应的民生实事考核指标分解表，将为民办实事目标任务细化分解到各责任单位，与各乡镇、责任单位签订责任状，明确工作责任，着力完成省、市下达的各项民生实事指标任务。

（张　玲）

【城乡居民医保管理】 2016年，农村合作医疗管理办公室在职职工14人。其中，本科学历5人，大专学历7人，中专学历2人。内设办公室、财务室、信息股、审核股、稽查股五个科室。11月4日，新型农村合作医疗与县城镇居民医保合并，成立株洲县城乡居民医保管理中心，逐步理顺城乡居民医保管理体制，优化职能配置和机构设置，按照全省整合要求逐步实现“统一覆盖范围、统一筹资政策、统一保障待遇、统一医保目录、统一定点管理、统一基金管理”的目标任务，促进城乡居民医保制度更加完善、保障更加公平、管理服务更加规范、医疗服务更加高效。

年内，新农合人均筹资标准为540元，其中个人筹资标准为120元。参合总人数269950人，参合率95.7%，圆满完成省、市目标任务。全县按政策共筹集基金总额14577.3万元。其中中央、省、市、县各级财政拨款11337.9万元，参合农民自缴资金3239.4万元。全年新农合基金总支出14704.13万元，共补偿参合农民328117人次。普通住院补偿48853人次，补偿金额11961.51万元；其他定额补偿项目补偿人数5013人次，基金支出785.78万元；门诊统筹补偿66445人次，基金支出1439.53万元；大病追补、结核病筛查、妇女两癌筛查和支付三家县级医院挂号费上调部分共补偿207806人，基金支出517.31万元。住院平均补偿率达56%以上；统筹区域范围内平均住院补偿率达77%，超出省、市为民办实事目标任务2个百分点。

完善补偿方案，提升受益度。年内，

在巩固原有成果的基础上，对新农合实施细则进行合理的优化：一是合理调整起付线，将乡镇卫生院起伏线调整为 150 元；二是减轻困难群体基本医疗费用，经县政府确认并公示后的本县参合贫困户，在市县两级定点医疗机构住院补偿比例均提高 10%，属于大病保险补偿范围的贫困户其报销起付线相应下调 50%；三是开展结核病筛查，为建立农村重大疾病筛查机制，对全县参合的学生开展结核病结核分枝杆菌 TB-SA 抗体筛查工作，新农合基金按每筛查一人给予 45 元的标准补助；四是完善大病保险工作，对 2016 年内患重大疾病住院补偿后自负费用仍过高的患者进行大病保险追补工作，获得大病追补 558 人，共计 276.99 万元。（周　伟）

发展和改革

【概况】 2016 年，县发展和改革局认真落实产业发展、园区攻坚、改革创新、惠民提标等系列措施，充分发挥综合部门的职能作用。荣获株洲市 2016 年“项目攻坚年”活动项目攻坚先进单位、2016 年株洲县文明标兵单位、株洲县 2016 年新型工业化工作先进单位。

投资管理。全年审核投资项目 117 项，总投资 175 亿元。其中，立项项目 49 个，总投资 43 亿元，备案 39 个，总投资 42 亿元，可研 29 个，总投资 90 亿元。核准建设工程招标事项 29 个。其中，公开招标 25 个，邀请招标 2 个，其他 1 个。组织对全县 2010—2015 年中央预算内投资重大项目监督检查，对 2012 年以来教育、医疗卫生等社会事业项目专项稽查组织教育、卫生系统进行整改。对重点工程进行稽查指导，督促做好项目前期和实施阶段管理，确保财政资金安全有效。

项目建设。牵头“项目攻坚年”重点工作。株洲县市级重点项目共 35 个（含市跨区项目 9 个，其中续建 3 个、新建 5 个、前期推进 1 个）。其中，新建项目 13 个，续建项目 18 个，前期推进项目 4 个。全县坚持把推进项目当作第一任务。大力推进“312”工程，即推进“三个十”工程、建设 120 个项目、实现 120 亿元固定资产投资。实施“三个一”大项目计划，即策划包装总投资 30 亿元的朱亭古镇旅游开发项目，新开工总投资 30 亿元的朱亭新镇建设项目，至 10 月完成 3.32 亿元投资，第一期新城主体工程基本完工、封顶；全县实现新开工项目 7 个，分别是株洲县渌湘大桥（渌水二桥）、东城大道、朱亭新镇建设项目、紫涵湖温泉度假酒店、国家木材战略储备湖南万亩珍稀名贵树种培育示范基地、南洲新区一、三号道路、株洲兆能电磁线项目；已竣工项目 2 个，分别是渌江风光带二期、南洲新区骨干路网（南洲大道、渌湘大道）建设项目；招商履约落地项目 3 个，分别是渌湘大桥建设项目，兆能电磁、时代绝缘高性能亚胺薄膜产业化项目。

综合计划。加强对重大规划的引导。率先完成“十三五”规划纲要编制工作，形成《“十三五”规划思路》及《“十三五”规划纲要（送审稿）》，顺利通过县第十一届人民代表大会第六次会议审议。牵头组织编制《株洲县产业发展扶贫规划(2016—2020)》《株洲县“十三五”新一轮农村电网改造升级规划》等专项规划。加快完善政府投资管理配套办法。起草《株洲县企业投资项目管理负面清单》(建议),涉及50类限制投资类9个行业,54类禁止投资类6个行业。外商投资禁止类目录含十三款共36条产业区域,限制类目录含十四款36条产业区域。制定出台《株洲县非经营性政府投资项目代建制管理办法》,在代建范围确定和项目监管等5个方面进行了规范。

价格收费管理。一是加强价格调控。加强对县城区域内的市场重要商品和生活必需品价格监管监测,做好生猪和稻谷价格指数发布平台工作。二是规范价费秩序。根据省发改委要求,取消涉企经营服务性收费9项,降标15项,降低行政事业性收费标准20项,放开23项服务性收费,液化石油气、瓶装石油气零售价实行市场调节价。制定《株洲县城区居民生活用水阶梯式水价实施(试行)办法》,7月1日起以2.07元/吨、3.105元/吨、4.14元/吨为三个阶梯,实施居民生活用水阶梯水价。规范医疗机构价格行为、规范教育收费。三是加大监督检查。开展执法、监督、公共服务等窗口行业和领域收费检查,做好春运客运票价、教育收费及涉企收费检查。开展价费优惠政策执行情况专项检查。加强“12358”价格举报工作,核实查处快速及时,全年,共受理咨询举报23件,办结23件。四是优化价格服务。认真开展农本调查和成本监审。严格程序对全县机动车检测成本进行成本审核,继续对南洲镇、渌口镇的6户种植户露地黄瓜、露地茄子种植进行成本调查。五是做好价格认证。扎实做好涉案财产价格鉴证,全年,为公安机关办理价格鉴定28起,标的额44.1995万元。实施涉税财物价格认定,完成涉税案件22起,认定金额1036.1996万元。充分发挥价格认定公共服务职能,有效杜绝避税、漏税、偷税等违法问题,保障国家税款应收尽收。（何　文）

“两型社会”建设

【概况】 2016年至2020年是湖南省两型社会建设综合配套改革第三阶段,也是建成两型社会的收官阶段。2016年作为第三阶段的起步之年,株洲县在两型创建、两型制度、两型改革及两型宣传等方面的突破,对完成第三阶段任务有积极的推进作用。

两型创建。年内,在全面推进全县14个类别创建全覆盖进程的同时,重点指导全县村庄、社区及农民合作社的两型示范创建工作,通过协调各创建单位建立两型工作小组,培训两型专干,解说两型业务知识,有效提高各单位两型理论水平,带动了各单位的创建工作激情。在两型村庄的创建方面,渌口镇均坝村(原快山村)获批省级两型村庄示范创建单位,并获省级两型专项资金20万元;渌口镇花园村获批市级两型村庄示范单位。

两型改革。年内,全县率先启动创新湘渌江流域综合治理机制改革试点工作,通过落实主体责任，实施生态补偿，创新河湖管护机制，试点工作取得较好成效，多次获省市两型办高度评价，并获省级改革试点项目专项资金20万。为维护公众的环境权益，较好调动公众的积极性和能动性，充分发挥公众在两型社会和生态文明建设中的积极作用，株洲县启动创新两型社会与生态文明建设公众参与机制，通过建立健全公众生态文明教育机制、公众参与决策机制、公众环境监督机制、包括各类官方组织和民间组织的公众有序联动机制、奖惩机制、确保公众参与两型社会和生态文明建设的有效机制、探索建立环境公益诉讼制度等，最大程度地凝聚民心、集纳民智、汇聚民力，推动株洲县两型社会和生态文明建设。

两型宣传。自开展市级两型综合示范片区创建工作以来，株洲县渌口片区通过健全工作机制，保障工作经费，加大宣传力度，完善考核责任，片区内的机关和学校基本达到两型建设标准。为进一步提升两型示范片区创建氛围，增加干部群众知晓度与参与度，组织全县两型志愿者在向阳广场举行“6・5”世界环境日两型主题活动，参加在县五中举办的“绿色两型体育节”，将“绿色发展”“低碳发展”“循环发展”的两型理念植入广大干群心中，为两型社会建设造势。

创新成果。为强化全县生态文明体制机制改革创新力度，县两型办邀请长株潭研究院专家教授，多次实地考察及会议座谈，提炼出《株洲县生活垃圾资源化体制机制创新》及《株洲县创新新能源产业发展体制机制》两个案例。其中，株洲县通过市场化的形式管理运营生活垃圾，常态化的政策支持壮大企业，多样化的方式资源化利用生活垃圾，建立生活垃圾资源化、无害化处理的长效机制，形成的《株洲县生活垃圾资源化体制机制创新》案例，经专家组审查、社会公示及省委生态文明体制改革专项小组会议审定，获批湖南省首批生态文明改革创新案例，获省级奖励资金8万元。《株洲县创新新能源产业发展体制机制》案例在备审中。（黄　蓉）

国土资源管理

【概况】 2016年，株洲县国土资源局成功创建“全国国土资源节约集约模范县”，荣获湖南省“青年文明号”荣誉称号，保持“湖南省文明单位”“湖南省文明卫生单位”“株洲市园林单位”等荣誉称号。

服务大局，保障发展。服务重点项目建设，完成机场大道、东城大道（S331）、南洲新区污水处理厂等项目的调规工作，批回项目用地345.11公顷。规范土地市场运作，挂牌成交土地74宗，面积165.49公顷，成交土地价款20.55亿元，网挂率达100%。完成国土入库收入14.66亿元。全年，共计征地195.5万平方米，签订房屋征收协议803栋、共计216810平方米。

坚守红线，保护资源。严格落实耕地保护责任制，认真实施完成22个市本级旱土开发和水田开发项目，总面积375.19公顷。狠抓土地整理项目的施工质量，完成2015年7个土地整治项目，建设规模为

656.26 公顷，投资 1682.74 万元。连续 17 年实现耕地占补平衡。加强执法监察动态巡查，发现并有效制止违法行为 35 起，现场处置 4 起，立案查处各类土地、矿产违法案件 31 起，结案 31 宗。控违 184 处，面积 24766 平方米，拆违 23 处、面积 5127 平方米，顺利通过卫片执法检查。

心系民生，维护权益。强力推进国土工作科学化、现代化、规范化建设，电子政务系统受理各类业务共计 2232 件，其中已办结 1562 件，办结率 70%；办理各类土地证书 2282 本，其中国有土地证 1897 本，集体土地使用证 350 本，抵押他项权利证 35 本。窗口受理业务 1455 件，已办结 1355 件，办结率 93%。测绘成果应用和管理更加规范，正式启用全县各乡镇基础测绘控制点及控规区 1∶2000 地形图测量数据成果。1∶50000 地质灾害详查工作，通过省厅野外验收。

开拓创新，促进改革。不动产统一登记工作顺利推进，办理不动产登记业务 831 笔，发放不动产权证书 137 本，产权证明书 703 本，查询不动产信息 1300 余次。实施城乡增减挂钩项目 40.28 公顷，作为建新区建设用地指标，支持城乡建设。探索、完善多种具有地方特色的节地模式，推进节约集约用地，得到上级奖励用地指标 33.3 万平方米。　（黎美琴）

审　计

【概况】 2016 年，株洲县审计局有在职干部职工 22 人，其中大专以上文化 20 人，中高级以上职称 9 人。内设办公室、法制股、财政审计股、行政事业审计股、株洲县经济责任审计工作领导小组办公室（副科级），下设一个二级机构—建设项目审计监督中心。

县设计局坚持“依法审计、服务大局、围绕中心、突出重点、求真务实”的工作方针，认真履行审计监督职责。全年，共完成审计和审计调查项目 24 个，查出违规资金 50254 万元。其中，财政当年新增借出资金 15082 万元、财政非税收入未及时解缴国库 5495.12 万元，国有土地出让金欠缴 19797.33 万元，其他违规资金 9879.55 万元。管理不规范资金 84999 万元。其中，财政当年支出挂账未拨 10830.96 万元，其他管理不规范资金 74168.04 万元。处理处罚上缴财政资金 55.4 万元，提出审计建议 60 条，移送案件线索 6 条。

同级财政审计。年内，对全县 2015 年度财政预算执行和其他财政收支情况进行了审计。重点审计县财政局所属预算股、社保股、非税收入管理局等 6 个预算执行部门和单位，延伸审计了株洲县建设工程质量监测有限公司，并对县地税局税收征管情况及县国土资源局 2015 年度国有土地使用权出让收支情况进行了审计。审计严肃查处和揭示违纪违规问题，对问题进行严肃认真地处理处罚，并提出合理化建议和制定整改方案，同时将审计发现的情况向县政府主要领导和县人大常委会如实报告，为全县加强预算执行和人大监督财政决算提供了决策依据。

经济责任审计。年内，经县领导干部

经济责任审计领导小组会议讨论，并报县委、县政府审定，确定对7个单位的10名正科职领导干部履行经济责任情况进行审计。经济责任审计以领导干部任职期间本乡镇、本单位财政收支、有关经济活动的真实、合法和效益为基础，重点检查领导干部守法、守纪、守规、尽责情况，加强对领导干部行使权力的制约和监督，为县委正确使用领导干部和党风廉政建设以及反腐败工作作出新的贡献。

政府投资建设项目审计。年内，接收财政评审中心报送项目及联合审计项目共计281个。其中，预算项目134个、结算项目126个，联合审计项目21个。财政评审中心送审金额63000万元。完成复审及联合审计项目102个（预算项目12个、结算项目69个，联合审计项目21个）。项目复核率为36.30%，审定金额24600万元，审减金额合计 1640.10万元。其中，预算审减金额31.36万元，审减率为0.52%；结算审减金额326.16万元，审减率为2.08%；联合审计项目21个，建设单位送审金额4498.26万元，联合审定金额3215.68万元，审减金额1282.58万元，审减率为28.51%。

（唐沛澜）

统　计

【概况】 2016年，株洲县统计局以提高统计数据质量为中心，着力增强统计公信力，不断提升统计形象；以强化统计服务职能为重点，着力提升服务质量。荣获株洲市“2016年度县市区统计工作考核优秀单位”、株洲县“新型工业化工作红旗单位”、“征地拆迁百日攻坚先进单位”等荣誉称号，被评为2016年度株洲市文明单位。

统计业务建设。以提升统计数据质量为核心，严格执行国家各项统计报表制度，逐月落实112家住户收入调查，全面、准确、及时完成各专业月度、季度、年度常规性统计任务。扎实做好全县绩效考核、小康监测、新型工业化考核、民生100考核等指标数据的测算分析、监测预警、评估认定等工作，确保各项考核的准确性；开展对乡镇和部门考核的社会公认度满意度调查和综治电话民调工作；组织涉农调查、规下工业调查、规下服务业调查、企业产值能源、升规企业等专项调查。

统计数据质量。以统计法律法规和统计执法检查为重点，进一步强化统计法制意识，提升统计依法行政能力。积极组织参加行政执法学习考试。加大对统计法律、法规的宣传力度。组织全县各联网直报单位统计员开展专题统计法制宣传，邀请市局领导授课，并开展法律咨询。开展“数据造假、以数谋私”专项治理和“数据质量月”活动，出台详细方案，制定各个专业的数据质量控制制度。开展投资数据质量核查电话调查等工作，确保各专业统计数据质量。全年，共对30个企事业单位开展统计执法检查。

统计信息服务。围绕县委、县政府中心工作，密切关注宏观经济走势，对重要经济指标做好监测预警及分析研究工作。组织对各部门、各镇、各企业、各调查户的大走访大调研活动，积极参与“全市固定资产投资百日攻坚”活动调研。每季局内召开经济形势分析会、组织相关部门召开全县季度经济运行研讨会，追踪经济热点、反馈产业现状，分析预警预判，为县域经济发展出谋献策。及时提供GDP、产粮大县、生猪调出大县、固定资产投资、房地产销售面积等统计数据的预警报告，为县委、县政府科学决策提供可靠、科学的依据。积极开展重大课题研究，完成《株洲县加快农村合作社发展问题研究》等重大课题，全年，共上报政务信息57篇，编发《统计信息》24期，及时印发《统计月卡》和《株洲县统计统计年鉴》，让社会各界更加快捷便利地分享统计数据和信息，进一步扩大统计的宣传。

【第三次全国农业普查工作】 株洲县第三次全国农业普查工作按照省、市的统一部署和要求，各项前期准备工作有序推进。成立各级普查机构，普查经费、物资、人员、设备等保障到位；召开全县动员大会，开展业务培训和试点工作，做好摸底清查；通过电视台、横幅标语、电子显示屏等多种形式进行普查宣传。筹备、举办株洲市“三农普”入户登记启动仪式，得到市农普领导小组的高度肯定。

【统计改革】 年内，对产粮大县的粮食监测实行改革，全面采用高科技手段对农作物生产情况开展调查工作。全县涉及8个镇15个村75个样方400万平方米，调查人员手持PDA（专用平板电脑）按照卫星图和GPS定位，现场采集每个样方农作物的数据，为确保第三次全国农业普查数据质量提供扎实的工作基础。　（彭　辉）

城乡创建工作

【概况】 株洲县城乡创建工作办公室（简称县创建办）共有干部职工4人。办内设办公室、政工股、业务股3个股室。2016年，创建办以“提升城市品质、提升幸福指数”为主导，全力服务渌湘发展升级版。年内，县创建办将持续巩固深化国家交通管理模范城市创建工作成果，建立长效管理工作机制列为重点工作之一，按照株洲市国家交通模范城市长效管理工作要求，积极协调各相关职能部门，结合全县实际，采取有力措施，认真做好基础设施建设、交通安全管理、服务惠及民生三个方面的工作。

2016年是湘江保护和治理第二个“三年行动计划”的开局之年。县创建办切实担负起湘江保护和治理第二个“三年行动计划”的协调、宣传、督查、调度、迎检、考核等工作职责。制定印发《株洲县湘江保护和治理第二个“三年行动计划”实施方案》《株洲县湘江保护和治理第二个“三年行动计划”项目库》《2016年度株洲县湘江保护和治理工作绩效考核细则》等系列工作文件，将工作目标任务层层分解到各单位各部门，明确各单位各部门工作职责、工作任务及完成时限。同时，会同县委督查室和县政府督查室多次开展项目进度督查工作，实时掌握全县湘江保护和治理工作情况，及时发现问题与困难，并提出解决方案，确保株洲县21个湘江保护和治理项目建设工作全部完成。在推进株洲县湘江保护和治理工作的同时，加大各类宣传力度，印发《株洲县湘江保护和治理领导小组关于加强湘江保护和治理信息报送工作的通知》，对主要责任单位明确信息报送工作任务，加强与主要责任单位及市创建办（湘江办）的纵横联系。在宣传推进和亮点提升上做文章，印发宣传资料、制作宣传板报和宣传标语，积极对接市创建办（湘江办）信息负责人员和株洲日报社《城市周刊》专栏记者，先后在《湖南日报》上刊登《搬走垃圾山 截断污水源 定下铁规矩 株洲县呵护一江碧水》和在《株洲日报》上刊登《政府由“保姆”变“管家” 株洲县河道保洁工作实行市场化运作》《株洲县加大湘江保护治理力度 资源化循环利用“变废为宝”》等专题报道，扩大了株洲县湘江保护和治理工作的影响力。结合世界环境保护日和世界水资源保护日加大宣传，推动公众参与。株洲县被评为2016年度株洲市湘江保护和治理工作优胜单位和2016年度株洲市湘江保护和治理信息宣传工作先进单位。（韩 剑）

食品药品工商质量监督

【概况】 株洲县食品药品工商质量监督管理局是2015年12月因机构改革由原工商局、质监局、食药监局、食安办四个单位合并而设立的，合并时名称为株洲县市场和质量监督管理局，为县政府工作部门。2016年12月改为现名，挂株洲县食品安全委员会办公室牌子。全局有干部职工94人，内设办公室、人教、法规、药械监管、标准计量、质量监管、食安监管、特种设备监管、市场规范监管、注册登记10个股室，下设食品药品和质量技术检验检测所、综合执法大队、投诉举报中心3个二级机构和渌口、朱亭、淦田、河西4个基层所。局党委有134名党员，下设11个党支部。主要工作职能是市场监管执法和产品质量监督管理，具体涉及行政许可、注册登记、食品药品安全监管、产品质量标准计量管理、特种设备安全监管、查处假冒伪劣、市场（网络）交易行为综合监管执法、商标广告监管、处理消费者咨询投诉举报信访、食品药品产品质量检验检测等工作。监管的市场主体9328户。其中，个体户7208户、企业1484家、农专636户。食品生产经营单位2891家。其中，食品生产企业28家、食品流通经营户2093家、餐饮户633家、学校食堂137家。药品生产经营单位326家。其中，药品生产企业2家、药品批发企业1家、医疗器械批发企业2家、药品零售经营店73家，药品及医疗器械使用单位248家。电梯272台。

2016年，县局获得全县综治工作、宣传思想工作、统战工作、法治工作、食品药品安全工作、征地拆迁工作、教育强县创建工作、关心下一代工作先进单位等荣誉称号，特别是通过创新和加强食品药品监管，株洲县获评全市食品药品安全工作先进单位。

深化改革创新。机构改革顺利完成，实现改革的平稳过渡，在人员、管理、文化等方面得到较好较快融合。先后组建篮球队、羽毛球队，组织登山比赛、篮球友谊赛，开展机关文化建设，改造食堂，修缮办公楼，完善管理制度，建立微信公众号、工作微信群等，改革优势有效发挥。商事制度改革取得实效。实施企业登记“五证合一，一照一码”、个体工商户登记“两证整合”改革，以“减证”推动“简政”。积极热情服务市场主体，方便企业办事。年内，全县新增各类市场主体1742户。自主改革亮点突出。积极探索自主改革，全面完成食品药品安全立体监管体系建设和电梯监控及救援系统建设两项自主改革任务。食品药品立体监管体系完善“县、镇、村，一所一站一室”工作模式，使株洲县食品药品监管基本实现横向到边、纵向到底全覆盖。全县8个镇、129个村（社区）分别设立工作站和工作室，配备协管员、信息员274人。电梯监控和救援系统实现电梯实时监控，保证了快速救援和安全运行。

强化安全保障。全年有计划、有重点组织开展各专项安全监督检查，充分发挥电梯监控和应急救援系统作用，加强电梯、锅炉等特种设备的监管排查，发现并限期改正安全隐患76处，确保特种设备安全运行无事故。加强对各部门、镇的工作调度和督查，强化专项整治、宣传培训和抽检检测，完成240批次食用农产品、35批次药品抽检，先后迎接省食药监局考察、市县人大《中华人民共和国食品安全法》综合执法检查、国务院食安办农村食品安全治理专项督查，参与株洲县电视台电视问政节目录制，食品药品安全工作进一步深入人心，有效严防系统性安全风险。举办质量标准认证培训，引导企业加强质量管理和强化品牌意识，“仙都”“好德”“利达”3件商标被评为湖南省著名商标，湘渌业米业等3家企业产品被评为株洲市名牌产品，湖南联合城市建设集团有限公司被评为全国“守合同重信用”单位，11家企业被评为全省“守合同重信用”单位，13家企业成功申报标准备案，产品质量安全进一步得到保障。

严格市场监管。开展农资产品、食用农产品、成品油、酒类、鞋类、建材及水泥预制产品、衡量器具的抽样检验，出具检验报告或结果418份，制定县食品药品和质量技术检验检测所标准化建设方案；开展食品药品“四查”及“查无证、清死角、端窝点”“红盾护农”“质监利剑”“广告专项整治行动”“打假护牌”等一系列专项整治行动，均取得良好效果。加强部门联动。与公安部门联合执法，成功端掉两个传销窝点，抓获遣返涉嫌传销人员14名，与商务等部门联合执法，查处取缔无照经营成品油行为3起。与畜牧等部门联合执法，有效控制禽流感疫情。全县6958户市场主体进行年报信息公示，年报率90%。对493户市场主体实施年报抽查，依法吊销“僵尸”企业184家。全年，共办理各类案件310起，有力地规范了市场主体的经营行为。

加强队伍建设，提升工作效能。完善内部管理制度并创新制定AB角工作制度，认真开展“马上就办、真抓实干”活动，不断提升执行力。整合“12315”“12331”“12365”消费维权投诉举报网络，全年，共接到各类投诉举报102件，处置率100%。认真开展企业帮扶，积极为企业疏通融资渠道，通过动产抵押登记为企业融资4500万元，通过股权质押登记为企业融资1.157亿元。（王　曦）

安全生产监管

【概况】 株洲县安全生产监督管理局行使县人民政府安全生产综合监管职能，承担县安委会办公室的日常工作，负责煤矿、非煤矿山、危险化学品、烟花爆竹等行业的安全生产监督管理工作。全局内设办公室、安全生产执法大队、职业健康监管股、矿山监管股、危化烟花爆竹监管股，行政编制8名，事业编制8名，下设8个乡镇安监站。

2016年，以“四级五覆盖”和“五落实五到位”为重点，以“九打九治”和专项整治为抓手，认真开展“监管执法年活动”、安全生产“月月行”活动暨“三大行动”、企业隐患自查自改月报和打非专项行动等工作。全县发生各类安全事故10起。其中，工贸行业发生事故1起，道路交通事故9起。同比下降93.9%。直接经济损失50.75万元，同比下降35.6%。全县未发生一起较大以上生产安全事故，全县呈现事故总数、经济损失数逐年下降，安全生产形势好转且各项安全生产指标总体平稳可控，取得安全生产工作年度考核全市第一，获“省安全生产先进县”荣誉称号的历史最佳成绩。

强化责任落实。县政府与各乡镇各部门及各生产经营单位签订责任状，层层落实责任。推行企业隐患自查自改月报制度，大力推广安责险，督促贯彻“五落实五到位”，企业安全生产主体责任进一步落实。狠抓安全生产“四级五覆盖”制度的贯彻，加强对安全生产工作的督察考核，对省委省政府“八条断然措施”的推进情况经常进行督查并及时通报，通过以上措施，各乡镇的属地监管责任和县直部门的行业监管责任都得到进一步的落实。

加强队伍建设。积极推进安全生产“四大三基”三年行动计划，严格落实安全生产“三三”重点工作，贯彻省委省政府《关于加强县乡安全生产监管能力建设的意见》精神，进一步加强了县乡安监队伍建设。以落实“四级五覆盖”工作为契机，全力加强安全生产网格化监管体系建设，工业园（渌口经开区）成立安监机构，村组都设立安监员和信息员。组织县乡安监人员开展业务培训，委托乡镇开展行政执法，提高乡镇安监员的业务能力水平。组织开展安全生产应急救援演练，提高应急救援能力水平。安排有关县直部门加强对有关乡镇开展安全生产示范乡镇创建的对口帮扶和指导，渌口镇、龙船镇、淦田镇、古岳峰镇等乡镇的示范乡镇创建工作扎实有序开展。古岳峰镇通过考核验收成功创建为株洲市安全生产示范乡镇。

宣传教育。加强安全生产宣传教育，围绕“强化安全发展观念，提升全民安全素质”主题，扎实开展安全生产月活动。

活动月期间，县、镇两级和相关企业利用安全生产宣传活动月，采取大投入、多层次、多形式、多方位、多角度的方式进企业、进校园、进机关、进社区宣传安全生产法律法规和相关生产安全专业知识。县安委会办公室利用微信平台每星期发放一次安全生产宣传信息。龙潭镇、淦田镇、龙门镇、县教育局、县安监局等单位邀请相关专家到机关宣讲安全课。株洲时代电气绝缘公司组织内部员工分成11个组开展安全知识竞赛活动。

打非行动。明确部门各司其职，各镇党委书记为本辖区内“打非”工作第一责任领导，各镇人民政府主要负责人为本辖区“打非”第一责任人。落实打非工作挂号销号制度。集中开展打击非法采矿、非法经营烟花爆竹、非法经营石油液化气等专项行动，累计开展打非集中行动95次，打击非法生产经营行为44起，打击处理到位44起。

隐患排查。企业通过按时自查、及时自改、准时月报，主要负责人亲自在隐患排查报表上签字等一系列措施，有力的从源头上消除了安全隐患。安全监管部门按照一定的比例，分别对生产经营单位隐患月报制度的落实、隐患整改工作推进情况进行核查抽查，对自查自改自报隐患工作被扣分的生产经营单位凡达到一定分值一律予以处罚。全年，企业共上报各类安全隐患285条，抽查企业201家，扣分92分。

行业监管。矿山行业监管方面。重点加强煤矿安全监管，对堂市煤矿开展计划执法6次，检查发现安全隐患36条，完成隐患整改34条，隐患整改完成率95%。配合市局对堂市煤矿进行三级安全标准化验收并通过。对7家非煤矿山共开展执法行动检查4次，发现安全隐患84条，下达现场检查记录 42 份；下达责令整改指令书40份，完成隐患整改 81 条，其中 3 条在整改中，隐患整改完成率 96 %；下达安全生产行政处罚告知书5份，行政处罚决定书5份，罚款3.5万元。危化物品方面。开展危化品仓储业无证照经营专项整治和开展危险化学品道路运输安全专项整治和监管执法行动，排查发现隐患89处，治理隐患 89 处，下达现场检查记录文书 78 份，责令限期整改文书76份，现场处理决定书2 份。年内，全县有 256 户烟花鞭炮零售户申请烟花鞭炮零售许可，对申请户县安监局逐一上门现场审查，对不符合要求的，不予行政许可。对符合要求的，组织集中培训并考试合格后，严格按要求烟花鞭炮零售户经营行政许可发放经营零售许可证169 家。对烟花鞭炮生产企业，全县制定整体退出关闭实施方案，与企业负责人签订退出协议的有3家，退出关闭奖补资金全部到位，全县烟花鞭炮生产企业提前一年全面退出。工贸行业和职业卫生监管方面。全年监管 30 家工贸企业，查出隐患40处。组织专项检查2次，下达整改文书4份。职业卫生检查企业20家，检查发现问题和隐患20项，下达责令限期整改指令书3份，全县企业共开展职业病危害因素检测22家，作业场所监测点462个，开展职业危害现状评价4家，做了健康体检的一线工人有3549名，进行职业危害网上申报工作的企业有83家。道路交通方面。登记重点车辆3200台次，没有发现超员、疲劳驾驶等严重违法行为。查获各类交通违法行为66885余起，现场查获各类交通违法行为12065余起，其中酒驾106起、醉驾35起，毒驾3起，涉牌涉证960多起，客运车辆轻微违法行为210起，查获货车超载、超限、非法改装车辆200余台次，查处货车交通违法行为6200余起。卫计方面。对全县学校饮用水和学校卫生进行了督查，共检查学校127家，出动卫生计生行政执法人员30人次，出动车辆8台次；检查大型宾馆和美容美发场所26家，重点检查公共场所消毒情况，下达执法文书10份。教育方面。联合交警等相关职能部门对校车专项整治4次，查处校车超员超速、不按规定线路行驶32台次，全部予以顶格处罚；县投入专项经费40余万元，为地处城区、城镇和校园周边环境比较复杂的16所学校、幼儿园建设校园警务室。特种设备管理方面。对87家特种设备重点检查单位进行常态化监督检查，查出隐患76处，下达安全整改指令书11份。配合省特检院株洲分院定期检验电梯76台、锅炉22台、压力容器28台。消防方面。对全县320余家重点单位和人口密集场所进行集中专项检查4次，整改火灾隐患35处，下达行政处罚文书2份，并在全县75个人口密集场所、重点消防单位设立微型消防站，开创全市微型消防站建设工作先河。同时，燃气、水利建设工程、建筑施工、电力设施、工程机械等方面加强监管，消除大量安全隐患，特别是护路护线工作，通过开展微信平台建设，及时掌握信息，处置隐患，杜绝铁路及铁路线路安全事故发生。

（刘 芳）

档案史志

【概况】 2016年，株洲县档案史志局内设办公室、档案业务指导股、档案馆、党史征研室、地方志工作办公室5个职能股室，有在职机关干部11人。

服务为上，加强档案资源建设。全年接待社会各界档案利用者795人次，提供利用档案资料2515卷，复制档案6700余页。在全县开展家谱档案征集活动，征集到家谱12本。开展档案文献遗产申报工作，对馆藏的民国、明清档案进行了清理，将9套珍贵的文献资料进行申报。

管理为重，夯实档案业务基础。9月，对各单位下发《关于开展档案安全检查和2015年档案年检年审的通知》，进行行政执法检查，对存在问题的单位下发整改通知书，对违法行为进行依法查处，对存在问题的单位进行整改验收。

加强对乡镇档案室规范性建设的指导。10月，南洲镇示范乡镇建设迎检以97.5分全市第一的成绩顺利通过。

志鉴工作稳步推进。《株洲县年鉴》（2016年卷）的征稿及编撰工作于3月正式起动，于7月结束。年内，向各县直机关、各乡镇及村镇、各企业等征集彩版共计80版675余张，县内大事图片采集共计50张。为省、市年鉴部门的《湖南年鉴》《株洲年鉴》提供株洲县地区的概况及条目的文字内容，共计1.1万字。《湖南乡镇简志·株洲卷·株洲县分卷》编纂通过本县评审合格的稿件报送株洲市志办审查验收。

【宣传为先，营造档案工作氛围】 年内，县档史局以“6·9”国际档案日宣传活动为契机，围绕“档案与民生”宣传主题，以开展街头集中宣传、开通微信公众号、开展全县“档案与民生”征文比赛等形式进行宣传，重点突出国家的档案法律法规政策和民生档案的宣传。在全县开展“档案与民生”征文比赛，共征集参赛作品21篇，评选出一、二、三等奖。积极参加市局“档案与民生”“曾三与新中国档案事业体制发展”等主题征文活动，选送优秀档案论文22篇。

【《中国共产党株洲县历史（1921—2008）》顺利发行】 《中国共产党株洲县历史（1921—2008）》一书历时十年，在年内全面出版发行，共发行1200余册。争取到县委组织部、县委宣传部的支持，将《中国共产党株洲县历史（1921—2008）》列入“两学一做”学习教育活动必读书目之一，副科职以上领导干部人手一册，各级党委、总支、支部组织单位干部职工进行认真学习。同年，《中国共产党株洲县历史（1921—2008）》获全省党史部门优秀成果基本著作类特别奖。党史教育刊物《湘潮》发行进入省优行列。　（陈　兴）

中国人民政治协商会议株洲县委员会

【概况】 2016年，县政协坚持团结和民主两大主题，践行人民政协为人民的价值追求，投身“改革创新年、法治建设年、项目突破年”活动，积极履行政治协商、民主监督、参政议政职能，积极推进政治协商规范化、参政议政实效化、民主监督有序化、凝心聚力广泛化、自身建设制度化建设务。县政协换届工作严格按照有关法律法规和政协章程顺利推进，协商产生了来自14各界别的九届政协委员173名，委员综合素质明显提高。

调研献策。年内，政协课题调研组围绕小城镇建设、农村集贸市场转型升级等内容，到县直机关、乡镇和广州等地进行调研，有力推进相关工作的开展。县政协常委会议围绕精准扶贫工作，组织专门班子通过座谈、走访等形式开展调研，撰写的《关于精准扶贫工作的调研报告》被市政协评为优秀调研报告二等奖。

专题视察。年内，对群众文化体育工作、林业工作、县城公交线路设置运营、得志公园建设、土地确权颁证等进行视察。视察前有调查，视察中建议中肯，视察后报告反馈及时。在视察中，委员们提出各类意见和建议40多条，其中不少意见建议转化为推进发展的务实举措。

提案工作。按照“提案求精、立案求准、办案求实”的原则，全年，共征集提案78件，立案57件，立案率73.1%，转来信处理5件、社情民意2件，并案14件。提案办结率、见面率、满意率均100%。5月，对《强化城市污水排放治理的几点建议》《加强合乡并村资产管理的几点意见》等6件重点提案，县政协主席会议成员到涉及的9个承办单位进行协商督办。以加强食品监督管理为主要内容，举办第三期电视问案，通过媒体监督与群众监督的有效结合，帮助相关部门发现监管中的不足，帮助消费者识别并远离问题食品，促进全县食品监管工作的提升。

民主评议。本着“促工作是目的、找问题是重点、抓整改是关键”的原则，对县交通运输局、县教育局、县经济科技信息化局开展民主评议。通过评议小组的走访调查活动，收集整理委员和群众对被评议单位的建议和意见400多条。三个单位做到面对问题不找理由、整改落实不讲条件，以民主评议推动部门工作上台阶。8

月31日，县政协召开民主评议工作测评大会，与会的60名政协委员和基层群众代表从工作理念、工作职能、工作作风、工作成效等三个方面进行评议，三个单位得分均在93分以上，全部获得民主评议工作优秀单位称号。

社情民意。全年，共收到委员报送加强文化设施建设、道路改造、农贸市场转型升级、统筹美丽乡村建设等社情民意30多条，向市政协上报社情民意信息8篇，刊发《渌湘社情民意》3期，促进了民生问题解决。

宣传工作。充分利用网站、报刊、电视等媒介，及时报道工作动态，宣传委员风采。年内，组织委员和政协工作人员，在《湘声报》《湖南政协》《株洲日报》等省、市报纸杂志和政协网站刊发稿件50多篇。《湘声报》以《真评实议出成效》为题，报道了株洲县民主评议工作。

【县政协八届五次全会】 1月28日至30日，县政协第八届委员会第五次全体会议在渌口召开。会议听取和审议了政协株洲县第八届委员会常务委员会工作报告，以及政协株洲县第八届委员会常务委员会关于八届四次全会以来提案工作情况报告。会上，宋鸥等十一位政协委员围绕小城镇建设、松西子及梅子湖片区开发、食品监督管理、农民专业合作社、民办教育、农合制度等内容作了参政议政发言。全体委员列席了县十一届人大六次会议，听取并协商政府工作报告、书面协商计划、财政、人民法院和人民检察院的工作报告。会议增补政协株洲县第八届委员会副主席1名、秘书长1名、常务委员6名。县委书记谭润洪出席八届五次全会并讲话。

【县政协九届一次全会】 11月26日至28日，县政协第九届委员会第一次全体会议在渌口召开。会议听取和审议了政协株洲县常务委员会工作报告、县人民政府工作报告，选举产生政协株洲县第九届委员会主席、副主席、秘书长、常务委员，协商了县人大、县人民政府、县人民法院、县人民检察院领导候选人。县委书记罗绍昀出席九届一次全会并讲话。

【编撰《同心向前》画册】 为全面反映八届政协的履职成效，县政协策划编写《同心向前》画册。画册共收集图片218张，从调研视察、提案办理、联络联谊、委员风采等方面，图文并茂地展示八届政协的特色工作。（黄　娟）

群众团体

总工会

【概况】 2016年，株洲县总工会在编工作人员7人。年内，以服务职工为主线，以“一人一技”培育工程和夯实基层基础为重点，以服从服务县委政府中心工作、提升工会队伍素质和开展职工活动为抓手，努力提升工会工作水平。被评为2016年度全市工会工作红旗单位，全县宣传工作、老干工作先进单位。

加强基层组织建设。新建工会组织25家，发展会员1200人，扩大工会组织的覆盖面。推进工资集体协商工作，指导签订工资集体协商协议65份，涵盖企事业单位324家。加强工会经费征收管理。健全税务、财政代扣代缴机制，建立基层工会经费县总代管体制，超额完成市总下达的经费收缴任务。开展基层工会财务工作检查，规范工会系统财务建设。

创新开展“一人一技”培育工程。全年，共举办培训班5期，培训职工710人。90%的学员实现就业，孵化了立信等两家家政服务公司。“一人一技”培育工程工作经验在全省作书面经验交流。

维权帮扶有影响。年内，筹措资金52万元，开展春节“送温暖”、夏季“送清凉”、金秋助学等一系列职工帮扶活动。组织162个单位的8098名职工参加职工医疗互助活动，将符合条件的劳模纳入职工医疗互助活动，扩大覆盖面。全年发放互助金40.30万元，惠及职工410人。投入资金16.8万元，做好党建帮扶工作，帮助联系村渌口镇高泉村、花园村完善修路、水利等基础设施建设。

活动开展有特色。县总工会组织开展《中华人民共和国税法》、《中华人民共和国工会法》宣传暨职工健步行活动、“五一”劳动奖章和工人先锋号的评选表彰典礼和文艺汇演活动和“中国梦·渌湘美”首届职工美术、书法、摄影作品征集活动以及“渌湘情缘，七夕之恋”单身职工派对交友等大型职工活动。充分展示了全县广大职工爱岗敬业、追求卓越的良好精神风貌。 （朱桂芳）

共青团株洲县委员会

【概况】 2016年，全县共有基层团委21

个，团总支15个，团支部148个，团员数6170人，新发展团员1523人，团员入党数13人。全年，团县委坚持“凝聚青年、服务大局、当好桥梁、从严治团”的工作思路，从巩固团的基础建设、促进青年就业创业、加强思想引领、预防青少年违法犯罪等中心工作出发，团的事业稳步前进。荣获株洲市共青团工作考评一类单位。

夯实基层基础。一是加强基层组织建设。注重传统领域镇团建工作，同时突出非公经济组织和新社会组织团建工作，新建企业团支部等非公团组织。制定《株洲县乡镇2016年度团组织建设工作考核细则》，探索建立科学的工作评价体系。靠前开展“1+100”团干部直接联系青年管理系统培训指导工作，指导全县各级专兼职团干每人至少录入所联系的100名青年姓名、联系方式等信息，并保持经常性互动。二是加强基础品牌创建。推进品牌工作的争创，县政务中心国土局窗口获评“省级青年文明号”，推荐南洲镇、龙船镇参评省、市级“青年之家”，团的基础品牌得到巩固。三是加强团青队伍建设。组织机关干部加强理论学习，学习中共十八大，十八届五中、六中全会和习近平总书记系列重要讲话精神，提高干部理论和业务水平。同时，为纪念“五四”运动97周年，承办“笃行‘两学一做’，推动渌湘发展”青年知识抢答赛，全县30多个单位的100余名青年团员干部报名参加，在全县广大团员青年中掀起学党章党规，学系列讲话，争做合格党员、团员的热潮。

注重思想引领。一是搭建平台。紧跟当前共青团工作新媒体发展形势，借助“青年之声”平台，帮助青年解决在工作、学习、生活等方面的困惑，传导正能量；积极打造“青春渌湘”微信公众号，设置了青关注、青分享等系列推送，有效宣传了工作，凝聚了青年。二是扩大影响。开展以“奋斗的青春最美丽”为主题的座谈会，来自乡镇、县直机关的13名青年干部与与会领导进行互动交流，青年干部结合本职工作岗位，相互交流自己在工作、学习和生活方面的困惑、历程、收获。三是培树典型。推荐创业青年刘芬获评全国农村青年致富带头人称号，推荐向俊获评株洲市农村青年致富带头人称号，选树张晨曦、刘芬、向俊等创业典型，在全县创业青年中起到了很好的带动作用。

形成服务功能。一是推动品牌活动开展。春节期间，开展“青春志愿行，温暖回家路”暖冬行动，在车站组织志愿者为外出务工返乡人员提供行李搬运、路况咨询等服务；在“3·5”学雷锋日，组织开展便民理发、垃圾清扫、健康咨询等公益活动；在“3·12”植树节，组织志愿者参与“功在当代，利在千秋”植树活动。二是服务青年就业创业。与职业中专合作引进新华网创客孵化教育系统暨创客大学项目，于6月19日成立株洲创客大学，第一批培训学员已毕业，能熟练进行电商经营；与邮政储蓄签订友好协议，为创业青年最大限度争取创业贷款政策倾斜；联合县内中小学校，通过举办“三能节”创新大赛，开展学生课外学术科技作品竞赛和创意设计等竞赛活动，在湖南省青少年科技创新大赛中，县一中、五中学生作品《一种智能手机全景自拍杆》《一种双 LED 太阳能光控诱蛾灯》分获省二等奖及株洲市第 36 届“青少年科技创新大赛”一等奖。三是持续关爱留守儿童。在株洲县淦田镇、龙门镇、龙潭镇、朱亭镇 4 个乡镇的 13 个省级贫困村开展“关爱留守儿童，助力精准扶贫”圆梦微心愿活动，通过摸底、人员名单确定、心愿卡收集、认领等前期工作，圆梦留守儿童；与株洲市虹雨社工组织进行对接，探索株洲县“团干+志愿者+社工”的服务模式。开展“暖爱城塘开学季”关爱留守儿童活动；举办“心手相牵，快乐成长”爱心助学第八季活动，以“一期一会”城市体验游为主题，带领株洲县城塘小学品学兼优且家庭贫困的学生代表游规划展览馆、看爱国电影等；启动“青春暖渌湘——留下希望，守住幸福”关爱边远地区留守儿童系列活动，为龙潭小学孩子们带去儿童绘本，让更多贫困留守儿童感受到温暖和关爱。

维护青少年权益。一是全面开展普法教育。针对学生自护教育，以杨得志红军小学、古岳峰镇中心小学为重点，在全县中小学开展“法治宣传进校园”活动，共举办平安自护课 124 堂，消防演练 56 次，知识讲座 45 堂，参与人数达 4000 余人次。二是全面进行禁毒宣传。以“校园无毒、阳光生活”为主题在全县各学校联合开展“全民禁毒宣传月”禁毒知识演讲比赛、签名活动、警示教育等活动，并组织职专禁毒志愿者参加与县公安局一同举办的“6·26”集中宣传活动，发放宣传资料 6000 余份。三是全力推进预防青少年违法犯罪工作。加强对重点青少年群体走访，督促八个乡镇建立了动态工作台账，加大对学生们自护常识的教育，并在全县范围内开设“学自护，暖寒冬”共青团株洲县委员会自护教育小课堂。 （李 杏）

妇女联合会

【概况】 2016 年，株洲县妇联统筹推进城乡妇女发展，以联系妇女、服务妇女、教育妇女、维护妇女儿童合法权益为根本任务，团结和动员全县广大妇女解放思想、更新观念、锐意进取，获得全市妇女工作先进单位、县关心下一代工作先进单位等荣誉，创建市级巾帼现代农业科技示范基地 1 个，获评省级“书香之家”1 户、省“最美湘女”1 名、市级“最美家庭”1 户、文明家庭 3 户、两型示范家庭 1 户、“最美创业”1 个、“最美女性”2 个、最美娘家人 1 人、十佳军嫂 1 人。

主题活动显特色。“三八”节日期间，举办“‘登凤凰仙山、观渌鸿风电’庆‘三八’”百名女干部登山比赛活动，参加比赛活动的女干部有 116 名。“六一”节期间，走访慰问贫困留守儿童和事实无人抚养儿童 50 人，开展“阳光少年”评选表彰，组织 13 个省级贫困村的贫困留守儿童去长沙野生动物园参观，举办“童年‘摄’彩”农村留守儿童摄影培训班，并收集以农村留守儿童为题材的摄影和自拍作品 12 幅，参展株洲市“书香飘万家”暨童年“摄”彩——留守儿童作品展。

关心妇女促发展。一是助推妇女就业。与县人社局联合开展春风行动，搭建劳务对接平台，举办专场招聘会2场，家政培训5期，手工编制培训3期，累计培训328人次，帮助500多名妇女实现就业。二是帮助妇女创业。推动落实妇女小额担保贷款财政贴息政策，为妇女创业发展提供资金支持，合力推进妇女小额担保贷款工作，帮助4名妇女自主创业，带动妇女就业10人。三是推动妇女建功。深入开展“巾帼文明岗”创建活动，创建省级“巾帼文明岗”1个，市级“巾帼文明岗”1个。

关爱儿童办实事。抓好“留守儿童之家”建设，充分利用“六一”活动、“金秋助学”等平台以及招募“爱心妈妈”等形式，打造 “温暖之家”。建立12080名留守儿童的信息库，并针对全县贫困人口中的留守儿童进行摸底造册，与相关部门构建关爱网络。实施“有爱不孤单”孤儿及困境家庭儿童成长陪伴计划，组建株洲县成长爸妈俱乐部，招募成长爸妈志愿者56人，关爱陪伴孤儿及困境家庭儿童21人，开展一对一帮扶。4月，爱心爸妈与自己结对的孩子到朱亭镇林科所开展亲子结对植树活动。

整合资源抓维权。全年接待群众来信来访76件，接待来访群众112人次，案件受理率100%，办结率100%。一是开展禁毒主题活动。组织开展禁毒师资培训、禁毒帮扶活动、蓝结行动、“6·26”禁毒宣传活动和“不让毒品进我家—无毒万家兴”宣传活动。二是增强维权工作实效。完善株洲县反家庭暴力伤情鉴定中心、反家庭暴力庇护中心和婚姻家庭纠纷专业性人民调解委员会各项制度建设，积极建立健全县乡村三级维权网络，与县民政局、县司法局积极联系在全县各镇、村（社区）建立婚姻家庭纠纷人民调解委员会，免费提供法律援助。三是加强法律法规宣传。定期进行普法宣传，以“三八”维权周和法制宣传集中活动为依托，利用电视、板报、培训、五下乡等各种载体广泛宣传，开展法律咨询，共发放宣传资料1.5万余份。

倡导文明促和谐。充分发挥妇女在家庭和社会建设中的独特作用，广泛开展最美家庭、平安家庭、两型家庭、廉洁家庭、最美女性、最美创业等创建评选活动，表彰6名县级“美丽渌湘·最美女性”，成功推荐成功推选湖南省最美湘女1名，株洲市最美家庭1户、株洲市最美女性2名、株洲市最美创业2名、株洲市廉洁家庭2户、株洲市两型示范家庭1户、株洲市最美娘家人1人。完善“两癌”妇女信息库，登记在库的“两癌”患者人数有148人。年内，共向上级妇联争取到“两癌”救助基金两癌救助4批，共计39.9万元，比上年度增加26.85万元。做好行业扶贫工作。县妇联作为精准扶贫关爱留守家庭牵头单位，召开关爱留守家庭专题工作会议，制定《株洲县关爱农村留守家庭工作实施方案》，下发《株洲县精准扶贫关爱留守家庭考核办法》，完善全县留守家庭的资料和信息，动员行业部门、社会各界提供和筹措爱心经费，切实解决“三留”人员的实际困难。做好朱亭镇九都湖村的驻村帮扶工作，指导帮助村上完成市级“妇女之家”的创建，全年，共落实村上帮扶资金3万元。

夯实基础固根基。一是坚持党建带妇建。主动服务基层，开展“下基层、访妇情”活动和“一进二访”工作，实行机关领导干部联系基层妇联组织制度，加强对联系点党建、妇建活动的调研和指导，帮助联系点解决存在的困难和问题。二是人才培养得推进。建立健全女性人才库，配合组织部门做好培养、推荐、选拔女干部和发展女党员工作，启动“渌湘女性·魅力课堂”女干部沙龙，积极组织妇女干部、妇女代表参加省、市、县举办的各种培训班，共计11人次。三是阵地建设显成效。完善“妇女之家”管理，村级妇女之家建设达75%。四是开展“巾帼现代农业科技示范基地”创建活动，创建了市巾帼现代农业科技示范基地1个。 （张洲洋）

工商业联合会

【概况】 2016年，县工商联在职干部职工6人，退休领导干部3人，设专职主席（会长）1名、党组书记（兼非公党工委书记）1名、专职副主席（副会长）2名，兼职副主席（副会长）14人，常委7人，内设办公室。

队伍建设。4月27日至28日，县工商联（总商会）第六届会员代表大会选举产生县工商联（总商会）第六届执行委员会和第六届领导班子。大会选举产生14位企业家代表任县工商联副主席、总商会副会长，选举产生新一届执委47名。坚持每半年完善一次基层商会会员信息更新台账制度，全年新发展会员32名。针对乡镇改革合并后出现的一镇两商会新情况、新问题，完成8个镇基层商会的整合组建工作，做到有人员、有队伍、有场地、有制度、有活动计划。被评为全国和全省“五好”县级工商联单位。

教育培训。创优服务方式，为会员单位培育人才。全年，共组织5批次，参加有关学习和业务培训的有110多人。承办株洲市青商会创业交流会议，组织执委会成员和机关全体人员参加由省惟善经典大讲堂授课“经济新常态与改革创新”和“一带一路，民企走出去”的专题培训班2次。组织18家企业老板参加市联举办“如何做个好老板—创业者学习与员工相处之道”的专题讲座和张友铭讲授的《总裁商业智慧》专题讲座，培育一批推动非公经济发展领军人才。

招商引资。县工商联立足于联络联谊，服务以商招商。如通过依托副主席会员单位正荣房地产企业引荐，引进投资1000多万元的全国连锁花之林——人文茶馆、投资800多万元的全国连锁大碗先生餐饮、洛克健身房，投资1300多万元的嗨乐娱乐城落地中央时代广场。通过异地商会飞地招商，帮助执委企业振兴建材科技股份有限公司引进近千万元的三位一体渣子矿合作项目。 （谭智伟）

文学艺术界联合会

【概况】 株洲县文学艺术界联合会有作

协、书协、美协、音协、舞协、民协、剧协、诗协、摄协、石协共10个协会，有会员1786名，其中市级会员187人，省级会员39人，国家级会员15名。2016年，县文联编印《渌湘》杂志4期，组织开展“文艺进校园、进社区、进乡村”等大中小型采风活动10余次，共接待到株洲县采风创作的省市艺术家30余名。文联系统会员创作各类作品1200余篇（幅）。被县委宣传部评为宣传思想先进工作单位。

3月22日，召开株洲县文联工作会议，参加的会议的有文联全体工作人员以及下属10个协会主席、县文艺骨干以及部分文艺爱好者代表40余人。会议对先进协会、先进个人、《渌湘》杂志的优秀作者予以表彰。

为了贯彻落实习近平总书记全国文艺座谈会精神，进一步繁荣和发展渌湘文艺事业，展现株洲县的好山好水和纯朴民风，县文联从4月开始组织县市画家，开展“渌湘画家画渌湘”系列活动，分春、夏、秋、冬四季组织四次以上活动。6月8日，“渌湘画家画渌湘之春季篇”第一站在龙潭镇，当天创作以龙潭山水为背景的国画、油画作品20余幅。

3月14日，县文联、书协邀请中国书协会员、市书协会副主席陈勇举办书法篆刻知识专题讲座。6月29日，县文联、书协邀请中国书协会员、市书协副主席蒋冰进行书法临帖技法知识专题讲座，参加讲座的达100余人。3月26日，由株洲县舞蹈协会和株洲县教育局联合举办的株洲县青少年艺术之星比赛活动在育红小学举行。此次比赛面向全县幼儿园、小学、初中、高中在读学生，比赛项目有独舞、独奏、独唱、朗诵，分片区初赛，县级复赛。参加复赛的共有1108人，共评出一等奖330人，二等奖338人，三等奖400人。7月6日，县美协组织骨干会员11人到长沙画院美术馆参观长沙理工大学设计艺术学院教授、长沙画院副院长孔凡智的山水画展。7月21日，应县文联邀请，《湘东文化》杂志社彭雪开、郑坚、陈卫华、黄声波一行人来株洲县调研，文联组织本县的骨干会员10余名和《湘东文化》的编辑老师进行零距离交流、座谈。

【谢子元到株洲县讲授《对联的欣赏与创作》】 6月13日，湖南省文联文化产业处处长、省楹联家协会副主席谢子元应株洲县文联邀请到株洲县讲座。从“什么是对联”“对联的源流”“对联分类例赏”“对联的规则”“对联创作的体会”等5个方面讲述《对联的欣赏与创作》。参加讲座的有文联下属10个协会共100余名会员。

【文联会员创作室正式投入使用】 县文联多方筹资，布置了一间约30平方米的会员创作室，方便会员不定期开展书法、美术交流以及文学创作活动。7月5日，举行创作室开笔仪式，邀请著名作家聂鑫森以及市美协主席周伟钊、市书协主席楚石等著名艺术家等20多人以及县级文艺爱好者10余人。共创作书法、美术精品力作30余幅。

【举办纪念中国工农红军长征胜利 80 周年诗联吟唱会】 10月21日，由株洲县老干局主办，株洲县文联下属的夕阳红诗联协会承办的“纪念红军长征胜利80周年诗联吟唱会”在县老干局四楼举行。夕阳红诗协35名会员吟诵以“讴歌长征、缅怀先烈、弘扬精神、再创辉煌”为主题的46首自创诗联作品。会员们合唱毛泽东诗《七律·长征》。

【全县多幅会员作品入展市首届艺术节作品展】 10月10日至25日，由株洲市委宣传部、市文体广电新闻出版局联合主办，株洲美术馆（株洲画院）承办的“株洲首届株洲艺术节美术、书法、摄影精品大赛”在神农大剧院拉开帷幕。株洲县唐惠平、韩冬、周俊敏、泳洲等人作品入展。县美协副主席唐惠平的作品获得美术类优秀创作奖，所有获奖及入展作品都将收录《首届艺术节美术、书法、摄影精品展作品集》。

【县诗协王海静作品获金奖】 县诗协王海静在第十三届天籁杯中华诗词大赛中荣获金奖。此次比赛是由中华当代文学会、诗词世界杂志社、天籁杯中华诗词组委会、北京驰讯文化文化传媒联合举办的一次全国性民间赛事。

【株洲县首届职工美术书法摄影展】 11月22日至30日，由县委宣传部、县总工会、县文体广新和旅游局、县文联联合举办的“中国梦．渌湘美”首届职工美术、书法、摄影展开展。县领导刘美和、何沙、漆帅花、唐志伟出席开幕仪式。此次展览汇集全县艺术工作者和业余爱好者创作的书法、美术、摄影作品110幅。（段淑芳）

科学技术协会

【概况】 县科协机关有编制7个，在岗人员8人，其主要职能：为科技工作者服务；为创新驱动发展服务；为提高全民科技素质服务；为县委、县政府科学决策服务。2016年，县科协对全县“专业技术人才、高技能人才、农村实用人才”开展了一次全面摸底工作，建立科技人才库，同时明确科技人才就是科普的中坚力量。针对青少年科普教育的薄弱环节及株洲县科技教师现状，成立株洲县青少年科普教育协会。年内，通过建设、命名和挂牌的方法，明确科普阵地，发挥其作用。投资10万元，以育红学校为依托，建设株洲县青少年科普教育中心。株洲县渌口镇松西子社区、株洲县金霞优质稻基地分别被市科协命名为“市级科普示范社区”和“市级科普示范基地”，株洲县特种养殖专业技术协会被评为市先进农村专业技术协会。在农技协加挂科普惠农服务站的牌子，发挥农技员普及农技知识的优势。利用传统手段做实“科技活动周”“全国科普日”及下乡赶集日的科普宣传活动，全年，共开展集中宣传12场次，发放各类资料5000余份。探索利用信息技术手段传播科学知识，实现传播方式多样化、内容丰富化、公众参与即时化和服务推送精准化。订购科普宣传屏3块，促进传统科普宣传方式与新兴媒体相结合，进一步提升科普宣传效能。

服务人才有行动。一是召开县科协第三届全体委员会议，传达贯彻全国科技创新大会、两院院士大会、中国科协第九次全国代表大会精神，针对全县科协存在的不足提出今后的工作重点和努力方向，形成广泛的共识。并针对委员提出的意见，拟组建农村实用技术宣讲团和科学健康生活宣传团。二是加强学会建设，让科技人员有归属感。三是加强与统战部门的联系，积极推荐科协界的政协委员。　（周玉珍）

残疾人联合会

【概况】 2016年，株洲县残疾人联合会认真履行“代表、服务、管理”职能，着眼于解决残疾人最关心、最直接、最现实的利益问题，全县办理二代残疾人证7400余人。其中一、二级重度残疾人3927人，残疾人列入低保2404人，五保661人，精准扶贫对象610人。

残疾人康复工作。扎实做好省为民办实事项目（0—7岁贫困残疾儿童抢救性康复）和株洲市“民生100”工程项目（贫困残疾人辅助器具适配）。全县0—7贫困残疾儿童抢救性康复项目任务数20名，实际完成36名。贫困残疾人辅助器具适配项目任务数68件，实际完成91件。开展贫困精神病患者救助项目。为210名贫困精神病患者提供门诊服药救助，为5名贫困精神病患者提供住院医疗救助。进一步加强康复示范站的建设。全县有9个残疾人社区康复站通过市残疾人联合会的验收。年内，在渌口镇和南洲镇依托镇卫生院新建立示范性康复站2个，各项指标达到省辅具中心对基层康复站建设的要求。

残疾人文基宣工作。一是做好日常办证服务工作。年内，全县新增办证人数924人。县残联严格二代残疾人证评定标准和程序做到“公平、公正、公开”，同时优化服务，做到进门“一声问候，一张笑脸，一杯热茶”，尽可能为残疾人提供最舒心的服务。积极开展下乡办证、服务上门活动，办理残疾人证130余本。二是全面完成残疾人信息动态更新工作，为制定“十三五”规划提供依据。根据中国残疾人联合会等12部委通知要求，县残疾人联合会按要求成立动态更新工作小组及办公室，组织各乡镇相关工作人员开展了一期培训班，对全县动态更新工作进行全面部署。共调查残疾人7232人，调查社区139个，完善专职委员信息147人，注销死亡残疾人证354本，完成率100%。三是基层残疾人组织建设进一步完善和规范，社区（村）残疾人协会普遍建立，147名残疾人专职委员活跃在残疾人工作一线，逐步完善了以县残疾人联合会为主导、镇残疾人联合会为骨干、社区（村）残疾人协会为基础的基层残疾人组织建设。四是全国助残日期间，继续开展县直机关单位“一对一”帮扶贫困残疾人活动，助残日当天在淦田镇特困人员互助中心举行“赠轮椅 送温暖”轮椅捐赠仪式，送去辅助器具以及油、米、牛奶等物资，走访慰问特困残疾户。五是积极开展文体宣传活动。利用各种节假日、活动日多渠道宣传残疾人事业。选送优秀的文艺作品参加“残疾人文化周”活动。抓好残疾人体育运动员的筛选与集训工作。

残疾人就教工作。扎实搞好“连千村帮万户”扶贫救助工程。对15户残疾人进行残疾人家庭无障碍设施改造，并根据实际情况，及时与民政局和扶贫办联系，将该村符合低保、五保、精准扶贫和兜底扶贫的对象纳入到相关政策范围。组织残疾人托养服务工作。该项工作是残联2016年六项“民生 100”工作之一，残疾人居家托养对象为150名，机构托养为40名，其中居家托养中由机构服务的对象为100名，另外现金补助的有50名。认真检查全县残疾人托养服务中心和残疾人就业扶贫基地的建设相关工作，主要是查看工作环境，了解在其中工作生活的残疾人对基地服务和工作环境的建议和意见，综合客观环境对三个基地提出建议；查看基地账目，督促基地规范财务，保障上级和本级下拨资金用于残疾人生活和残疾人就业工作。残疾人教育方面，申报贫困残疾人家庭大学生的有5名，特教中专推荐1名。县残疾人联合会及时与教育局衔接，做好残疾人及残疾人子女入学资助。

残疾人就业培训工作。认真组织实施就业援助，实现残疾人多渠道就业。进行残疾人就业登记，适时为残疾人推荐就业、解答政策咨询，全年就业来访登记28人，推荐应聘5人。2月，组织开展“2016年残疾人就业援助月”相关活动，广泛宣传残疾人自立自强典型，鼓励残疾人走上工作岗位，先后组织50余名残疾人参加株洲市残联组织的残疾人就业专场招聘会。鼓励残疾人自主创业，开展创业扶持，对10名自主创业残疾人给予扶持。积极争取政府公益性岗位安置残疾人就业。开展残疾人农村实用技术和职业技能培训、残疾人自主创业培训。一是开展以农村种养殖业为主要内容的农村实用技术培训。联合佳满假肢培训学校开展为期15天的培训进社区活动，培训30人；联合盛康职业技能培训学校开展农村实用技术，培训90人。二是开展各类职业技能培训。联合黄程职业培训学校开展计算机、烹饪技术培训，培训38人；联合株洲市盛康职业技能培训学校开展计算机基础操作技能培训，培训20人。三是残疾人自主创业培训10人，通过市残联牵头，联合盛康职业培训学校，邀请创业指导师、黑山羊养殖专家、湘潭槟榔厂技术专家、农村特色产品等方面的专家对帮扶对象传道授业，有力的提高了帮扶对象的创业能力。

残疾人法律维权工作。为30户贫困残疾人家庭实施无障碍设施改造。开展残疾人机动车燃油补贴申报，申报1522人。享受燃油补贴 260 元/人/年。关心支持残疾人事业的法制环境、社会环境、舆论环境不断改善。《中华人民共和国残疾人保障法》、《中华人民共和国残疾人就业条例》、二代残疾人证、“全国助残日”在群众中的知晓率进一步提高，大家不再用“有色眼镜”看待残疾人；公共场所的无障碍设施日趋普及规范；各种公益助残、阳光行动更丰富。 （姜 鸽）

法 治

政法及综治

【概况】 2016 年，全县政法机关突出服务大局、维护稳定、平安创建、公正司法四个重点，扎实推进平安渌湘、法治渌湘、过硬队伍三大建设，勇夺全省综治先进县荣誉，继续保持“全省平安县”称号。

平安创建有新突破。一是强力宣传。县委、县政府下发《关于株洲县 2016 年平安建设工作的实施意见》，进一步明确任务、强化举措、加大投入。全面安排部署了“平安家庭”“平安校园”“平安医院”“平安村（居）”“平安小区”“平安码头”六大系列平安创建活动。省民调期间，县委共下发督查通报 8 期，印发《共建平安渌湘、共创和谐家园》倡议书 13 万余份。二是强力打击。始终保持对违法犯罪活动的高压态势，通过组织开展“压发案”“破小案”等专项行动，查处行政案件 464 起，破现行刑事案件 235 起，共逮捕 56 人、移送起诉 209 人、行政拘留 292 人、刑事拘留 128 人，抓获逃犯 17 人。全年，共受理各类案件 1633 件，审结 1620 件。三是强力防控。投入 2000 余万元完成“平安城市”视频监控系统第二期工程建设并投入使用，继续推进以片区联动、警地联合、公安联勤、城区单位、镇村夜间巡防为“五位一体”的治安巡防工作，全县刑事案件发案较前三年同期平均值下降 16%。率先在全市高规格建成县社区矫正中心，已全面投入使用，积极开展社区矫正监管安全隐患排查整治专项活动。四是强力整治。加大对辖区旅馆、娱乐等行业场所的安全检查力度，发现并整改安全隐患 25 处。强化对治安重点人员、重性精神病人的管控，落实各项监管措施，维护了辖区治安秩序。强力整治路面安全，查处各类交通违法行为 64879 起，行政拘留 54 人，追究刑事责任 55 人，破获逃逸案件 26 起。寄递物流、护路护线、校园周边环境等专项整治工作均得到上级的充分肯定。

维护稳定有新成效。一是化解有力度。严格执行矛盾纠纷和不稳定因素定期排查、定期报送制度，采取分类化解、定期交办、销号处理的办法，全力化解矛盾纠纷。全年集中开展矛盾纠纷排查 12 次，调处各类矛盾纠纷 1433 起，调处成功 1426

起，调处成功率达99.51%。二是稳控有措施。全年，共查找劝返到市赴省进京上访人员25批200余人次，圆满完成全国“两会”、G20杭州峰会、十八届六中全会、省市党代会等数10个重大活动、历时120余天特护期的信访维稳安保任务。三是处置有成效。不断完善信息预警、应急处置机制，进一步提高突发性涉稳事件的处置能力，妥善处置10余起突发性涉稳事件，避免矛盾扩大和升级。从严打击“非访”和“三堵五闹”违法行为，依法行政拘留17人次，训诫35人次。

服务大局有新举措。一是服务发展。制定出台《关于在全县政法单位开展“两进两联两创”活动的实施意见》，继续推行政法系统领导干部联系企业和项目制度，积极为项目和企业提供法律服务、解决实际问题。在维护市场经济秩序、护航县域经济发展中，共批准逮捕破坏市场经济秩序犯罪嫌疑人4件6人，起诉16件35人。二是服务基层。把加强基础工作、夯实工作平台作为服务基层的重要内容。完成县法院审判大楼建设主体工程，内外装修和智能化建设在进行之中。积极协调参与，驾考中心正式投入使用。在全县政法系统开展“人民满意服务窗口”“人民满意政法干警”评选活动，落实导办服务、首问责任制和一次性告知等举措，县车管所被评为国优车管所。增加了基层单警装备、执法记录仪采集站和办公设施，做到经费、装备向基层一线倾斜。三是服务民生。政法机关领导干部带头深入基层，深入群众，为基层群众提供帮助，为基层建设解决实际困难和问题。检察机关对涉及县内个别重点工程施工过程中违规行为及时予以纠正，维护了法律的尊严，保证了工程项目进度。大力开展法律援助和司法救助，进一步扩大了援救覆盖面。不断完善交通事故调处超市的设施和运行机制，改变以往交警处理交通事故的单一模式，提高了交通事故纠纷的调处成功率。

法治建设有新提升。一是深入开展法制宣传。制定下发《2016年株洲县法治宣传教育工作要点》《2016年法治渌湘建设绩效考核细则》，开展《中华人民共和国宪法》《中华人民共和国反家庭暴力法》专项宣传和农村法治宣传教育月活动。继续深入推进法治乡镇、法治机关、法治学校、法治企业等创建工作。株洲县荣获“2011—2015年全国法治宣传教育先进县”称号。二是切实加强执法监督。认真落实《湖南省委政法委关于加强执法监督工作实施意见》，评查政法单位100件案件，进一步规范执法监督程序，提高执法质量。加大“执法公开”“办案公开”的力度，完善人民监督员制度，组织开展政法单位“开放日”“开放周”活动，自觉接受社会各界和广大群众的监督。三是有序推进司法改革。继续配合中央、省、市相关工作安排，坚持以司法责任制改革为核心，不断深化司法体制改革。积极稳妥推进法官、检察官员额制改革。进一步推进以刑庭、淦田法庭为试点的主审法官责任制改革，严格按上级要求落实立案登记制度改革的相关措施。逐步完善辅警人员的管理和待遇，按改革要求落实人民警察津补贴。 （张智敏）

公　安

【概况】 2016年，株洲县公安局获评全省队伍建设成绩突出集体、全市政法工作先进单位、全市公安工作突出贡献奖并记集体三等功、全市公安机关工作绩效与队伍建设评估优秀单位、全市公安机关治爆缉枪专项行动先进单位等荣誉，综治民调和综治考核成绩名列全市第一。

在强化维稳保安上有作为。全县全年未发生危害国家安全案事件和造成社会影响的群体性事件，社会政治大局持续平稳。一是全力维护政权稳定。积极配合各镇党委政府和相关部门排查化解矛盾纠纷 204起，把问题解决在当地。二是有效开展息访维稳。整理上报维稳类情报信息 78 条，为县委政府和上级公安机关决策提供准确依据。三是妥善处置突发性事件。成功处置因征地拆迁、企业改制、医疗纠纷、交通事故、重点工程阻工等问题引发的群体性事件 32 起，有效处置“5·3”一嫌疑人坠楼死亡、“8·12”一在押人员因病死亡等突发性事件，及时消除可能引发社会不安定的事端。四是扎实做好安全保卫。圆满完成“N107”警卫任务，全县“两会”、株洲市第二看守所69名在押人员转押等大型活动和重要会议保卫任务 25 次。

在推进打防管控上有成效。一是加强侦破打击，提高破案率。全年，共破获现行刑事案件 310 起，查处行政案件 587 起，刑事拘留 135 人、逮捕 59 人、移送起诉245 人，行政拘留 336 人，抓获逃犯 17 人。八类暴力犯罪保持“发一破一”的战果，重点打击事关群众切身利益的多发性侵财犯罪。二是加强巡逻防控，降压发案。全年刑事发案和刑事警情数较前三年平均值均下降 12%。做实人防，采用“四定”巡逻法，城区坚持 24 小时不间断巡逻，农村各派出所日常巡逻和重点时段巡逻相结合。加强技防，投入 550 万元建成平安城市二期工程，在城区安装摩托车 GPS 追踪定位系统，全面实施视频巡逻。三是加强治安整治，消除隐患。深入开展扫黄禁赌、禁毒、净网等专项行动，全县无一处电游赌博场所和涉黄娱乐场所。严格公共安全监管，派出所、治安、交警、消防、监所等警种组织开展了安全隐患大排查大整治专项工作，防止群死群伤治安灾害事故和重特大安全事故的发生。

在夯实基层基础上有突破。一是规范社区警务。优化社区民警警务勤务运作模式，完成全县 13 个警务室规范化建设，加强了基础信息采集，其中采集“三实”信息 35.6 万条。二是完善基础设施。全面升级改造“三台合一”指挥体系，完成了渌口派出所综合警务指挥室、渌口城区治安岗亭，渌口镇社区戒毒（康复）示范点的建设，“两所”建设主体工程也已竣工。三是创新便民服务。深化公安改革，推出简化办证手续、省内异地办证、驾驶证申请人就近考试、网上办理事项等便民利民服务措施。

（苏　乐）

消　防

【概况】 2016年，县消防大队紧扣火灾形势和队伍管理“两个稳定”，全年全县共发生火灾44起，均为一般性火灾事故，无人员伤亡。大队被部消防局评为“先进基层党组织”，被市消防部队评为“先进大队党委班子”“全面建设先进中队”“执勤训练先进单位”“消防监督执法先进单位”；荣立三等功1人，荣获全省消防部队“优秀政治干部”1人，荣获全县“人民满意政法干警”1人、“政法工作先进个人”1人、“公安工作先进个人”1人。

全力打造“现代化公安消防铁军”。围绕“能打仗、打胜仗”唯一标准，大队按照“练为战”的要求，加大实战化训练强度难度，灵活训练模式，将训练场向辖区延伸，着重强化“六熟悉”和实战演练，年内，共熟悉单位300余次，制定完善重点单位灭火救援预案67份，开展消防水源调查和装备效能测试专项活动，建立消防栓档案卡198份，在株洲市消防部队“百日大练兵”实战化比武竞赛活动中荣获第一名。全年大队共接警出动93次，出动消防车128台次，出动人员838人次，抢救被困人员36人，疏散人员154人，挽回经济损失百余万元，确保全县火灾形势的高度平稳。

县委、县政府高度重视消防工作，县委书记、县长多次专题听取消防工作汇报，县委县政府将多种形式消防队伍建设、推广安装简易喷淋、独立感烟火灾探测报警器纳入2016年度全县“十大民生实事”项目，分管县领导多次率队开展消防工作督察，为消防工作提供了强力支撑。县消安委每季度定期召开联席会议，并将联席会议制度执行情况纳入消防安全责任制考核内容。各职能部门集中时间，集中力量，联合对易燃易爆危险品场所、在建工地、福利养老机构、文物古建筑、学校等场所进行专项整治，全年，共召开联席会议4次，开展联合执法20余次。

火灾隐患排查整治。大队把预防重特大火灾作为衡量消防工作成效的根本标准，深入剖析辖区火灾形势，开展今冬明春消防工作、人员密集场所消防安全专项整治、区域性火灾隐患整改、夏季消防安全专项整治等一系列专项治理行动。全年大队共检查单位1476家，发现火灾隐患违法行为1225处，督促整改火灾隐患1169处，下发《责令改正通知书》732份，行政处罚书49份，临时查封单位22家，“三停”单位19家，罚款37.58万元，拘留3人，消除大批火灾隐患，进一步净化了社会消防安全环境。

社会消防宣传教育。大队以贯彻落实消防宣传“七进”工作为重点，策划开展“我是小小消防员”儿童消防作文绘画竞赛、“家平安，我做主”家庭火患自查自纠、消防教育“进军训”、微型消防站比武竞赛、“消除火灾隐患、共建平安社区”119消防宣传月等宣传活动；积极拓展省、市、县三级消防官方微信关注群体，每天提供针对性消防宣教服务；广泛协调社会力量，分层级开展消防从业人员、网格化管理人员、派出所民警、社会福利机构、消防控制室值班人员等群体的消防安全培训；将消防安全知识纳入党政干部、建设领域和中小学安全教育内容。年内，全县共举办各类培训班40余期，发放消防宣传资料10万余份，开展各类宣传活动50余次，进一步提升了群众的消防安全意识。

基层防控力量。大队十分注重多种形式消防队伍建设工作，大队在两年内在朱亭镇、淦田镇和龙船镇建立专职消防队。继续深入推进消防安全“网格化”排查整治，并对全县67个消防安全重点单位实行“户籍化”管理，社会单位的隐患自查、火灾自救等能力不断提升。以城镇社区、派出所、商业综合体、消防安全重点单位等为建队主体，在全县建成40个微型消防站和2个区域联防组织。6月27日，大队联合工业园片区区域联防组织成功进行一次危险化学品泄漏事故联动演练；11月3日，组织开展全县首届微型消防站业务技能比武竞赛，逐步形成消防安全管理长效机制。

（郭　俊）

检　察

【概况】 2016年，株洲县人民检察院忠实履行宪法法律职责，聚焦司法办案，聚焦司法公信，聚焦体制改革，聚焦打造过硬检察队伍建设，在年度工作考核中，有6个部门单项工作进入全市检察机关先进行列，其中法警工作和教育培训工作受到省检察院综合表彰。县人民检察院还获评株洲县文明建设先进单位。

服务经济社会发展大局。严厉打击各类刑事犯罪。对严重危害社会公共安全、治安大局稳定、影响群众安全感的刑事犯罪保持打击高压态势，全年，共受理提请逮捕案件69件101人，批准逮捕39件61人，受理审查起诉案件161件219人，提起公诉128件169人。严惩各类经济犯罪。全年，共批准逮捕各类破坏市场经济秩序犯罪嫌疑人4件6人，起诉16件35人。突出打击中水电新能源风力发电有限公司非法占用农田、株洲县中亿百联投资管理有限公司涉嫌非法集资等典型案件，优化发展环境。承办公安部督办的特大跨国网络传销案件的审查起诉工作，在提前介入、引导侦查工作上积极作为，有效推动案件进展，该案第一批35名被告人已被提起公诉。认真落实县委县政府重大项目任务。在全县征地拆迁百日攻坚行动中，县检察院立案查处征地拆迁领域渎职案件1件4人，移送公安机关6人。采取积极措施化解检群矛盾。充分发挥举报接待中心作用，妥善处理来信来访41件74人，初核2件，开展司法救助1件，保持涉检到省进京“零上访”。县检察院民调成绩位列全市检察机关第一。

强化监督维护司法公正。坚持把法律监督作为首要职能，通过细致、具体、有效的监督措施，让人民群众在每一起司法案件中感受到公平正义。加强立案监督。全年，共立案监督2件2人，督促公安机关对穰某涉嫌容留他人吸毒立案侦查。加强侦查、诉讼监督。追捕漏犯2件4人，追诉漏犯9人，遗漏罪行2件；针对公安机关侦查活动中的违规违法行为提出口头纠正意见15件，书面纠正3件；针对发案单位的制度隐患，发出检察建议7份。加强审判和执行活动监督。共派员出庭支持公诉161件次，提出量刑建议161件次，提出口头纠正意见5件次，书面纠正3件次。成功抗诉衡阳圣康贸易有限公司、黄某单位行贿罪案，取得良好法律效果。公诉部门在业务工作中探索实践总结出“五个一机制”，即“一案一联系、一案一审查、一案一讨论、一案一总结、一案一监督”，该机制被市检察院作为先进经验推介。加强民事行政活动监督。全年，共受理各类民事案件16件，处理息访上诉1件，督促起诉9件，支持起诉4件，办理申请执行监督案件1件，法律审判程序违法监督案件1件，发出再审检察建议2件。

严查腐渎推进廉政建设。积极参与省市侦查一体化。承办常德市原常务副市长卢武福受贿系列案和株洲市中航湖南通用航空发动机有限公司财务部长谭某系列案，为两个专案顺利侦破做出积极贡献。立案查处渎职侵权职务犯罪嫌疑人3件4人，其中包括渌口镇副镇长谢某滥用职权案，为国家挽回经济损失逾百万元。加强侦防一体化建设。改被动预防为主动预防，聚焦扶贫攻坚、国家公共卫生服务项目等重大民生专业资金领域开展专项预防活动，做到端口前移，有效预防。全年向发案单位发出检察建议7份，促进发案单位加强制度建设。贯彻落实“减存量、遏增量”的反腐败工作要求，强化对重点行业和领域的职务犯罪预防，完成预防调查报告2件，开展警示宣传教育5次，提供行贿受贿档案查询196次。加强预防理论研究，在中国职务犯罪预防网刊发文章73篇，数量居全市第一。

通过落实向县委常委会和向县人大定期报告工作、举办“检察开放日”等活动自觉接受各界监督，开通“一网两微一端”，及时发布案件和工作信息，在省市新闻媒体刊发各类稿件714篇。　（文斯佳）

法　院

【概况】 株洲县人民法院下设2个基层法庭和16个内设机构。有编制76个，实有在岗70人。其中，具有审判资格43人，本科学历49人，全日制硕士研究生学历11人。2016年，县法院共受理各类案件2213件，结案2149件，审限内结案率100%，荣获2016年综治民调工作全市法院排名第一。

刑事审判。全年审结各类刑事案件158件，判处罪犯208人。突出打击暴力犯罪、毒品犯罪和多发性侵财犯罪。对涉毒案件一律判处实刑。对醉驾类涉嫌危险驾驶罪案件衡定量刑标准，力求预控醉驾事故的多发状态。稳妥审结社会关注度高、影响力大的株洲县中亿佰联实际控制人陈某某等非法吸收公众存款罪案件。加大刑事和解、刑事附带民事案件的调解力度，最大限度减少对抗。全年刑事和解率、刑事附带民事调撤率均100%。

民商事审判。全年审结民商事案件1310件。认真贯彻“调解优先、调判结合”

的原则，坚持全员调解、全程调解，最大限度地实现服判息诉和案结事了。民商事案件调撤693件，调撤率52.9%。倾力化解婚姻继承家庭纠纷，促进家庭邻里关系和睦；依法稳妥审理劳动争议案件，促进劳资关系的健康稳定；及时审结合同纠纷案件，保障了各方市场主体的合法权益，促进了株洲县经济的健康发展。

行政审判。全年，共审理行政诉讼案件14件。强化诉权保护，公开开庭审理新《中华人民共和国行政诉讼法》实施后首例行政首长出庭应诉案件。对行政机关针对预防和减少行政争议进行了执法培训。积极拓宽行政案件协调和解渠道，使行政相对人与行政机关的行政争议得以妥善处理。

执行工作。全年执结案件657件，执行标的额5567.03万元，为农民工等弱势群体执行兑现700万余元。创新执行方式，作出全省首例查询、扣划支付宝帐号存款的执行裁定。加大惩戒力度，将316名被执行人纳入失信名单，对15名被执行人处以司法拘留和罚款，对3名有执行能力但拒不执行法院判决、裁定的“老赖”以涉嫌“拒执”犯罪移送公安机关侦查。

司法改革。实行民商事审判大分案、全员办案制度。推行主审法官责任制，组建“1名法官+1名法官助理+1名书记员”的审判团队模式。全面落实立案登记制，坚持有案必立、有诉必理。积极开展员额制改革工作。制定《株洲县人民法院首批法官入额遴选工作实施方案》。全院41名法官，35名申请入额，经考核、考试、审查程序，符合入额条件的27名法官经呈报省法官遴选委员会审批，26名入额。

司法公开。充分依托株洲县法院网、官方微博、微信等平台，进一步加大司法公开力度。自觉接受人大及其常委会与社会各界的监督，主动向人大及其常委会报告工作，认真办理建议，坚决执行决议。落实审判公开原则，在法院大厅电子显示屏和院外网发布开庭公告，对依法应公开审理的案件全部公开开庭审理，对审结生效裁判文书均在中国裁判文书网予以公开。全年，共开展“法院公众开放日”活动3次，通过庭审图文直播、同步录音录像等方式公开庭审10余场次，邀请人大代表、社区群众旁听案件庭审6次。

便民服务。加强立案窗口建设，设立集立案、信访、咨询、判后答疑等多功能于一体的诉讼服务中心，开通了远程网上立案、申诉信访、视频接访三大平台，尝试电子邮件、QQ、微信等方式送达诉讼文书。坚持送法上门和送法下乡，在乡村、社区、学校巡回办案10次，法制宣传40场次，发放资料1000余册。（谢　燕）

司　法

【概况】 2016年，株洲县司法局着力推进“平安渌湘”和“法治渌湘”建设，获评全国法治宣传教育先进县、全市司法行政工作考核第一名，民意综合调查名列全市第一、两个中心全面建成并投入运营、“七五”普法取得良好开局。

年内，全县共开展矛盾纠纷排查2388

次，排查出各类矛盾纠纷 1433 起，调处 1433 起，调处率达 100%，调处成功 1426 起，调处成功率 99.51%。婚姻家庭纠纷调解委员会完成“两步走”的筹建计划，实现县、乡、村三级全覆盖。

社区矫正工作局累计接收社区服刑人员 145 人，累计解除 141 人，在册社区服刑人员 201 人。全年接受审前社会调查评估委托 162 件，完成评估 162 件。

公共法律服务中心共接待群众法律咨询 604 人次，办理公证 394 件，开展各类法治宣传活动 120 余次，办理法律援助服务 197 件。

【县法律服务中心投入使用】 根据省司法厅《关于开展公共法律服务中心建设试点工作的通知》以及《关于公共法律服务中心建设试点工作考核验收相关事项的通知》的部署要求，1 月，株洲县公共法律服务中心竣工并投入运行。中心成立后，明确具体负责人和窗口值班人员，实现职责、人员、制度上墙公示，同时依托公证和法律援助窗口承接如法网前台工作。按照市局统一要求，建立律师（法律服务工作者）值班制度，选配专职人员和法律服务人员值班，开展咨询接待工作。同时实现和如法网的实时对接，确保每起咨询或者案件全部录入系统。公共法律服务中心集聚律师、公证、法律援助等多项法律服务资源，按照“一个大门进来，集中受理，分头办理，一揽子解决问题”的办事原则，努力满足全县群众的法律服务需求。

【成立“法润三湘”公共法律服务队】 为更好开展法律服务志愿活动，株洲县司法局成立“法润三湘”公共法律服务志愿者大队，下设人民调解、法治宣传、社区矫正、安置帮教和法律服务五个志愿服务部，招募志愿者 70 余人。局机关提供专门经费保障，专款专用，配齐徽章、服装工作证等。9 月，组织志愿服务队赴淦田镇南塘村和渌口镇大乡村开展主题为“弘扬志愿精神，法治你我同行”的志愿法律服务活动，共发放宣传纸杯 20000 个，免费提供法律咨询 1000 余人次，发放《便民服务手册》和读本 3000 余份。

【“六五”普法获评全国先进】 2011-2015 年“六五”普法期间，在县委、县政府的领导下，全县各级党委、政府、各部门、各单位认真贯彻落实全县“六五”普法规划，大力开展以宪法为核心的普法宣传活动，在广大公民的积极参与和全体普法工作者的共同努力下，圆满完成“六五”普法工作任务。2016 年 5 月份，中共中央宣传部和中华人民共和国司法部向株洲县授了全国法治宣传教育先进县（市、区）荣誉称号。

【民调成绩全市第一】 司法局始终把人民群众的满意度作为衡量司法行政工作是否到位的标尺，对民意调查工作常抓不懈：“抓责任，确保责任到片，责任到村，责任到人；抓宣传，深挖工作亮点，做到及时报道，高质量宣传”。年内，全局开展进集市宣传活动 120 余人次；参与大巡防活动20人次，出动宣传车20多次。在淦田镇南塘村、古岳峰镇岳峰村开展“联村入户”活动，走访群众1000余户，发放宣传资料近1000份、宣传纸杯1000多件，填写征求意见表800多份。在县电视台开办“创平安渌湘，建幸福家园”专栏，录制《平安渌湘》电视节目20余期。在上半年、下半年两次民意调查和全年综合调查中，司法行政机关公众评价和矛盾调处工作两项民调事项均获评全市第一。（王玉秀）

交通警察

【概况】 株洲县公安局交通警察大队下设9个内设机构和4个交警中队，有民警57名，职工7名，其中男民警47名，女民警10名，有党员55名。大队成立于1987年5月，前身为“株洲县交通监理站”，成立时名为株洲县公安局交通警察队，为副科级机构，于1991年更名为株洲县公安局交通警察大队，1997年升为正科级机构。

2016年，全县公安交通管理工作按照以保安全、保畅通、保稳定为主线，以推进社会化管理提效、智能交通提质、基础建设提标为着力点，以打造平安交通、和谐交通、文明交通、法治交通为目标的工作思路。荣获市交警部门绩效评估先进大队、市交警部门执法质量先进单位、县文明建设先进单位、县依法行政工作先进单位、省执法示范单位、省“六五”普法先进单位、事故处理室获得了省一等事故处理岗、车管所获全国优秀县级车辆管理所等荣誉。

突出重点，预防事故，管理水平持续提升。坚持以防事故、保安全为核心，突出重点抓实事故预防工作。一是优化交安社会管理。充分利用派出所协管交通的机制，与派出所建立常态化协作，与派出所民警协同开展交通秩序治理和交通安全宣传，实现各警种的联勤联动，增强执法权威和执行力度。深化延伸交安社会化管理，聘请村书记或村主任为兼职协管员，协助交警中队的工作，乡镇赶集时与交警开展交通维护，走访慰问时与交警开展交安宣传，处理事故时与交警开展事故调解，实现交安管理同治理、同宣传、同化解，有效弥补了警力的不足。二是深化交安宣传教育。以市县电视台、网络、电子显示屏、微信公众号、短信平台等为载体，抓优阵地宣传。以“平安春运”“醉驾入刑五周年”“交通安全进校园”等为内容，抓好主题宣传。以走访、赶集等政法宣传为契机，抓实五进宣传。全年，共向市县电视台报送信息40条，在各类媒体发表信息500篇，在电子显示屏发送宣传标语500余条，在微信公众号刊发信息60期，向驾驶员发送短信5000余条，发放宣传资料3余万份，悬挂宣传横幅60余条。三是强化交安源头治理。认真落实公安部139号令，严把驾驶人考试关；每月以电话、走访等方式对重点驾驶员逾期未审验和重点车辆逾期未年检等情况进行通知到位；每季度以预安方式组织中队开展道路交通安全隐患排查，与县安监、教育、乡镇一道开展春运、校园周边、客货运站场等交通安全隐患排查9次，进客运、货运企业检查22

次，发出限期整改通知书4份，排查安全隐患110处，施划标线1000平方米，设立标志标牌100块，设立凸视镜5处，有效地遏制了交通事故发生。全年，共接处警3486起，受理交通事故1403起，伤401人，死亡上报8人，直接经济损失245万元，无校车发生重大以上交通事故，连续9年没有发生死亡3人以上的特大道路交通事故，交安形势稳定可控。

创新发展，管控结合，管控能力持续提升。以疏堵保畅为核心，继续深化勤务模式，全力抓好交通秩序管理各项工作。一是强化交通维护。深化勤务模式，调优了勤务岗位，改变了督查方式，制定《智能交通指挥调度管理规定》，实施了固定岗、流动岗和监控中心指挥调度相结合的模式，坚持早晚高峰岗、护学岗的站岗执勤，实现对城区交通不畅等情况的及时处置，有效防止道路交通管理中出现空挡、缺位的现象。充分发挥农村交管服务站的作用，组织动员乡镇、村等基层政权组织，开展交通拥堵疏导和交通安全宣传，有效提高农村道路交通管控能力。二是强化秩序整治。坚持不懈地抓好常态整治和集中整治。开展春运秩序、严重交通违法、涉牌涉证、酒驾、摩托车、“治超”和三大整治等专项行动80余次，始终保持交通秩序严打整治态势，有力净化交通环境。全年，共查处各类交通违法行为83476起，其中酒驾148起，醉驾33起，毒驾3起，行政拘留60人，暂扣驾驶证371本，吊销驾驶证38本，追究刑事责任66人。三是强化基层建设。以智能交通提质、基层建设提标为着力点，按期完成平安城市智能交通项目二期建设和淦田四中队改扩建；投入10万元为民警配备或补充单警装备，执法记录仪、信息采集站以及更换了警务通等执勤执法装备，每月对全县监控设施进行维护，对校园周边、县城交安设施进行一次排查，通过正规化建设，有效提升交通科技管控能力和基层实战能力，提优了交安环境。

落实举措，服务民生，服务质量持续提升。以落实《全省公安机关深化改革推进便民利民服务30项举措》为契机，着力提升服务民生、服务发展的水平，切实提升群众满意度。一是窗口服务更加便民利民。以创建国优车管所为标准，完善各项工作制度，落实导办服务、首问责任制和一次性告知等举措，推行车驾管异地换证业务，共为群众办理机动车上户8464辆。其中，摩托车6440台，汽车2024辆。摩托车驾驶证2450本，汽车科目一考试4271人。每天安排专人，负责大队办公区域秩序的维护，严禁中介人员代办车驾管业务；继续以警务回访为抓手，切实改进车驾管业务办理中和“122”接处警过程中存在的问题。车管所被公安部评定为全国优秀县级车辆管理所（全省仅3个）。二是事故处理更加快捷高效。继续推行“122”正副值班备勤机制，在城区，建立事故警和秩序警的联合协作机制，有效提高城区交通事故处置效率。继续做强事故调处“超市”，“超市”成功调解事故1000余起。抓好逃逸事故的侦破，共破逃逸案件35起，破案率100%。运用社会救助基金救助、慰问交通事故致残、特困家庭或垫付救助共 61 户，救助资金达 47.5 万元，事故处理无上访上诉案件。三是服务发展更加主动有为。组织民警抓好节日期间、县域重大社会活动和重点工程项目的交通维护及安全防护工作，确保交通有序畅通。派出专人协调市驾考中心建设。开展政法领导联企业、联项目活动，共联企业、项目 9 个，为企业发展和项目建设提供帮助；办理人大建议、政协提案 7 件，满意率 100%。

从严治警，规范管理。完善执法质量考评、执法监督等制度，制定非现场执法工作规定，进一步规范了非现场执法行为。建立了民警个人执法档案，对民警的执法进行全程跟踪。每周开展一次执法指导，每月开展一次法制检查、制作一期执法通报，每季度对规范执法实行重点考核，严格按照规定考核到位。加强执法记录仪使用，要求每一起执法行为、每一起事故现场有视频图像，确保对民警执勤执法过程的全程监督；聘请人大代表、政协委员及社会各界人士担任警风警纪监督员，主动接受媒体监督、部门监督、群众监督，不断提升服务质量和执法水平。（田小红）

军 事

人民武装

【概况】 株洲县人武部有乡镇基层武装部8个，村级民兵营（连）138个，基干民兵1970人，普通民兵2.62万人。被上级评为“全面建设先进单位”“军事训练先进单位”“安全管理先进单位”“后勤管理先进单位”等。

2016年是深化国防和军队改革的关键之年，人武部党委始终把安全稳定作为支持改革、促进改革的一个基本标准，坚持党委统管，主官主抓，建立健全领导机构，明确责任分工，形成齐抓共管的合力。组织开展“条令月”活动、“百日安全”活动，组织安全常识、安全法规的学习和教育，筑牢安全发展基础。严格人员、车辆和枪弹管理，严密组织各类训练演练，有效预防了安全事故。坚决落实新政新规，不断改进作风，加强财务管理，杜绝了滥用权力、违规接待、违规开支等问题。进一步加强军地联系与沟通，积极网上舆论应对，主动配合地方职能部门做好涉军维稳工作，协助处置各类突发事件，有效维护了部队和辖区安全稳定，为促进改革、推动发展营造良好环境。

年内，县人武部狠抓后勤建设，提高后勤综合保障能力。坚持党委集体理财和主管联审联签制度，着眼“建设全省一流武装部”的目标，按照“有利于军事机关办公、有利于战时动员指挥”的原则，配套完善电脑、显示屏和各类通信网络设施设备。建成“征兵工作信息化系统”不断提高信息化建设水平。

战备训练水平明显提升。人武部党委牢记强军目标，坚持按照打仗的标准搞训练、抓战备，首长机关和民兵预备役队伍“能打仗、保障打胜仗”的能力有效提升。一是整组备案更加科学务实。坚持把民兵预备役整组与作战问题研究、战备方案修订有机结合起来，以作战编成为牵引不断优化民兵结构布局，实现作战任务与编组需求的精准对接。印制下发《基干民兵入队通知书》2000余份，对每一名基干民兵进行注册管理，明确所编入分队、岗位、携带装备和职责要求等，有效解决编兵不实、重复编组等问题。部领导分片深入基层进行指导帮带，投入专项经费加强基层阵地建设，逐分队组织集结点验，有效促进整组备案工作落实，在上级检查中受到好评。二是军事训练更加落实落地。狠抓首长机关训练，坚持每天1小时体能训练，定期组织军事理论、高技术知识和参谋业务学习，体能素质和组织指挥能力得到加强。注重抓实民兵队伍训练，按照时间、人员、内容、效果“四落实”的标准要求，全年，共完成6期民兵分队训练。其中，根据遂行任务需要，组织抗洪抢险分队在跃进水库进行了为期10天的全封闭式训练，邀请地方党委政府和相关部门领导观摩汇报演示。森林扑火分队训练，邀请中南林业科技大学专家进行专业授课，组织实地扑火演练，产生了较好效果。三是遂行任务更加积极高效。注重在使用中强化管理、锻炼队伍，不断提高民兵分队实战能力。全年，共出动民兵分队860余人次，圆满完成了抗洪抢险、森林扑火、应急救援等急难险重任务。其中，大年三十晚上遂行的森林扑火任务，6月16日凌晨4点遂行的打捞渌江水面浮桥任务，10月至11月中旬遂行的神舟十一返回舱搜救备勤任务，都较好体现了全县民兵分队“召之即来、来之能战”的战备水平和综合能力。

征兵任务圆满完成。认真贯彻省、市征兵工作会议精神，严格按照征兵“五率”指标体系考评要求，精细做好征兵各项工作，圆满完成新兵征集任务，其中大学生比例达51%，无退换兵情况。一是深入宣传发动，激发应征热情。充分运用广播、电视、网络等现代传媒和横幅、宣传手册等传统手段，加强兵役法规、征兵政策宣传和舆论引导，形成了踊跃报名应征的浓厚氛围。注重突出重点对象搞宣传，将大学生和参加高考的应届高中毕业生名单下发到各镇，组织基层专武干部、村（组）社区干部、民兵营长等逐一上门入户做工作，帮助适龄青年算好“政治、经济、素质、名誉、机遇、风险”六笔账，把宣传发动做到具体人身上，有效提高了大学生报名应征的积极性。二是从严审核把关，确保兵员质量。严把体格检查关，选准配强体检工作人员，认真组织业务培训；投入专项经费规范体检站设置，全面启用《全国征兵体检信息化管理系统》，严格实行封闭式体检，切实做到体检场秩序正规，标准把握准确，结果真实可靠，信息录入无差错。严把政治考核关，按照初步考查、联合考核、走访调查、综合结论的步骤组织政治考核，注重发挥村组、社区干部和班主任等了解实情的优势，加大对应征青年病史、入伍动机、性格心理、家庭支持程度等方面的考核，确保把更多思想好、身心健康的青年送入部队。严把审批定兵关，严格落实集体审批定兵、全程录像、公开公示的要求，坚持在“双合格”基础上，按照大学生、高中生、初中生的次序择优定兵。严把教育管理关，在杨得志将军故居广场隆重召开批准入伍大会，现场发放入伍通知书和光荣军属牌，组织针对性思想教育，进一步激发光荣感，坚定应征青年入伍信念；新兵入伍后，部领导及时到兵员比较集中的部队进行回访，掌握新兵思想动态，协助部队做好思想稳定和教育管理工作，确保安心服役。三是持续改进作风，营造良好氛围。认真落实“两学一做”学习教育要求，自觉强化纪律约束，保持优良作风，以廉洁征兵、服务人民的良好形象营造征兵积极氛围。坚持公开公正阳光征兵，在能够公开的范围内，及时面向应征对象公开征兵政策、任务、兵员去向、体检、政治考核结果等信息，主动接受监督。坚持热心服务，主动为青年应征提供方便、排忧解难。坚持廉洁守纪，保持正风肃纪的高压态势，通过采取发放廉洁征兵监督卡等方式进行全程监督，杜绝吃拿卡要等不良风气。党管武装创新发展。坚持党管武装，7 月 6 日，县委专题召开常委议军会议，学习贯彻上级指示精神，解决军事机关和后备力量建设重大问题，研究出台《关于进一步加强新形势下党管武装工作的意见》，将党管武装和军民融合的经验做法形成政策规范，有效强化了党对武装工作的政治领导、思想领导和组织领导。积极营造拥军爱军浓厚氛围，将毛泽东早期革命活动纪念地、大革命时期农协会旧址、市级文物保护单位伏波公园，开国上将杨得志故居等红色旅游景点打造成国防教育基地，全县人民的国防意识和国防精神明显增强。解决优抚安置重难点问题，严格按照《退役士兵安置条例》，安置符合条件的 53 名退役士官到事业单位，安置率 100%。为 586 名退役士兵进行免费就业培训，培训率 100%。扎实开展双拥共建和党建帮扶活动，“八一”前夕，县人武部干部职工走访慰问了县部分烈、军属、革命残疾军人、老复员军人及参战退役人员等优抚对象，为他们解决实际困难。（彭　林）

人民防空

【概况】 株洲县人民防空办公室紧扣“战时防空、平时服务、急时支援”的使命任务，以人防与经济社会融合发展为方向，按全国人防机关“准军事化”建设细则要求，严格机关管理，完善并规范机关文书、各类专业档案的分类管理工作，落实档案设施设备建设，高度重视保密工作，认真落实保密工作各项规定，签订保密协议，全年无失密现象发生；株洲县人民防空办公室分别荣获“全省人民防空先进单位”“株洲市人防工作目标考核先进单位”“株洲县档案安全检查和档案年检年审优秀单位”“株洲县政务服务中心 2016 年度红旗窗口”“2016 年度关心下一代工作先进单位”称号。

人防工程建设。按照“严、紧、细、实”的要求，积极采取“宣传、融合、项目、执法”四项举措，不断扩大人防工程建设规模和质量监管。年内，召开全县人防工程安全管理会议，认真部署实施城区老人防设施的维护、整治和监管工作，制定维管制度，签订维管责任状，加强维管检查，发现问题及时整改，加大对新建人防工程的管理。认真履行人防工程质量监督职责，跟踪质量监督在建项目 5 个，地下总建筑面积约 19935 余平方米，县一医院地下医疗救护站竣工，福兴江南、怡景山庄、华新家园、惠天然城市公园项目防空地下室在建设中；经县委县政府研究同意申报，经市办领导批准同意，株洲县投资建设人防战备物资储备库，建设战备物资储备库有利于提升株洲县整体防护能力，增强战时物资供给保障作用，可为战时提供物资供应保障，从而实现有效的战备效益、社会效益和经济效益的统一。此举可实现株洲县人防工程平战结合零的突破，是全县首个单建式平战结合人防工程，标志着县人防工作迈入新的发展阶段。项目建设得到省办、市办领导的高度重视和支持，于12月底动工建设。

人防行政执法。6月15日起，县人防办严格执行湘发改价费〔2016〕405号文件，在湘价费〔2014〕60号文件规定标准的基础上降低20%征收易地建设费，9月1日起执行湘发改价费〔2016〕716号文件，在湘发改价费〔2016〕405号文件规定标准的基础上再次降低20%征收易地建设费，收缴防空地下室易地建设费坚持“以建为主、以收促建，应建尽建、应收尽收、能收不漏”的原则。“人防“结建”审批实现权限法定化、责任制度化、过程程序化、行为规范化、政务公开化。实现人防工程结建“六个同步”，即人防与规划、立项、设计、招标、建设、验收同步进行，环环把关，步步严管，人防所有的审批项目均在县政务服务大厅办结。加大执法监察力度，对城区建设项目进行排查，对不按程序报批的，督促他们尽快办理人防手续。同时，强化服务意识，在切实处理好审批质量和效率的基础上，变坐等办事为主动上门服务，主动收集审批资料，简化内部程序，确保项目在依法行政的前提下以最快速度通过人防审批。年内，县政务服务中心共接受报建项目15个。其中，易地项目13个，工业项目1个，宿舍1处。全面完成县政府制定的征收工作任务。新增人防单建工程1处，为县人防战备物资储备库，面积7004平方米。

人防知识宣传教育。年内，采取多形式、多层次、多渠道的宣传方式，加大人防知识宣传力度。持续开展“五进”人防法律法规知识宣教活动，以大教育达到大了解、大宣传争取大支持、大作为赢得大认同。结合县域文化建设，通过渌湘杂志、电视台、网站、街头电子显示屏和公共汽车宣传窗等手段向社会公众宣传人防知识与人防法律、法规，提高人防工作影响力。全年在县城宣传点发放《中华人民共和国人民防空法》2000余本、《防空防灾安全知识》应急手册2000余册、《湖南省人防工程维护与管理规定》2000余本，通过现场讲解等方式，向市民宣传防灾减灾知识。9月，根据省人防办、省教育厅关于做好《人防小博士》配发工作的通知精神，城区八所学校共配发900本，并要求各学校把《人防小博士》纳入学校科普用书、纳入小学素质教育课程，采取系统学习、主题演讲、征文比赛、板报宣传、应急演练等多种形式，积极争创“人防宣传教育示范学校”；明确由县人防办、县教育局组成联合检查组，加强对各相关学校配发工作的指导和督促检查。人防宣传始终坚持科学性与实用性相结合、理论教学与技能培训相结合、课堂教学与社会实践相结合，贴近群众需求。全年，共上报各种信息53篇，其中，在市办网站刊登18篇，省人民防空网站发表6篇，省国防网站采用4篇，市政府网采用 7 篇，县政府网采用 9 篇。

人防通信警报建设。将指挥信息系统建设、防空警报管理、机动指挥平台、战备值班执勤等工作紧密结合，通过投入小、收效高、时间少效果好的防空疏散、战备拉动、指挥演练、联合联演等模拟化、基地化、实战化的演练，强化真打实备的打仗思想，提高遂行人防应急任务的能力，切实增强指挥信息系统的保障能力。县人防视频指挥通信警报系统每月检查 1 次，每季维护 1 次，其管理责任明确到各警报所在单位和具体管理人员。战备值班 24 小时严格落实，军民融合，人防专业队伍建设投入加大，人防志愿者队伍不断扩大。5 月，县人防办 3 人参加市办组织的赴江西省鹰潭市开展的“株防——2016”机动指挥通信系统跨区联合演练任务。3 月、6 月和 10 月，县人防办组织全体干部和各警报点负责人对城区 10 处警报点的防空警报设施开展第一、第二、第三季度的检查维护工作。按照上级要求，严密组织一年一度的警报试鸣工作，警报鸣响率、覆盖率达 100%，圆满完成“11・1”警报试鸣任务。成功组织县五中 2000 余名师生开展疏散隐蔽演练。 （漆 丹）

经济

工　业

【概况】 株洲县经济科技信息化局有干部职工32人，内设办公室、财务股、法规股（地震办）、经济运行股、中小企业服务股、科技计划股、知识产权股、政工人事股等八个股室，有县电力行政执法大队（副科级）和县信息产业发展中心（股级）两个二级机构。

主要职责是监测工业经济运行，协调运行要素保障；制定工业、科技、信息化发展规划及政策；推进信息化和工业化融合、全县国民经济和社会信息化；指导企业进行资源综合利用、节能减排及技术改造；归口管理全县科技奖励、防震减灾、高新技术管理等工作；处理原经委系统企业改制遗留问题；依法行使电力行政执法权等。

2016年，全县规模工业实现产值132.8亿元，同比增长10.2%，实现规模工业增加值37.4亿元，同比增长8%。实现高新技术产品增加值17.6亿元，同比增长26.7%，高新技术产品增加值占规模工业增加值比重达到46.5%。上报新增规模工业企业10家，成功申报高新技术企业2家，全县高新技术企业达到12家。

把握关键，推进新型工业化。一是抓好经济运行监测。二是做好企业协调服务。三是出台帮扶政策。结合县情制定《株洲县鼓励工业发展的若干规定》《株洲县应急转贷资金管理办法（试行）》，着力培育集群产业、龙头企业。四是培育新的经济增长点。积极对接北汽零部件产业招商、台州汽配客商产业转移等项目考察事宜，加强跟进，做好工业招商推进工作。

创新举措，强化企业帮扶。应用信息化技术深化服务，形成短信推送平台、企业服务QQ工作群、微信服务公众号、局政务服务网站四位一体的信息平台，已发布各类信息1000余条。建立“一企一档”CRM系统（株洲县工业企业信息管理系统）。成立渌湘企业成长学院，参加培训441人/次，为15家企业提供了创业辅导咨询。切实解决企业难题，“企业帮扶年”活动承办67个企业问题，办结率100%，满意率为120.15%。出台《县应急转贷资金管理办法（试行）》，通过开展服务企业“双联”工作，调研走访80余家规模工业企业，收集调查资料500余份，全年，共申报项目47个。其中，经信系统24个，科技系统23个。

多措并举，提升科技水平。一是加强高新技术企业申报指导，帮助洁宇日化、松本药业2家企业成功申报高新技术企业，指导金韦硬质合金、东亚工具2家企业通过高新重新认定，全县高新技术企业达到12家。二是加大知识产权保护力度，组织金韦硬质合金、兆能机电等10余家企业参加全县第一期企业知识产权贯标培训，组织30余家参加专利申请暨知识产权保护专题培训班。完成20件假冒专利案件，并全部登录到国家知识产权网络系统，完成专利申请量164件。三是充分发挥科技人才在农村建设中的引领作用，争取市级科技特派员4名，县级科技特派员4名到企业、到乡镇进行农业科技指导。四是加快创新创业步伐，开展了松西子省级农业科技示范园创建的前期工作，进行“湖南省中药材种植基地示范县”项目申报，指导和推动了乔西农业公司、宇鑫合作社、湘春农业、千明合作社申报了省科技厅“湘渌智慧农业星创天地”项目，该项目国家科技部已备案。五是完善防震减灾工作机制，做好市级防震减灾科普示范学校申报工作，渌口镇排上小学成功通过市级防震减灾科普学校的验收；市级地震宏观观测点重新选址工作进展顺利。六是多渠道进行科技知识宣传，发放各类宣传资料1000余份，防震减灾知识读本200余本。

防治结合，确保行业安全。积极开展安全宣传活动，印发《株洲县农村用电安全宣传整治活动方案》，联合供电公司在全县23个集市开展安全用电定点宣传活动，参加活动人数超200人次，发放安全用电宣传资料4000余份，利用短信平台、微信和QQ工作群等多种方式开展安全生产宣传，发送工作信息60余条，转发有关文件10件，企业、乡镇和村支两委收信超6000条次。二是认真开展安全生产检查，印发《关于开展工业企业安全生产“大排查、大管控、大整治”专项行动的通知》等文件，组织全局干部职工分组对企业开展安全生产检查。扎实做好用电安全隐患整治，组织超过230余人次参加非法用电取缔行动，取缔临时挂钩用电250余处，收缴各类不合格导线2600余米。积极开展联合执法。严格规范行政执法。对危害电力线路设施安全行为按规定立案查处，湖南天禹设备安装有限公司擅自迁移拆卸电力设施，且在限期内拒不改正，县经科局严格按照执法程序开展执法并顺利结案。六是进一步深化电力体制改革，建立电力用户与发电企业直接交易准入目录，切实降低企业用电成本，全县有5家企业通过认定。

关注民生，维护系统稳定。全年，共接访400余人次，化解处理300余起，满意率100%。强化部门联动和机制建设，帮助部分下岗失业人员解决实际问题，抓好下岗失业人员困难救助工作，按照《特困失业人员再救助办法》的要求，救助特困失业人员500余人次。化解重点突出问题到位，对涉军涉稳等重点问题、重点人员，实行“一个问题，一名专人，一套班子，一套方案，一抓到底”，重点做好两会、两节期间的稳控工作，没有引起反弹和越级上访、闹访，杜绝非法上访事件的发生。

【成立渌湘企业成长学院】 株洲县于6月20日成立“渌湘企业成长学院”，整合聚集企业发展所需要的服务资源，为企业提供信息指导、融资担保、创业辅导、人才培训、技术支持、管理咨询、法律咨询、市场开拓等方面的服务，准确定位企业发展所需，强化企业发展要素保障，提升企业核心竞争力。年内，学院成功举办四期企业管理人员培训、二期沙龙活动、一期“税收惠企政策宣导”、一期“资本服务进企业”培训班，培训人数441人，为15个企业提供了创业辅导咨询。建立企业帮扶和服务热线，设立经科微信服务公众号和短信推送平台，及时推送各类惠企政策，发布项目申报指南和受理各类问题诉求，全年，共发布各类信息850条。

【开发株洲县企业信息管理系统】 株洲县经济科技信息化局协同市中小微服务平台，经过一年设计与研发，开发了CRM系统——株洲县企业信息管理系统，于2016年12月份投入试运行。利用该系统可准确反映企业基本情况、年度经营业绩、人才、培训、投融资、科技创新与需解决问题等情况，建立了“一企一档”数据库，把企业情况摸准摸透，力求为领导决策提供第一手资料，为全县企业发展提供更精准的“一企一策”。（石 新）

园区建设

【概况】 2016年，渌口经济开发区完成技工贸总收入134.6亿元，同比增长18.14%；规模工业增加值29.5亿元，增长13.46%；高新技术产值49.04亿元，增长18.01%；固定资产投资53.15亿元，增长23.12%；上交税金2.77亿元，增长18.64%。

年内，全年园区建设项目22个，竣工4个，承担的12个市级重点项目，均取得了较好的进展。12个市级重点项目中，渌湘大道全部建成通车，亚胺薄膜、广源家居项目进展顺利，标准厂房10万平方米主体厂房建成，一号道路、三号道路完成招投标和设计工作，芳纶材料、亿杰电子和西海岸鞋业完成征地拆迁和土地平整，九丰燃气投资主体变更为新奥燃气公司，完成主管铺设。

进一步拓宽融资渠道，加强与金融机构和投资主体洽谈对接，产业公司共融资12.8亿元，其中包括农发行2亿元，中国农业发展银行株洲县支行6亿元，华融湘江银行4亿元，广发银行融资8000万元。

全年引进项目46个（含标厂出售），合同引资资金32亿元，其中过亿元项目4个。签约引进4个单独供地建设的项目，其中，时代新材投资的芳纶材料生产项目占地3万平方米，总投资2.8亿元；山东迪赛机电有限公司投资的年产1.5万吨轨道交通和清洁能源用高端电磁线生产基地项目占地6.7万平方米，总投资3亿元；中盐湖南华瑞新材料有限公司投资的年产10万吨绿色新型建材生产基地项目占地8万平方米，总投资4.8亿元；湖南辉豪电子科技有限公司投资的电子科技产业园项目占地16万平方米，总投资5亿元。园区建设的标准厂房出租出售3.1万平方米，新引进项目8个。（彭 莱）

园区产业

【概况】 株洲渌口经济开发区产业发展有限公司（简称产业公司）属经开区管委会国有独资公司，成立于2005年6月，注册资本5亿元，总资产37.6亿元。2015年，按照株发〔2013〕4号文件精神，产业公司与园区管委会实行政企分离，公司成为园区开发建设的主体，独立开展市场化运作，发展规模逐步扩大。公司内设综合管理部、投融资部、财务部、资产管理部、项目建设部、审计监察部、土地开发部七个部门，下辖株洲渌兴水利设施建设有限责任公司和株洲渌南置业管理有限责任公司两个子公司。

公司承接园区开发建设，负责园区建设的投融资职能，作为园区投融资和经营主体，承担园区建设的资金筹措和相关债务清偿；负责园区土地一级、二级市场开发，引入产业项目，组织土地的报批征拆、储备和挂牌出让；负责园区工业和商住开发建设及园区配套基础设施建设的投资和管理；负责园区资本运营、资产管理经营、实现国有资产保值增值；参与园区项目招商谈判，负责及时供地，保证项目的落地和建设；负责园区标准厂房及安置房的投资、建设、经营。

2016 年，实现融资共计 16.6 亿元，同比增长 63 %，融资平均成本为 6.77%，同比降低 1.63%。其中，公司向农发行融资 2 亿元；向中国农业发展银行株洲县支行融资 6 亿元；向华融湘江银行株洲县支行融资 4 亿元；向广发银行融资 8000 万元；向农业银行融资 3 亿元；向兴业银行融资 7000 万元；农保小额扶贫贷款 1000 万元。

全年实施重点续建项目 4 个，新开工项目 7 个，其中 5 个项目竣工，累计完成投资 2.925 亿元。南洲新区四号道路、五号道路、西海岸土石方工程、兆能土石方工程、湾塘地质灾害治理工程、得志公园东入口牌坊工程已竣工。完工项目有南洲新苑安置小区建筑总面积约 3.2 万平方米、标准厂房建筑总面积约 19 万平方米。全年，共有 7 家企业入驻，分别是株洲湘达金工实业有限公司、株洲坤锐硬质合金有限公司、湖南美酷科技有限公司、株洲华达科技有限公司、株洲拓旗汽车部件有限公司、株洲正源电气有限公司、株洲欣远特种玻璃有限公司共计划投资 3.1 亿元。

土地运营。全年，共批回土地 547686.7 平方米。其中，矿用设备产业化投资等建设项目 65800 平方米，标准厂房安置小区 6266.7 平方米，LED 照明产品产业化建设项目 74620 平方米，南洲新区 01 号道路建设项目 59333 平方米，年产 150 万吨硬质合金建设项目 67666.7 平方米，辉豪电子增减挂钩项目 134000 平方米，湘融服饰产业园项目 140000 平方米。成功挂牌出让土地 478600 平方米，缴纳土地缴纳金 1.8 亿元，土地报批 0.33 亿元。　（任雨佳）

公共资源交易

【概况】 按照省政府办公厅《整合建立统一的公共资源交易平台工作实施方案》（湘政办发〔2015〕95 号）的文件精神和《株洲市公共资源交易平台整合方案》（株公管委〔2016〕1 号）的要求，株洲县新组建株洲市公共资源交易中心株洲县分中心。在 2016 年 7 月底完成各项整合工作，于 8 月 1 日正式挂牌成立。中心成立以来，快速完成机构人员整合，迅速梳理规范公共资源交易业务，全力推进公共资源交易阳光透明建设和公共资源交易服务平台建设，切实加强队伍思想作风建设，实现公共资源交易工作快速平稳过渡和良好开局。中心设办公室、财务股、市场服务股、业务一室、业务二室。

2016 年，中心严格贯彻落实县委、县政府工作会议精神，做好全县基础设施和重点建设工程推进工作，积极参与县重点工程等项目的前期招标准备工作，主动上门为项目业主提供服务，努力提升公共资源交易服务效率。

年内，中心共办理各类项目交易入市登记 52 个，累计完成各类交易 128 宗，交易总额约 88.72 亿元。其中：建设工程招投标共完成交易项目 70 个标段，交易金额 18.26 亿元，节约资金 0.23 亿元，节约率 1.21 %;共组织完成政府采购公开招标项目 8 个，采购金额 42.52 亿元，节约资金 31.6 万元；土地交易方面共计拍挂成交宗地 50 宗、面积 185.39 万平方米、出让价款 27.94 亿元。

全年，共办理投标保证金收退 968 笔，累计金额约 8400 万元。其中，收保证金 525 笔，累计金额 4776.54 万元；退保证金 443 笔，累计金额 3624.86 万元，全年办理投标保证金收退业务实现零差错，并确保在项目中标通知书发放之日起 5 个工作日内办结木中标单位的保证金的转账退还手续。同时，为规范全县招标投标活动，提高招标投标服务，节约投标人投标成本，中心简化了办事程序。一是取消开标前开具投标保证金收款收据事项。开标时投标人凭投标保证金进账单原件及企业银行基本账户开户许可证原件即可参加开标。二是编印《株洲市公共资源交易中心株洲县分中心服务指南》，该服务指南将各类公共资源交易的流程用图表形式体现，简单易懂，让招标单位、代理公司等服务对象能更快了解招投标程序，从而让更多的公共资源交易市场主体自觉入市，自律竞争。

提高服务水平。为进一步加强对株洲县进行备案的招标代理机构的监督管理，规范全县招标代理行为，3 月，中心派人到本市内的代理公司(已在中心进行备案)进行走访，了解代理公司软件、硬件措施，充分听取代理公司意见，为中心在代理公司管理方面提供了更接地气的“一手”信息，也使中心的服务水平得到进一步提高。年内，在中心备案的代理机构新增 9 家，其中 7 家具有甲级资质。

中心严格执行省发改委、省财政厅有关政策，年内两次降低公共资源交易服务费的收取标准，全年为企业减负将近 30 万元。

强化执法稽查职能。为促进招投标交易市场健康持续发展，净化全县招投标市场环境，中心（原县招投标局的执法监管职能）加大对违法案件的查处和对围标、串标问题的打击力度。全年，共立案办理 12 起招投标违法案件，依法对违规业主单位进行行政处罚，处以罚金 114.6 万元，所收罚没款全部上缴至县财政。开展 3 次标后履约检查，对县南洲大道南延段扩宽工程、县渌水二桥（南岸渡口渡改桥）建设项目、县洲坪乡昭陵中学教学楼项目、县污水处理厂配套工程二标段施工（古岳峰)、县堂市乡卫生院改扩建项目等 5 个在建项目的 6 家中标企业履约情况进行了检查。开展标后约谈 10 余次，对县内重点工程进行跟踪检查，确保中标单位诚信履约。

（王　洋）

农 业

种 植 业

【概况】 2016年，全县粮食播种面积35690万平方米。其中，水稻播种面积34150万平方米，旱粮播种面积1540万平方米。有玉米530万平方米，薯类420万平方米，豆类580万平方米，高粱10万平方米。油料作物播种面积3370万平方米。其中，油菜面积2970万平方米，花生面积380万平方米，芝麻20万平方米。粮食总产量24.03万吨，其中水稻总产23.33万吨，平均亩产455.4公斤。全年蔬菜种植面积8933.3万平方米，总产量27.9万吨，总产值6.7亿元，其中商品菜种植面积5500万平方米，总产量22.6万吨，总产值5.54亿元。完成南洲、田园等5个蔬菜基地提质增效885亩。全年棉花种植433.3万平方米，总产值790万元；毛茶产量641吨（其中名优茶0.5吨），茶叶总产值5000万元；花卉种植946.7万平方米，总产值5140万元；各类水果总面积1826.7万平方米，总产量3.10万吨。其中，西甜瓜面积902.7万平方米，产量2.39万吨；柑橘面积224.07万平方米，产量0.18万吨；梨、桃、李、葡萄等时鲜水果面积700万平方米，产量0.5346万吨，总产值达10078万元。

全年乡镇企业完成总产值161.14亿元，销售收入140.60亿元，创造利润42.55亿元，上缴税金1.37亿元。农产品加工企业共计57家， 省级龙头企业3家，其中新增2家。市级龙头企业17家，其中新增5家。实现总产值9.7亿元，完成销售收入8.5亿元，创造利税10939.95万元，建立基地面积45333.3万平方米，带动农户11万多户。省级龙头企业3家，完成总产值2.4亿元，销售收入2.28亿元，实现利润1872万元，上交税金610.9万元。休闲农业稳健发展，全县拥有休闲农庄和农家乐71家，规模以上休闲农庄有19家，其中国家级1家、省五星级1家、省四星级2家、市五星级2家、市四星级1家、市三星级2家。全年接待近48万人次，实现营业收入7034.5万元，同比增长14.9%，创造利润1698.55万元，同比增长15%，带动7000多农户收益，解决2100户农民就业问题。

年内，全县建成了以县农产品质量检测站为中心，镇检测室为骨干，农产品基

株洲县总工会

党组书记、主席　文伟明

团结奋进的领导班子

省总工会党组成员、副主席辛建平到县调研

株洲市“一户一产业工人”培养工程推进会在县召开

“扶贫助学，大爱渌口”毅行活动

全体党员干部、职工学习十九大精神

精准扶贫实现贫困户微心愿

总工会主席文伟明为一线职工送医疗互助金

株洲县畜牧

党组书记、局长　郑光辉

局帮扶人员将全部下乡

团结奋进的领导班子

株洲县首届动物防疫及安全监管技能大比武

产业办组织4名特种水产养殖户赴岳阳市临湘县考察学习

兽医水产局

组织党员干部学习中共十九大精神

党组书记、局长郑光辉带领机关干部走访贫困户

工会主席赵双红在宏夏桥村指导结对帮扶工作

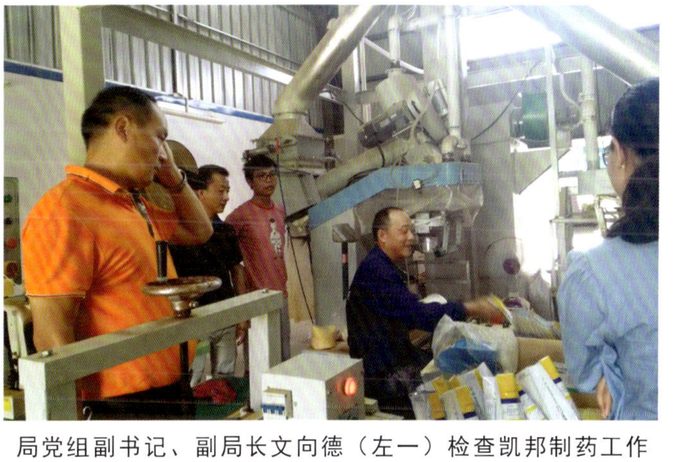

局党组副书记、副局长文向德（左一）检查凯邦制药工作

副局长凌万根介绍生物科学利用中心建设情况

副局长刘瑛对办公室工作做安排

株洲县扶贫开发工作领导小组办公室

市委书记、市人大常委会主任毛腾飞走访慰问贫困户

市委副书记、市长阳卫国到县指导脱贫攻坚工作

县委书记罗绍昀到龙潭镇看望慰问贫困户

县委副书记、县长刘克胤看望慰问贫困户

县委副书记朱江与贫困群众促膝交谈

副县长于大平到淦田镇开展扶贫工作

2017年株洲县决胜脱贫攻坚“百日会战”动员大会

县各单位开展“扶贫济困”支部主题党日活动

株洲县爱心联盟授牌仪式

龙门镇花冲村易地搬迁集中入住仪式

危房改造

县卫生扶贫——签约医生上门进行医疗卫生服务

扶贫助学大爱渌口义行活动

市派驻村帮扶工作队在开展工作

产业扶贫——农产品加工

县光伏扶贫项目

产业扶贫——蛋产品加工

扶贫办干部职工合影

脱贫致富最美笑脸

市委书记毛腾飞一行视察东城大道项目建设

省发改委党组成员、湘西办主任周震虹一行到县督导株洲县中医院门诊住院楼建设项目

全市集中开竣工株洲县现场举行亿杰电子科技产业园开工仪式

市委办副秘书长向平视察紫涵湖温泉小镇

市委督查室主任邓远雄一行到县开展重点项目集中督查活动

株洲县发展和改革局

党组书记、局 长 陈 军

奋发有为的领导班子

局党支部在党建帮扶点龙潭镇龙潭村组织开展“七一”慰问困难老党员活动

邀请2017年结对帮扶村渌口镇蛇头村结对帮扶35户贫困户参加帮扶工作座谈会

局党支部开展主题党日活动

组织全局干部职工开展工会活动

中共株洲县

局长、县委组织部副部长（兼）、县离退休干部工委书记　周平娇

市委老干局局长吴佳辉到县督查离退休干部党建工作

教授赖建明讲党课

离退休党员干部党组织党务骨干培训会

县离退休干部党工委“金秋助学·关爱留守儿童”活动合影

委老干部局

书法展

全体干部职工

团结务实的领导班子

诗词吟唱会

老干部座谈会，为美丽乡村建设建言献策

书法比赛

老干部参观考察美丽乡村建设

开展五个一活动

株洲县工商业联合会（总商会）

主　席　段琳芳

党组书记　何　皓

学习十九大精神暨“企业家活动日”

工商联系统十九大精神培训班

支部主题党日活动

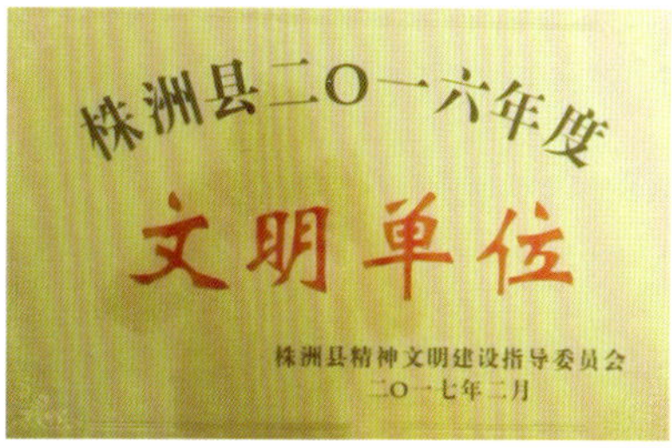

团结创新的领导班子

第六届执委第三小组联谊活动

广东省湖南株洲县商会筹备工作会议

“同心圆梦 · 爱心助学”活动

精准扶贫，结对帮扶

龙门镇商会挂牌仪式

抗洪救灾捐赠仪式

株洲县食品药品工

省工商局副局长强国跃一行到株洲县督查调研

市质监局党组书记、局长刘伟来株洲县调研

传达学习党的十九大精神

“两学一做”学习教育常态化制度化工作会议

检察长凌辉、局长罗铁纯、副局长冯旭光到澳华重工进行调查走访

食品安全事故应急演练

征地拆迁签约

商质量监督管理局

县委书记罗绍昀来局调研

县长刘克胤检查株洲县节前食品安全工作

领导班子：从左至右党委委员、副局长罗伟，党委委员、副局长冯旭光、派驻纪检组长、党委委员文红霞，党委书记、局长罗铁纯，党委委员、副局长叶舜尧，党委委员、副局长刘鹏，党委委员、副局长傅辉，党委委员、副局长侯赛

到官塘村进行扶贫慰问

支部主题党日活动

食品安全宣传周启动仪式

株洲县住房和

县委书记罗绍昀到渌枫大道建设现场，督查重点项目建设

县委副书记、县长刘克胤调研渌枫大道、湘江风光带株洲县段项目建设情况

政协民主评议工作动员大会

企业帮扶工作对接会

古岳峰镇污水处理厂竣工投用

总鸟瞰

城乡规划建设局

住建部对株洲县二次供水工作进行调研、考核

局党委、机关支部进社区“金秋助学”

决胜脱贫攻坚“百日会战”动员会

机关党员集中收看中共十九大开幕会

现场督查工程安全建设管理

现场督导农村土坯房整治

株 洲 县

县委书记罗绍昀一行到渌口镇中学调研

荣获市精神文明单位

湖南省中小学“送培到县”走进株洲县，700余名教师集中“充电”

县教育系统举行首届八段锦比赛

教 育 局

县举行第二十五届中小学运动会

湖南省中小学“送培到县”项目走进株洲县

在全县尊师重教大会上，县委常委与金牌老师颁奖合影

株洲县

县委书记罗绍昀教师节来校慰问

传达学习党的十九大精神

学以致用的政治课堂

引学生入胜的语文课堂

师生互动、浅入深出的物理课堂

株洲县第五中学创建于1968年，1995年被省教委授予首批“湖南省重点中学”匾牌，2004年被认定为“湖南省示范性普通高级中学”。学校占地面积218亩，交通便捷，位置优越，环境优美。学校师资结构优良，力量雄厚。现有特级教师2人、正高级教师1人，省优秀教师、市级学科带头人和县级骨干教师40余人，高级教师70余人。

学校办学质量一直名列全市前茅，高考成绩稳步上升，近年来，4人夺得地区状元，9人考入清华北大，高考二本以上录取率处于70%左右，其中2017年再创新高，高考二本以上录取率达到71.8%。学校已成为学生成才的摇篮，家长满意的学校。

相继荣获“全国消防安全教育示范校”、“湖南省文明单位”、“湖南省文明安全校园”、“湖南省青少年科技发明示范基地”、“株洲市十佳平安校园”、“株洲市全国统考优秀考点”、“株洲市关心下一代先进集体”、“株洲市园林式单位”、“株洲市A级食堂”等荣誉称号。

学校将全面贯彻党的教育方针，坚持依法治校，以习总书记系列讲话精神为指导，以“为社会进步培养人才”为宗旨，紧紧围绕“一个目标、三大建设”办学思路，倾心尽力打造“朴实的校园文化、扎实的德育基础、规范的教学秩序、有效的教学研讨、严谨的后勤保障”五大工程。统一思想、统一意志、团结奋斗、回归本源。抓班子、抓队伍、抓质量，开拓创新、砥砺奋进，不断提升教学质量和办学水平。

学校大门

第五中学

党委书记、校长　吕国祎

学生收看十九大开幕式

以学生积极性为主的自主课堂

家长课堂

学校图书馆

奋力一跳

全力以赴的运动健儿

株洲县龙潭镇

党委书记　谢　娜

党委副书记、镇长　李　战

团结进取的领导班子

神农林下中药材基地

蓝天青山献绿能

县委书记罗绍昀到镇走访调研精准扶贫

县委副书记、县长刘克胤到镇走访慰问贫困户

传达学习中共十九大和十九届一中全会精神

推进“两学一做”学习教育

小品“扶贫那件事”

合唱卢沟谣

株洲县

市委书记毛腾飞到镇卫生院调研

市委副书记、市长阳卫国到名扬农牧调研产业扶贫

县委书记罗绍昀来镇调研指导扶贫工作

学习中共十九大精神

进取创新的领导班子

朱亭镇

委副书记雷绍业到银丹农产品有限公司调研十九大在企业的学习落实情况

市政法委书记杨玉芳到镇调研文化旅游特色小镇建设

党委书记　张　兴

党委副书记、镇长　张建华

省级贫困村长远村风貌

丰富多彩的群众文化生活

文化旅游特色小镇

株洲县龙门镇

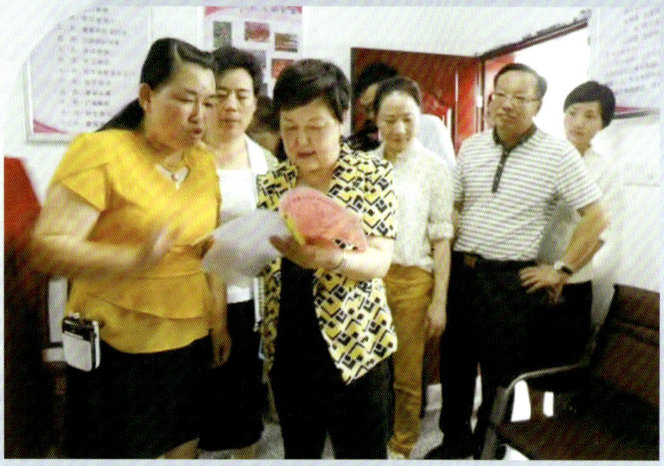

市委副书记雷绍业陪同全国妇联副主席、书记处书记谭琳来镇调研基层妇联组织改革工作

市委常委、统战部长覃万成到花冲村开展脱贫攻坚“三走访”活动

县委书记罗绍昀来镇检查易地搬迁房建设

县委副书记、县长刘克胤来镇督导扶贫工作

传达学习贯彻中共十九大精神

党政联席部署脱贫攻坚工作

党委书记 刘天职

党委副书记 镇长 邹剑勇

水库

鹿茸酒厂

优质水稻基地

花冲村易地搬迁集中安置点

团结进取的领导班子

株洲县淦田镇

党委书记　唐志军

党委副书记、镇长　谭　震

领导班子学习中共十九大精神

淦田镇中心组进行“两学一做”集体学习

县委宣讲团到淦田镇宣讲中共十九大会议精神

党委书记唐志军深入农户家开展精准扶贫

副市长黄芳到淦田镇视察防汛工作

县委书记罗绍昀，县长刘克胤参加特设小镇建设推进情况调度会

县委书记罗绍昀一行到淦田镇中心小学为留守儿童送达节日问候

县委副书记、县长刘克胤一行到镇调研脱贫攻坚工作

县委常委、宣传部长刘美和一行到淦田镇调研

县委常委、统战部长刘奇伟到淦田镇督查信访维稳工作

淦田镇荣获省2016届文明镇称号

县委常委、县人武部部长易运华到镇督查征兵宣传工作

县委常委、县组织部长谭成华到淦田镇调研指导工作

株洲县

省委副书记、省长许达哲到镇考察泗马村重金属治理项目

市委书记、市人大常委会主任毛腾飞，市委副书记
市长阳卫国到镇调研园区和产业发展工作

镇党委书记谭桂平走访贫困户

镇党委副书记、镇长龚麒麟将金秋助学款送到困难学生手

团结创新的领导班子

南洲镇

县委书记罗绍昀考察兆能机电项目建设现场

县委副书记、县长刘克胤到镇检查安全生产工作

全面学习贯彻中共十九大和十九届一中全会精神

和谐大道

二线船闸项目

南洲新区污水处理厂项目施工现场

株 洲 县

党委书记刘占良走访慰问杨梅村贫困户

机关干部捐款15000元，以实际行动为精准扶贫贡献力量

传达学习中共十九大精神

组织镇村干部集中收看中共十九大开幕式

团结创新的领导班子

渌　口　镇

东城大道施工现场

渌枫大道项目部

渌水二桥

紫涵湖项目施工现场

晓岭村组织党员在扶贫产业园帮助贫困户松土种菜，一同学习种养殖技术

株 洲 县

县委书记罗绍昀到镇慰问困难老党员

党委书记　刘文军

党委副书记、镇长　周　文

团结奋进的领导班子

龙 船 镇

传达学习中共十九大专题会议

“两学一做”学习·教育专题党课

省安监局考核组到镇考核安全生产示范乡镇工作

健康扶贫专项调度会

龙船镇新任村干部廉政培训

便民服务中心

湘赤食品加工有限公司

百益嘉基地

株洲县古岳峰镇

县委书记罗绍昀深入向阳村宣讲中共十九大精神

党委书记　何兴旺

党委副书记、镇长　何彩凤

修葺一新的岳峰古寺

传达学习中共十九大精神

党群同心调度会

脱贫攻坚安排部署会

通过组织技能培训，让更多人走上脱贫致富之路

三旺生态农庄

砥砺奋进的领导班子

环境舒适的养老院

株洲县第一人民医院

院　长　瞿　梅

院长瞿梅开展精准扶贫入户帮扶

团结务实的领导班子

县一医院庆祝5·12国际护士节暨第二届“十佳爱岗敬业标兵”表彰大会

荣誉证书

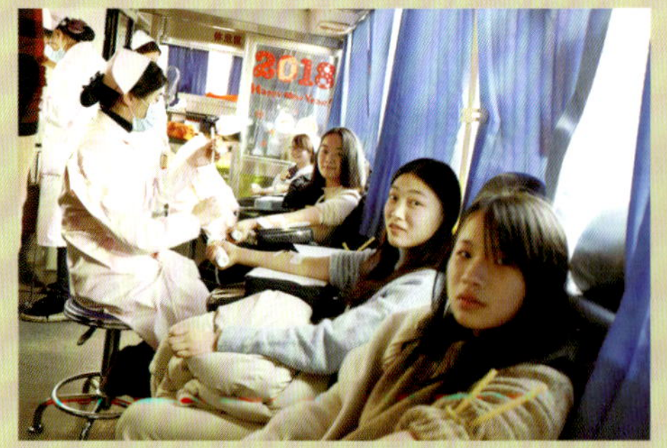

组织无偿献血活动

“大爱人医 情满渌湘”大病救助慈善晚会受捐现场

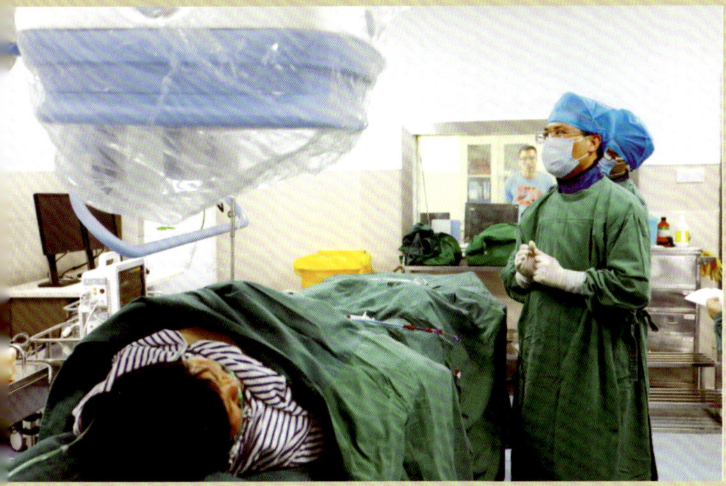

心血管科主任廖德祥在做先心病介入手术准备

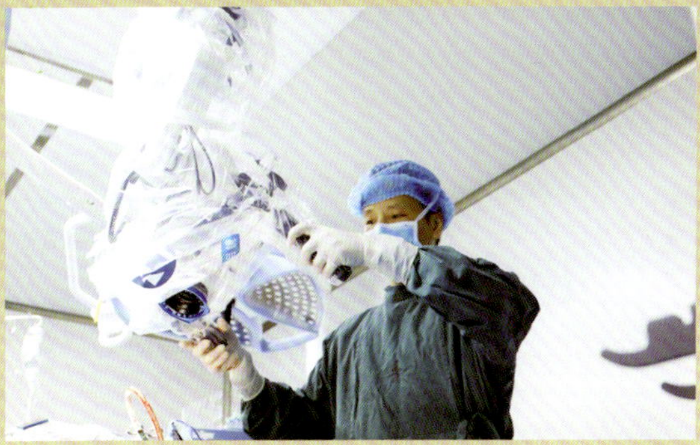

神经外科主任刘文在做脑肿瘤切除手术

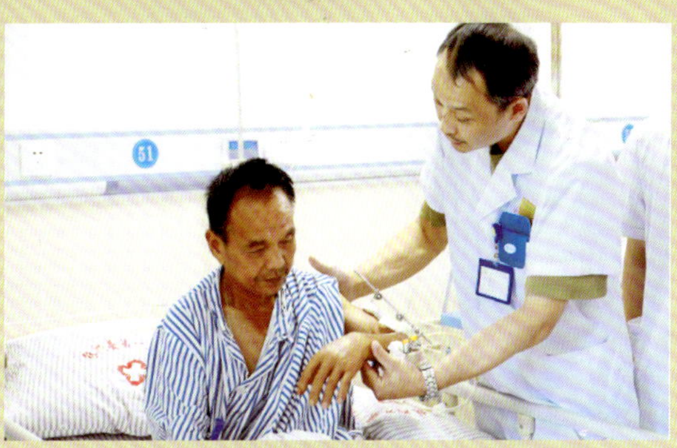

骨科主任谭林为患者进行骨折关节链外固定手术

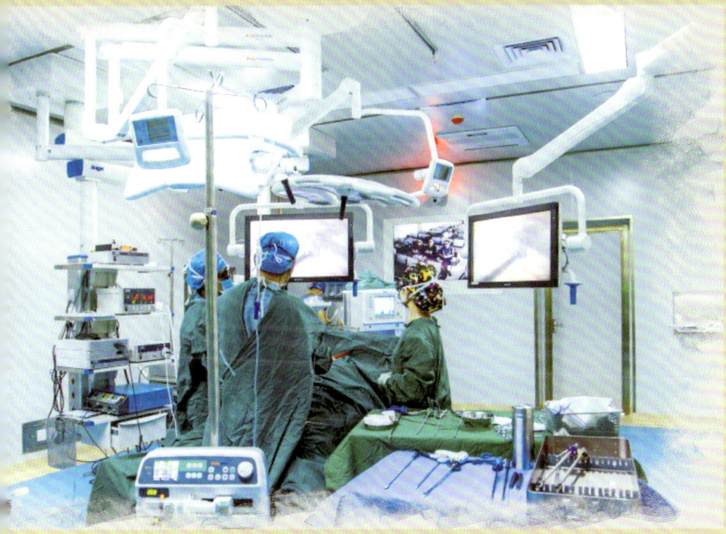

普外科腹腔镜下微创肝脏切除手术

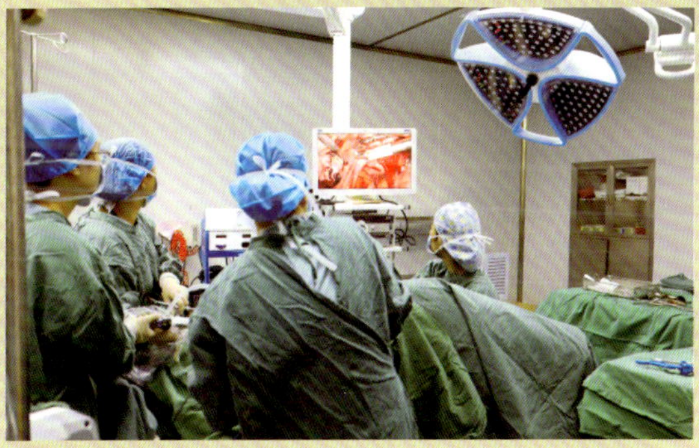

妇产科主任胡素君在做腹腔镜下卵巢癌手术

县一医院庆祝5·12国际护士节暨第二届“最美护士”表彰大会

株洲县中医院

院　长　喻华球

副院长　蔡建君

团结创新的领导班子

帮贫困户采收

天使风采

中药房

学雷锋日义诊

接受国务院第四次大督查第十二督查组组长、住建部副部长倪虹一行人等关于分级诊疗和医疗联合体建设工作的考察

春节慰问五保老人

荣誉墙

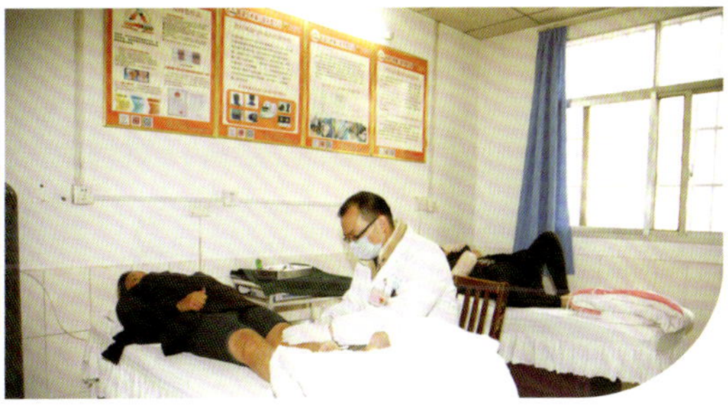

风湿与疼痛三联序贯疗法

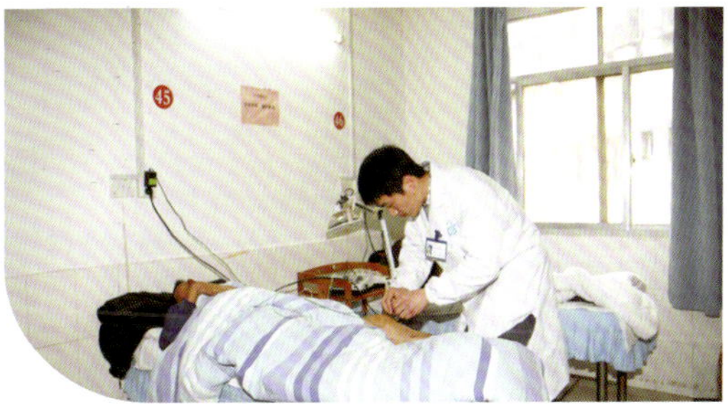

电针

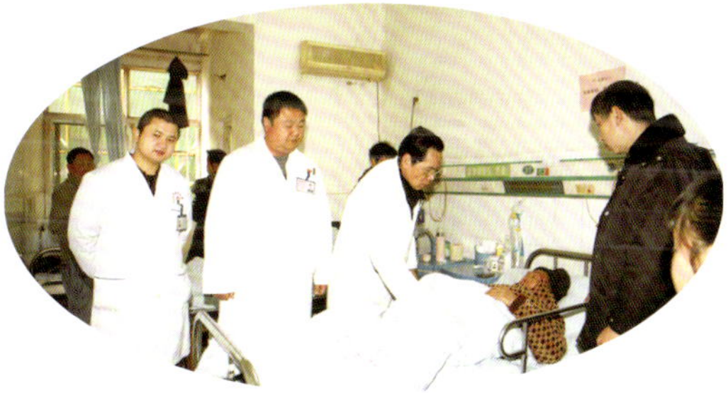

检查病房

中医正骨

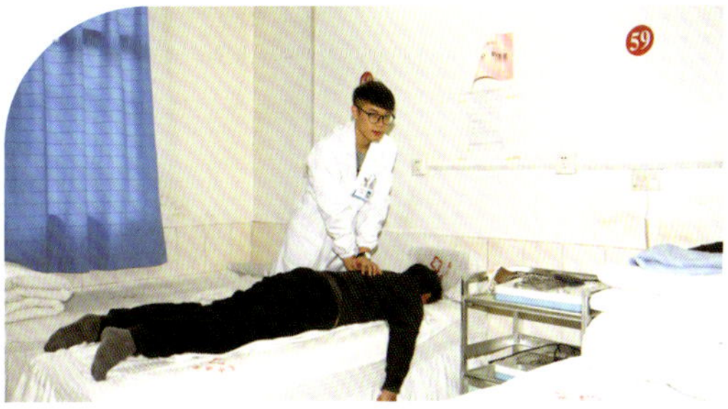

推拿

元宵节义诊

针灸理疗科——省级重点特色专科建设科室

医患齐练八段锦

株洲县渌湘城市

县委书记罗绍昀调研指导东城大道建设项目

县委副书记、县长刘克胤调研指导渌枫大道建设项目

砥砺奋进的领导班子

已竣工的和谐大道及下穿京广铁路

正在施工中的渌水二桥

建设投资有限公司

东城大道施工现场

南延段（首层沥青）

正在施工中的渌口经开区净化中心工程

渌枫大道施工现场

湖南省株洲县妇女联合会

党组书记、主席　侯　骞

2017年6月19日，全国妇联副主席、书记处书记谭琳一行到县调研基层妇联组织改革工作

“巾帼心向党　建功新时代”座谈

2017年3月3日，在省级贫困村——淦田镇南塘村，县举办庆“三八”暨“脱贫攻坚 巾帼同行”捐赠仪式

2017年12月2日，主席侯骞赴朱亭镇九都湖村为当地留守妇女、老人宣讲十九大精神

2017年12月8日，株洲县召开第九次妇女代表大会

2017年5月6日，在惠天然城市公园，举办“踏春 青龙湾”女干部沙龙活动

2017年12月8日，县第九届妇联执委合影

株洲渌口经济开发区产业发展有限公司

株洲渌口经济开发区产业发展有限公司（简称产业公司）属经开区管委会国有独资公司，成立于2005年6月，注册资本5亿元人民币，总资产37.6亿元。2015年，按照株发[2013]4号文件精神，产业公司与园区管委会实行政企分离，公司成为园区开发建设的主体，独立开展市场化运作，发展规模逐步扩大。公司内设综合管理部、投融资部、财务部、资产管理部、项目建设部、审计监察部、土地开发部七个部门，下辖株洲渌兴水利设施建设有限责任公司和株洲渌南置业管理有限责任公司两个子公司。

公司承接园区开发建设，负责园区建设的投融资职能，作为园区投融资和经营主体，承担园区建设的资金筹措和相关债务清偿；负责园区土地一级、二级市场开发，引入产业项目，组织土地的报批征拆、储备和挂牌出让；负责园区工业和商住开发建设及园区配套基础设施建设的投资和管理；负责园区资本运营、资产管理经营、实现国有资产保值增值；参与园区项目招商谈判，负责及时供地，保证项目的落地和建设；负责园区标准厂房及安置房的投资、建设、经营。

即将竣工的18号路

正在建设中的3号路

辉豪电子土石方工程项目

南洲新苑小区

得志公园

株洲县残疾人联合会

理事长　彭春明

团结务实的领导班子

组织学习十九大精神

开展残疾人精准康复服务行动

第二十七次全国助残日活动

县残联流动服务车到古岳峰镇，开展"关注残疾人服务千万家"下乡办证和政策宣讲、防电信诈骗宣传活动

县残联领导上门慰问残疾人创业扶持户

"两学一做"学习

精准扶贫，为唐石坚家购买潜水泵和几十米水管，把水直接从井里抽到厨房的大水缸，解决饮水困难

株洲县经济科技信息化局

首批50家企业集体挂牌仪式

中小企业公共服务平台启动仪式暨县域经济专板服务对接大会

局 长 梁 静

砥砺奋进的领导班子

"两学一做"学习教育常态化、制度化党日活动

传达学习党的十九大精神专题会议

驻浦湾村结对帮扶主题活动

省中小企业融资超市株洲县服务平台授牌仪式

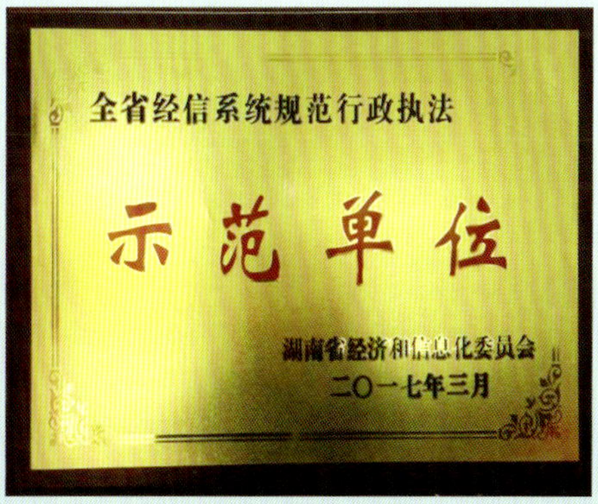

荣获全省经信系统规范行政执法示范单位称号

株洲县公安局

县委书记罗绍昀视察指导公安工作

十九大安保维稳誓师大会

巡逻处突保平安

公安110，为民保安宁

实战演练

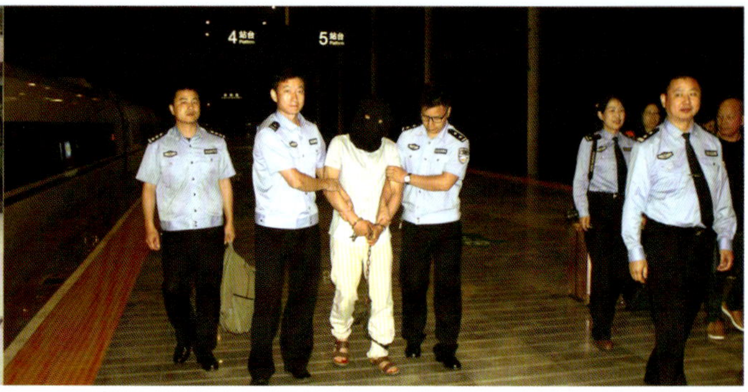

押解“5·2”金店被劫案犯罪嫌疑人回株

株洲县公安局交通警察大队

副局长、大队长　罗　伟

大队被授予“市级文明单位”称号

政委马和平带领干警开展灾后淤泥清扫工作

副局长、大队长罗伟走访慰问精准扶贫对象

民警文明执勤，严格执法

副大队长宋麦庄带领警协人员进集市走访宣传

团结务实的领导班子

株洲县人民检察院

省检察院党组书记、检察长游劝荣亲临院视察护坡险情并慰问防汛抗灾检察干警

各界代表参加检察开放日活动座谈

进村入户走访，与当地村民畅谈了解民声民情

县食药工商质监局检察联络室揭牌成立

挂牌成立全省首个派驻县级河长制办公室检察联络室

开展民事行政检察宣传周活动，为群众解疑答惑

班子成员合影

株洲县人民法院

省高院院长康为民赴县法院考察调研

省高院院长康为民赴县法院新审判法庭施工现场实地察看项目建设情况

县委常委、宣传部部长刘美和为县法院“省级文明单位”授牌

法检“两长”同庭审案现场

法院干警普法宣传为群众释疑解惑

巡回法庭进农户

县法院举行首批入额法官宪法宣誓仪式

院党总支组织开展传承红色文化，践行“两学一做”主题党日活动

中共株洲县委巡察办

十届县委第一轮巡察书记专题会议

十届县委第二轮巡察书记专题会议

县委巡察办主任、副主任和巡察专干

县委巡察办主任肖红国同志在株洲电视台新闻综合频道接受记者采访

一、机构设置情况

1、县委巡察工作领导小组：2017年3月22日，中共株洲县委发文（株县委【2017】4号），成立县委巡察工作领导小组，由县委常委、纪委书记谭伟生任组长，县委常委、组织部部长谭成华任副组长，县纪委副书记、监察局局长曹虎、县委巡察办主任肖红国、县委办常务副主任白繁星（8月，县委办副主任、县机要局局长王娴接任）、县委组织部常务副部长易国林为成员。

2、县委巡察办：2017年3月22日，株洲县机构编制委员会办公室发文（株县编办【2017】9号），设立中共株洲县委巡察工作领导小组办公室，作为中共株洲县委巡察工作领导小组日常办事机构，与中共株洲县委巡视工作联络办公室一个机构、两块牌子，列入县委工作机构序列，设在县纪委，机构规格为正科级。核定行政编制3名，其中主任职数（正科级）1名，副主任职数（副科级）1名。

3、县委巡察组：巡察组承担巡察任务，向领导小组负责并报告工作。已成立2名专职巡察组组长、2名专职巡察组副组长。设立25名非专职巡察组组长、副组长人选库，实行一次一授权，人员与被巡察单位不固定，采取随机抽签的方式决定。

二、工作开展情况

2017年，株洲县已开展三轮巡察，其中第二、三轮为异地交叉巡察，被巡察党组织共8个。巡察组开展个别谈话390人次，受理举报118件，查阅相关资料1940份，发现并移交各类问题线索94条。根据移送问题线索，纪检监察机关立案41人，党纪处分37人，政纪处分4人，移送司法3人，批评教育25人，组织部门组织处理2人，已收缴和清退违纪金额320690元。目前，县首轮巡察整改情况已向党内和社会公开。

中共株洲县委巡察工作动员大会暨2017年度第一轮工作部署会

石峰区委第一巡察组巡察县淦田镇期间走访贫困户

湖南省株洲县地方税务局

县地税局联合县国税局、县财政局在伏波广场举行“税收小问答、扶贫大作为”税收宣传助力精准扶贫活动

县局党组书记、局长韩友林在湖南宾馆接受省委、省政府授予湖南省第六届“人民满意的公务员集体”奖牌

县局召开2017年度地税工作会议

深入一线、精准扶贫

开展红色革命教育的形式庆祝建党96周年

株洲县民政局

省民政厅副厅长杨薇、市民政局局长易湘东来县调研养老事业

党组书记、局长冯卫平带领全体机关党员干部深入龙潭镇龙潭村“结对帮扶”

传达学习党的十九大精神

党组书记、局长冯卫平讲党课

党组书记、局长冯卫平慰问受灾群众

退役军人培训

防灾减灾知识宣传

社会福利中心大门

株洲县林业局

党组书记、局长　彭志中

▶　欧洲投资银行湖南森林提质增效示范项目考察评估组专家Timothy Mark Winters、Adrian Enache、王爱华一行到县进行项目评估，国家财政部处长白昱、湖南省财政厅调研员李清菊、湖南省林业厅外资办副主任梁银辉、邓鹰鸿、省林勘院副总工程师许永恒等人陪同

团结务实的领导班子

市总工会副主席袁建武、县组织部部长谭成华在林业局驻村扶贫点长远村进行扶贫政策宣传

省2017年度国家储备林基地建设生产任务对接会在株洲县召开

进行廉政警示教育

局牵头凤凰山国有林场、军山国有林场和长绿林场与中部林业产权服务（湖南）有限责任公司正式签订林业碳汇项目合作开发合同

党员活动日为贫困户打扫卫生、清理庭院

株洲县水利局

县委书记罗绍昀指导防汛工作

推行河长制动员会

主题党日活动扶贫

结对帮扶开展五个一活动、帮助贫困户搬家

修建后的龙潭水库

建设中的昭陵港工程

开展世界水日 · 中国水周宣传活动

“五四”青年节活动

株洲县城市管理和行政执法局

党委书记、局长刘继伟给全局党员讲党课

班子成员集中学习党的十九大精神

支部开展主题党日活动

慰问贫困户

对违法占道经营进行劝说整治

清扫保洁

县生活垃圾转运站月压缩转运生活垃圾达3000余吨

株洲县房产管理局

省住建厅领导督查棚户区改造工作

市房产局局长边宁一行督查保障房建设

县促进房地产企业发展座谈会

不忘初心，重温入党誓词

走访贫困户

民生工程——半山公馆公租房

班子成员学习中共十九大精神

株洲县公路局

2017年7月23日，副市长何朝晖（右一）陪同国务院第十二督查组指导、督察局治超工作

2017年9月29日，路政大队在全省公路路政管理知识竞赛中代表株洲市荣获第一名

2017年5月22日，省交通运输厅副厅长肖文伟督导局治超工作

“两学一做”学习教育常态化制度化推进会

砥砺奋进的领导班子

组织十九大知识竞赛

高速公路出入口治超执法

给扶贫村村道修会车岛

养护技能大比武

株洲县人民防空办公室

党组书记、主任　田要耕

省人防办法规与稽查监督处到县进行人防行政执法稽查“回头看”

观看中共十九大开幕式

防空警报试鸣日

“两学一做”学习

疏散演练

精准扶贫新轮椅送到贫困户手中

全体机关干部

湖南省株洲县地方海事处

县委副书记、县长刘克胤在渌口汽渡调研

县人大常委会主任罗禧瑰在菜码头调研

处　长　杨献忠

处长杨献忠、副处长周汉雄为四房村贫困户耐心讲解扶贫政策

副县长刘行国考察挽洲渡口安全渡运

宁夏交通厅蒋文斌来县进行立法调研

组织“两学一做”学习教育

市局副局长谢钊，在南阳桥小学发放水上安全手册

组织学习中共十九大全会精神

株洲县农业综合开发办公室

“两学一做”学习

省办验收2016年项目

支部学习

精准扶贫龙潭镇文家村

湘春一般产业化财政补助项目

机耕道

浆砌石引水渠

官塘水库排水渠

深塘加固防渗

株洲县疾病预防控制中心

开拓奋进的领导班子

人体重点寄生虫病现状调查现场

霍乱外环境监测（采集县人民医院污水样品现场）

微生物实验室

装有控温系统的疫苗冷藏库

应急机动队出发处理疫情

株洲县国有资产投资管理中心

2017年国有资产清查数据录入现场

团结创新的领导班子

征拆工作签订合同现场

迎”七一”真情关爱贫困党员

深入企业开展安全生产走访调查

积极组织工会活动，提升机关职工凝聚力

株洲市公共资源交易中心株洲县分中心

株洲市公共资源交易中心株洲县分中心，为县人民政府直属管理的正科级公益一类事业单位，负责全县公共资源交易服务和现场管理，主要职能是：贯彻执行国家、省、市有关公共资源交易活动的法律法规和方针政策；拟订全县公共资源进场交易的技术标准、交易流程、操作规程和现场管理制度；负责全县公共资源交易平台及信息网络系统建设、运行、管理；为各类公共资源交易活动提供场所、设施和服务；负责对参与交易活动的相关人员、中介代理服务机构诚信考评评估；负责组织评标专家抽取，对进场交易项目相关手续及各方主体资格进行查验，组织实施各类交易活动，见证交易过程，管理交易保证金，维护交易秩序等。

分中心内设5个股室，包括办公室、财务股、市场服务股、业务一室、业务二室。通过体制机制建设和信息化手段的综合运用，中心实现了工程建设、政府采购、国有产权、土地矿产、特许经营权等各类公共资源从入市到交易结果公示的全程透明化、规范化管理。

分中心遵循“规范、清廉、高效”的工作理念，坚持″公开、公平、公正、诚实信用″原则，以人为本、服务至上，发扬“团结、奉献、拼搏、创新”的团队精神，不断加强自身建设，不断优化交易市场环境，立足打造阳光交易平台，以高度负责的使命感和责任感，全力服务株洲县域经济社会发展。

主题党日参观学习合影

及时传达贯彻县委十届四次全体扩大会议精神

组织学习中共十九大精神

推进“两学一做”学习教育常态化制度化会议

精准扶贫

湖南省烟草公司株洲市公司株洲县分公司

分公司开展以“在懂得中成长 在岗位中成才”为主题比赛

召开卷烟销售、物流、专卖工作会议

开展全体党员“迎七一支部主题党日”活动

干部职工到古岳峰镇红旗村开展春季党建帮扶植树活动

组织全体员工实地参观株洲市禁毒教育基地

株洲县交通运输局

党委书记、局长　张高峰

“两学一做”学习教育常态化制度化部署会

局班子成员学习中共十九大精神

到龙潭镇砖桥村进行扶贫知识再培训再走访

农村客运招呼站

2017年3月渌口大桥（湘江七桥）正式通车

龙潭镇新燕村安保工程

朱亭镇长远村窄路加宽公路

国网湖南省电力有限公司株洲县供电分公司

总经理　刘云从

团结务实的领导班子：从左至右：副总经理肖新建、总经理刘云从、书记陈贵斌

历时一年，公司圆满完成华新周边地区用电秩序整治。图为株洲公司总经理张治国在现场检查指导整治工作

开展巡视消缺整治，加大违规用电打击力度，2017年杜绝了有责任性的外人触电事故发生，荣获国网湖南省电力公司先进集体荣誉称号

开展10KV线路集中整治活动

公司党总支开展中心组（扩大）集中学习

“简易低压线路排故装置”项目通过省公司群创科技项目验收

共产党员服务队开展帮扶活动

原创《宜将奋勇长作歌》在株洲公司企业文化周上荣获朗读比赛一等奖

株洲县文物局

毛泽东考察湖南农民运动旧址——伏波庙（省级文物保护单位）

大码头闸门

位于朱亭镇、建于清代的福祖桥（市级文物保护单位）

毛泽东考察湖南农民运动旧址——关王庙（省级文物保护单位）

和尚塔（市级文物保护单位）

南岸革命烈士纪念碑（市级文物保护单位）

铜簋于1979年冬在南阳桥乡出土（为湖南省一级文物）

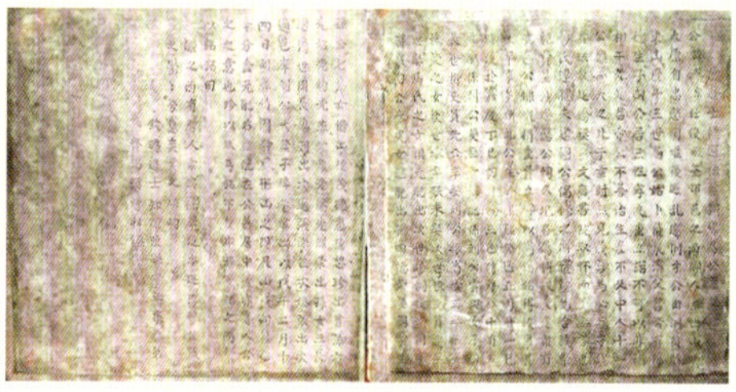

易仕俊墓碑

元至治元年铜权

西汉六乳鸟纹铜镜

珍珠潭摩崖石刻（市级文物保护单位）

南阳桥摩崖石刻墓碑（省级文物保护单位）

元双龙人物故事瓷魂瓶

谭公殿（市级文物保护单位）

株洲县凤凰山国有林场

场 长 葛 江

全体干部职工

县委常委、宣传部长刘美和到凤凰山林场讲解中共十九大精神

"两学一做" 学习教育

务真求实的领导班子

林场主题党日活动

美丽林场

林场树木

渌口镇杨梅村

村党总支书记、村委会主任　张　青

团结务实的领导班子

学习中共十九大精神

生态葡萄园

生态杨梅园

杨梅村位于株洲县渌口镇，紧接株洲县城东部，总面积3.2平方公里，全村有14个村民小组，683户，总人口2537人。全村水田面积1318亩，旱地320亩，2016年人平均收入为20122元。杨梅村党总支共有党员66名。

2017年，杨梅村在加快基础设施建设的同时，进一步创新思路，遵循科学发展、合理规划，大力营造“绿色、安全、生态”的主题形象，着力做强村级农业产业，努力增加居民收入。杨梅村曾被评定为“湖南省新农村建设示范村”、“株洲市文明村镇”和“株洲市科技示范村”。

杨梅村在推进农业现代化、产业化和突出“两型”发展基础上，按照县委、县政府的发展思路，把握重要发展机遇期，按照现代都市农业的发展思路，坚持城乡统筹发展，积极实施管理体制改革，大力推进基础设施建设和产业项目发展。

杨梅村小学

村级卫生所

金宝贝幼儿园

杨梅山庄

中国农业银行股份

团结务实的领导班子

组织员工学习中共十九大精神

积极开展金融知识进校园的活动，把货币知识、储蓄理念带给小朋友们，并教会他们如何识别真假人民币，如何点钞

经常组织青年员工座谈，倾听心声，寄语希望，努力打造一支和谐、向上、拼搏的员工队伍

时刻牢记服务“三农”使命，深入乡村为农民发放惠农卡

有限公司株洲县支行

持续开展“五小建设”工程，改善营业网点员工的生活居住环境，让值守员工感受到家的温暖

各营业网点设立党员示范岗，让党员时刻起到模范带头作用。图为基层一名党员耐心指导老龄客户填写业务单据

定期组织青年员工开展趣味运动会，在运动中促进团结合作，加强交流，增进感情

县农行营业部高举党建旗帜抓管理，实现了党建与业务发展两促进，被评为“省农行先进基层党支部”、“市农行先进网点”。网点负责人王忠于被评为株洲农行优秀共产党员、十佳网点负责人等荣誉称号

中国邮政储蓄银行(株洲县支行)

行　长　刘清平

整齐明亮的服务大厅

热情周到的服务

中国邮政储蓄银行股份有限公司株洲县支行拥有15个营业网点，其中代理网点12个，是株洲县网点覆盖面最广、离“三农”和社区最近的金融服务机构之一，现有职工40人，支行内设2部：综合管理部和综合业务部；下设3个二级支行：支行营业部、迎宾支行和三门支行。

2017年，邮储银行株洲县支行积极承担社会责任，坚决发挥表率作用，积极帮扶中小企业发展，做到不抽贷、不压贷、不延贷，扩大信贷资金有效投放。截止当前，全行新增贷款投放1.54亿元，同比增幅26.7%，连续三年获得县政府颁发的“信贷投放增量奖励”。

同时，邮储银行株洲县支行进一步做好精准扶贫，支持小微企业发展。一是专业团队支持城乡再就业，是株洲县再就业贷款的主承办银行；二是作为工商联企业主合作银行，专业团队积极开展中小微企业大走访活动，送服务上门精准对接提升质量。三是专业团队做好精准扶贫工作，在龙潭镇新燕村建立了金融扶贫站。

一直以来，邮储银行株洲县支行坚持在网点建设、产品创新、普惠金融等方面下功夫，提升客户满意度和认同度。一是财政“惠农补贴”资金承办银行，替政府分忧，做百姓放心的“大众银行”；二是代发全县养老保险金，服务民生工程，做政府满意的“政策银行”；三是持续开展三农金融特色服务、助农取款点建设、农村地区自助机具布放等工作，做社会认可的“便民银行”。

株洲珠江农商银行

经中国银监会湖南监管局批复同意，株洲县农村信用合作联社获准改制为湖南株洲珠江农村商业银行股份有限公司（简称“株洲珠江农商银行”），2017年12月26日株洲珠江农商银行在株洲县举行了隆重的挂牌开业仪式，宣布正式成立。改制后的株洲珠江农商银行将始终坚持“亲农、惠农、富农”的理念，服务“三农”、服务中小企业和地方经济发展，持续创新金融产品、改善金融服务，致力打造成为资产优良、群众认可、股东满意、社会赞誉的现代商业银行。

当前，株洲珠江农商银行内设金融市场部、资产保全部、业务发展部、授信审批部、合规风险部、运营管理部、计划财务部、办公室、人力资源部、党群工作部、安全保卫部、信息技术部、稽核审计部、纪检监察部等14个管理部门，下辖34个支行，从业人员312人。截至2017年12月末，全行存款56.18亿元，贷款12.72亿元。

广州农商银行党委副书记、行长易雪飞为开业致辞

党委书记、董事长白成凯表示致力将株洲珠江农商银行办成资产优良，群众认可，股东满意，社会赞誉的现代商业银行

庆祝株洲珠江农商银行开业的省、市、县领导合影

湖南银监局党委委员、副局长黄向阳（左四），株洲市委常委、副市长田卫军（左三），广州农商银行党委副书记、行长易雪飞（左二），湖南省农村信用社联合社党委委员、副主任徐达华（左五），株洲县委副书记、县长刘克胤（左一），株洲珠江农商银行党委书记、董事长白成凯（左六）启动株洲珠江农商银行揭牌仪式

株洲珠江农商银行大楼

明亮的营业大厅

湖南省株洲县职业中等专业学校

县委书记罗绍昀到学校考察工作

中高职衔接合作办学

迎省示范校验收

创客夏令营开幕式

军训会演

第七届三能节活动开幕式

2016年9月9日教师节合影

株洲县第三中学

组织学习党的十九大精神

教职工代表大会

田方舒老师数学课堂

周茜老师政治课堂

教学楼

摔跤教练杨圣毅和省冠军蔡湘

学校大门

舞蹈表演

株洲县南阳桥中学

团结进取的领导班子

校门

湘江秀水养育神气，炎帝龙脉催生神奇。湘江河畔的育人殿堂——南阳桥中学，她创办于1978年，占地面积34839平米，建筑面积3675平米，绿化率达40%，是一所九年一贯制农村寄宿制学校。学校地处省道S313和S211交汇处，是上将杨得志的故乡。2014年9月24日由中央红办正式授旗授牌为“株洲县杨得志红军小学”。学校区域优势明显，交通便利，距县城仅10分钟车程。校园内绿树成荫、花香四溢，自然和人文环境和谐优越。现有初中教学班12个，小学教学班18个，在校学生1150名，教职工96人。

近年来，投入大量资金进行教学用房、教师周转房、篮球场、足球场配套设施的改造与提升。装配了多媒体教室，一师一机工程，录播厅，校园智能广播系统，微机房、理化生实验室等教学设施，为师生教育教学提供了良好的保障和服务。

学校明确了“关爱、民主、平等，让每一位师生都精彩”的办学宗旨，坚持“以情感凝聚人心，以目标激励人气，以制度规范人行”的管理理念，努力践行“让每一个学生讲文明话、做文明事、成文明人”的育人目标，求真务实，科学管理，真诚服务，取得了骄人的办学业绩，获各类锦旗40余面。学校先后建成为“株洲市语言文字规范化示范学校”、“经典诵读特色学校”、“规范汉字书写教育特色学校”、“株洲市阳光体育示范学校”、“株洲县德育先进学校”、“株洲市素质教育示范学校”、“株洲市课改样板校”、“红色德育”和“六礼三仪养成教育”株洲市百优德育项目、“国防教育特色学校”等。

立潮头任风生水起，举大旗看山高海阔。忆往昔峥嵘岁月，几多耕耘，几多收获，激荡起创业者无尽的豪情。望未来漫漫长途，几多征战，几多辉煌，更张扬起将军后代开拓进取的精神。“把握当下，全力以赴”，我们将抓住教育发展的历史机遇，扬起搏击的风帆，意气风发，朝着更高、更远的目标奋进！

开展专题班会

市第二届清明网上祭英烈启动仪式在校举行

红色校园

参加株洲市公祭日活动

株洲县育红小学

校　长　晏春华

校门

升旗仪式

集会掠影

亮丽的校园环境

荣誉证书

株洲市白鹤小学松西子分校

株洲市白鹤小学松西子分校是一所由株洲市，株洲县两级政府投资兴建的全日制小学，学校地处株洲县松西子社区，占地面积27333.33平方米，校园教学区、运动区、后勤服务区等布局合理，学生宿舍、教师公寓、各种功能室等教学用房齐备。学校现有19个教学班，在校学生936人，现有教师47名，平均年龄35岁，其中市学科带头人2人，县骨干教师5人，县教学能手3人。教师团队年轻、团结，富有创新能力与实干精神。

学校以“天天向上，做最好的自己”为校训，以“让优质教育走入寻常百姓家”为办学宗旨，以“以人为本，追求卓越”为办学理念，以“创办一所现代化、示范性、质量高的窗口学校”为办学目标，着力将学校建成一所优雅活力校园。

学校先后获得“全国青少年校园足球特色学校”“株洲市素质教育先进学校”“株洲市中华优秀传统文化德育项目校”“株洲市平安校园”“株洲市课改样板校”“株洲市中华优秀文化艺术传承校”“株洲市经典诵读特色校”“株洲市语言文字规范化示范校”“株洲市规范汉字书写教育特色校”“株洲县德育工作先进单位”“株洲县课改基地校”“株洲县书香校园”“株洲县体艺2+1示范校”等荣誉称号。

团结创新的行政班子

行启蒙礼 走智慧门

快乐课堂

向上的少年

放飞理想 展望未来

足球梦 中国梦

诵经典 扬美德

华新水泥（株洲）有限公司

水泥生产线

垃圾处置设备

收尘设备

生活区

华新水泥股份有限公司始创于1907年，被誉为中国水泥工业的摇篮，110年来，为国家和地方经济建设作出了突出贡献。华新水泥是国内水泥行业中首家通过GB/T19001—ISO9001质量体系认证的企业，企业资信为“AAA”级，“华新堡垒”为中国驰名商标。北京50年代的十大建筑、北京亚运村、葛洲坝、京珠高速公路，长江中下游数十座公路和铁路大桥、举世瞩目的三峡工程等国家重点工程，均选用华新水泥。1994年，公司A、B股在上海证券交易所上市。1999年，与全球最大的水泥制造商之一的瑞士Holcim集团结为战略伙伴关系。在全国十余个省市及海外拥有150余家分子公司，名列中国制造业500强和财富中国500强，规模稳居国内同业前列。

华新水泥(株洲)有限公司位于湖南省株洲市株洲县龙船镇，地处风光绮丽的湘江西岸边，水运条件优越，京广铁路隔江而望，京珠高速紧邻厂区,国道320，S211等纵横交错。

华新水泥(株洲)有限公司是华新水泥股份有限公司在湖南省株洲市株洲县投资的大型全资子公司,注册资本为3.4亿元人民币，投资预算为15亿元，已于2009年12月19日成功点火生产，年产熟料150万吨，水泥210万吨。主要经营水泥、建材制品的制造与销售、水泥技术服务，产品销售范围覆盖湖南省经济最发达的长株潭城市圈以及衡阳地区。公司实行董事会领导下的执行总经理负责制，建立了行政管理、计划财务、采购、生产、技术、设备维修、矿山、销售等系列管理制度，拥有雄厚的技术力量，全面推行了信息化管理，骨干员工均来自华新集团，有着多年从事水泥生产技术和生产质量管理的经验，人均实物生产率超过5200吨/人·年，达到国际先进水平。

2012年7月9日，华新水泥在湖南省第一个生态环保项目——株洲县水泥窑协同处理生活固废项目，在株洲公司正式启动。该项目总投资8000万元，日处理垃圾量为450吨，于2013年9月正式投产、试运行。据测算，株洲县每天产生的生活固废约120吨，每年需收集处理的生活固废约为6万吨，可完全满足该县乃至其周边地区的生活固废处理需求。这标志着株洲县地区所有的生活固废将进入“减量化、无害化、资源化”处理的新时期，也拉开了湖南省利用水泥窑协同处理生活固废的序幕。

华新水泥“以清洁我们的生活环境，提供信赖的建筑材料”为使命，借鉴和创新世界上最先进的环境服务和环境保护理念，通过采用资源——产品——废弃物——再生资源综合利用的发展模式，使传统的水泥企业向资源节约型、环境友好型快速转型。

装包发运

株洲县档案史志局

党组书记、局长　白繁星

开拓创新的领导班子

省档案局局长胡振荣一行到县走访调研

省地方志党组书记、副主任易介南一行到县走访调研

市档案局局长莫大德到县走访调研

开展主题党日活动，走访帮扶困难户

地速测点为补充的农产品质量安全检验检测体系，检测范围覆盖全县8个镇农贸市场、22个主要农产品基地。在节假日，“双考”期间进行以农产品质量安全为主要内容的质量安全检打联动，对县内重点蔬菜基地进行农产品抽样、农业投入品、田间生产档案的检查与整治。全年，共抽检蔬菜、水果样品17242批次，经农残快速检测合格率达99.7%。全年开展农资质量抽样执法检查，出动执法人员260人次，检查各类农资生产经营单位和门店300个次，全年，共抽检种子30个，肥料10个，农药30个，合格率80%以上；全年，共立案查处8件违法案件，累计罚没金额3万余元，共接受各类涉农投诉50余起，挽回农民直接经济损失30余万元。分析化验土壤样品422个，完成检测项目2532项次。全县已完成“三品一标”农产品累计达49个，打造喷喷香大米、神垅春露等知名品牌。

全县在水稻、蔬菜、柑橘等主要农作物上完成测土配方施肥推广面积38400万平方米，推广配方肥10200吨，举办测土配方施肥技术班52期，印发技术宣传资料13413份，培训技术骨干117人次，培训新型农民4471人次；发放施肥建议卡23050份，免费为78617个农户提供测土配方施肥技术服务；全县共遴选基层农技推广技术指导员55名，技术指导实行包村联户，联系10户科技示范户，科学培育科技示范户550户，覆盖8个乡镇200多个行政村，辐射带动周边农户1.1万户。完成经作种植结构调整1831.4万平方米。

全年，共完成申报中央财政资金项目3个，涉及中央财政资金共1000万元；省农委项目申报24个，涉及省财政资金1013万元；建立扶贫项目库，其中产业精准扶贫项目6个，农业基础建设项目及其他4个，总投资达1.5亿元；参与规划建立“十三五”农林水利重大建设项目库，预计总投资2.3亿元。县财政安排1000万元新农村建设专项资金，全年完成县级美丽乡村建设村8个、人居环境整治村10个、新农村示范片1个。申报大中型沼气项目5个，获批4个，已获批项目国债资金420万元。

年内，全县共有建档立卡贫困村12个，在2015年重新识别确定贫困户3184户9551人，2016年按照省社会兜底保障脱贫对象认定要求，新增纳入贫困户286户715人。全县总体贫困户任务数为3446户10111人，其中，2015年完成脱贫899户2808人，2016年完成脱贫680户1986人，生田、长远两个建档立卡贫困村退出。

（徐　丹）

【经营管理】 株洲县农村经济管理服务站于2015年10月28日与县农业局合并，成为农业局所属事业单位的二级机构。有在职干部职工8人，站内设办公室、农村财务管理股、农民负担监督管理股以及农村土地承包经营权流转服务中心。

2016年，县经管站实现农村土地确权登记颁证工作渐进有序；农村土地流转工作规范有序；农村财务管理、农民减负工作平稳有序；农民专业合作社和家庭农场的引导扶持工作和谐有序的开展。有力促进了全县农业的健康稳定的发展，农民持续增收。有农村土地承包经营权确权登记颁证、农村土地承包经营权流转及仲裁、农经统计、培育发展家庭农场、农业专业合作组织建设等5项工作获得省先进单位。

土地确权。年内，全县农村土地确权工作的机构成立、方案制定、宣传培训、技术招标、资料收集、摸底调查、底图制作、外业调查、内业编辑、张榜公示、农户确认等阶段性工作任务基本完成。县财政局完成确权信息应用平台软件和经营权证书的委托采购；县确权办，技术公司与湖南省第二测绘院已协商好数字正射影像图坐标转换工作。株洲县的土地确权工作在进度、质量方面都处在全市的先进行列。

新型农业经营主体。全县已注册各类农民专业合作社 630 家，新增 177 家；注册家庭农场 41 家，认定家庭农场 337 家。县经管站引导腾飞种养殖农业专业合作社创建省级示范合作社，帮助完善内部机构及场地建设，并争取中央财政扶持项目资金 30 万元，并对全县 500 多家农民专业合作社开展清查摸底。全县成功申报家庭农场项目 20 户，涉及粮食生产面积 290 万平方米，争取省财政补贴 38.68 万元，并对全县家庭农场实地考察，制定株洲县家庭农场认定证书，颁发认定证书 300 余份。

广泛开展土地流转调研工作。全年办理土地流转 430 万平方米，全县累计流转土地 14573.3 万平方米。在 2015 年乡镇合并后，县、镇级农村土承包流转管理服务机构调整为 9 个。镇土地承包纠纷调解委员会 8 个。年内，共举办土地纠纷仲裁调解业务培训班两期。

农村财务管理。年内，县经管站与有关部门配合开展农村集体“三资”管理领域中“雁过拔毛”式腐败问题专项整治行动，各镇开展“三资”清理及村级财务审计，覆盖面 90%以上。制定《株洲县农村集体资产管理意见》，县经管站为龙潭镇紫云村等个村级集体经济组织申报了省级集体经济发展奖励项目，共争取奖扶资金 40 万元。　（杜跃进）

林　业

【概况】 株洲县林业局是县人民政府主管林业行政的职能部门，有在职干部职工 71 人，其中行政编制 24 人，事业编制 47 人。内设 19 个职能部门，下设凤凰山国有林场、军山国有林场等 5 个二级机构。株洲县有林地面积 57753.3 万平方米，主要是以油茶、杉木、楠竹为主。其中，油茶林面积 15773.3 万平方米，杉木林 12833.3 万平方米，楠竹面积 11846.7 万平方米，其他 17300 万平方米。活立木蓄积量 108.9 立方米，森林覆盖率 51.78%。

营林生产。县林业局严把苗木供应关，要求阔叶树种配套比例不低于 30%，年均配套投放的楠木、榉木等珍贵阔叶树种达 100 万株，新造混交珍贵树种 533 万平方米，改培改造杉木林 333 万平方米。工程造林占到人工造林的 60%以上，全年实施荒山造林、退耕还林、油茶专项资金、国家储备林等项目工程造林，得到省林业厅的充分肯定。大力推进村边、水边、路边三边造林，全县完成绿色村庄创建126个，秀美村庄创建3个。朱亭镇荣获“株洲市绿色乡镇”称号。

招商引项。年内，共向省、市争取油茶产业、退耕还林、油茶示范基地、生态公益林等10余个项目，到位资金2813.19万元（不含本级财政安排）。完成福岭木业引进工作并已投产，其生态免漆细木工板项目，填补株洲县木材加工环保类产品空白，预计年产值将过亿元。全县继续推广“国”“企”合作模式，探索民营资本与国有企业合作新形势，盘活国有企业人力和技术资源，调动民营资本积极性。为企业做好服务，主动公开林地审批程序，协助需求企业合理合法获得审批，全年，共完成林地审批91.467公顷。

资源保护。在全县各镇人口密集的集市、学校、重点路段等位置，制作安装森林防火宣传牌100余块。严厉打击涉火涉林违法犯罪，侦破森林火灾刑事案件3起，非法占用农用地刑事案件1起，采取刑事强制措施4人，林业行政案件24起，行政处罚24人，其中查处违规野外用火行政案件8起，行政处罚8人。

【森林禁伐】 3月，株洲县全面实施森林禁伐三年行动，制定出台《株洲县森林禁伐减伐三年行动实施方案》，建立保护管理的长效机制，落实考核责任，签订责任状，将管护责任全面分解到公益林林权单位和个人，实现管护全覆盖，确保管护落到实处。　　（石晶瑶）

养　殖　业

【概况】 2016年，株洲县养殖业工作以发展健康养殖的工作为中心，致力于养殖方式转变，全面推进标准化养殖，加快产业提质升级。全县发展生猪91.59万头。其中，出栏62.49万头，存栏29.1万头。发展牛0.99万头。其中，出栏0.28万头，存栏0.71万头。发展羊出栏10.05万只。其中，出栏6.1万只，存栏3.95万只。发展家禽375.67万羽。其中，出笼215.49万羽，存笼160.18万羽。渔业生产方面，全县有放养水面1924万平方米，出水水产品11673吨。株洲县畜牧水产局被评为株洲市动物防疫工作先进单位、株洲市畜禽水产品质量安全工作先进单位、株洲市第二届动物防疫职业技能竞赛团体三等奖、株洲市工会优秀基层工会等多项奖项。

年内，县养殖业工作严格按照“政府保密度，业务部门保质量”的要求，落实省市防疫目标责任状和“双责地毯式”的免疫机制，全县生猪免疫口蹄疫、猪瘟、猪蓝耳病疫苗91.2万头，免疫牛口蹄疫疫苗0.96万头，免疫羊口蹄疫和小反刍兽疫10.01万头，免疫禽375.67万羽，做到应免尽免。全县免疫抗体检测合格率75%以上，确保全县范围内洁净无疫病。

年内，项目建设得到稳步推进，株洲县是全省唯一获批的标准化养殖示范创建县，全县生物资源科学利用中心项目（原来的病死畜禽无害化处理中心项目）是市“民生100”工程之一，已完成选址，将全面进行建设实施。株洲县成功申报南烟岩理种养殖合作社、民生种养殖合作社作为稻田改鱼塘试点的第一批项目。项目拟定总投资670万元对13万平方米镉含量超标的农田进行改建鱼塘，项目投运后预计每年产值在600万元以上。

年内，县局始终坚持“以防促检、以检促防、防检结合”的原则，实行生猪检疫与生猪“瘦肉精”检测同步进行，全面实行产地检疫，及时做好“瘦肉精”排查与抽样检测登记。全年发放盐酸克伦特罗、莱克多巴胺、沙丁胺醇快速检测三并卡10000多条，无一例呈阳性。产地检疫方面配合全省电子出证信息平台，抓好检疫点建设工作，全县拟建设朱亭检疫申报点、南洲检疫申报点、河西检疫申报点等3个地点进行定点检疫，其中朱亭检疫申报点已完成基础设施建设。

全年，水产渔政管理站共出动渔政车、船巡查124次，收缴违法电捕鱼工具13套、网具300余米，立案查办8起，有效打击湘江流域违法捕捞行为。同时，为进一步做好渔政执法工作，累计投入资金17.5万余元新建渔政执法码头，为进一步做好湘江渔政监管工作夯实基础。投入17万元在株洲县龙船镇荷包码头投放青鱼、草鱼、鲢鱼、鳙鱼、鳊鱼等品种共计450万尾，及时修复了湘江渔业资源。

（沈赛新）

水利水电

【概况】 2016年，株洲县水利局机关内设办公室、政工股、计财股、防汛办、水利工程建管股、水政水资源股、水土保持局、河道管理站。在职人员50人，其中具有高级技术职称的1人，中级技术职称的9人，初级技术职称的5人。

年内，全县完成总投资1.7亿元，比上年增长30%。共争取4个重点水利项目，中央资金6247万元，拿下龙潭水库除险加固项目和昭陵港项目，解决饮水不安全问题43468人，完成水库除险加固40座，新建防洪保护圈2个，小河流治理1条，防洪能力进一步提升。被市水务局评为“防汛抗旱典型单位”的荣誉称号。

水利工程建设。年内，投资3100万元。其中，中央投资1200万元，地方投资1900万元。完成山塘、太塘、城塘等一般小二型水库除险加固任务，共计40座；龙潭水库除险加固、昭陵港治理项目、荷包保护圈防洪工程开工建设。总投资2136万元。其中，中央投资1281万元，地方投资855万元。完成南洲新区城市管网延伸工程和洞庭湖区规划外新增建设项目、凤凰山林场集中供水工程共8处，解决43468人的不安全饮水问题。总投资1987.91万元，主要是对原仙井乡、太湖乡共14个村的小型农田水利设施进一步完善，包括衬砌灌溉渠道34条，长38.80公里；清淤整修排水沟道8条，长14.80公里；整修加固山塘64口；改造河坝7座；铺设低压管道7.957公里。

防汛抗旱。年内，积极应战桃花汛，提前进入状态，提前24小时值班，共发布预警信息、相关领导重要指示、防汛调度指令600余条。积极应对5次强降雨，及时分三个组对全县八个镇防汛工作进行检查，共排查出影响安全度汛的水利工程项目60处，已完成处置险工险段44处；战胜“6·18”强降雨，成功拦截渌江上游醴陵市境内冲毁的200多平米大小、重达30吨的浮桥，保障了京广铁路桥的安全。

水生态保护。“3·22”是第二十四届“世界水日”，“3月22—3月28”是第二十九届“中国水周”，县水利局围绕“水与就业”和“落实五大发展理念，推进最严格水资源管理”主题在县城街道设宣传点、以宣传车围绕各乡镇的方式开展系列宣传活动，发放宣传材料6000份，展出宣传展版4块，悬挂横幅6条，书写宣传标语110条，张贴宣传画120套，宣传人数达到6余万人。全县用水总量控制目标为2.06亿立方米以内、万元工业增加值用水量控制目标为70立方米以内、农田灌溉水有效利用系数控制目标为0.529以上。完成11处入河排污口的核查登记确认，建立株洲县入河排污口台账；建立4个合法有效的取水许可企业的台账；对全县6个监测断面每月进行检测。河道保洁工作日常化，聘请专业公司对渌江进行垃圾打捞和清理，全年打捞浮漂垃圾2000多吨，并在渌口镇、南洲镇沿江村组聘清洁员清检岸上白色垃圾，做到岸上水中双管齐下，保障了河道的清洁；砂石整治工作强效化，组织和参与河道联合执法10次，立案查处河道违法案件10件，现场查处20多件，罚款15万元，治安拘留1人，有效的保证了河道良好秩序。（谭　娜）

【渌口水电站】 该站建于1976年，于1978年正式投产发电。电站为河床式发电站，总装机容量为3900千瓦（6×650人）。电站内设四个核心部门：生技股、办公室、综合股、行财股。有在职员工82人。其中：中共党员35人，技术中级职称10人，初级职称6人。2016年，年发电量1520万度，上网电量1163.5万千瓦·时，实现销售收入583.15万元。

年内，县水电站完善管理机制，为解决逐年来在岗职工人数日益减少、岗位空缺逐渐增多、影响正常生产运行的问题，取消电站执行多年的男职工55岁，女职工45岁的内退政策。进一步完善安全生产制度，规定每年6月为安全生产月，并在此期间开展为期30天的安全生产宣传专题活动，出安全宣传刊一期，发放安全生产宣传资料50份，开展安全问卷调查及安全生产知识竞赛，有效提高了职工的安全意识。县水电站获评农村水电站安全生产标准化III级单位。（曹　慧）

农机管理

【概况】 2016年，全县农机总动力达48.71万千瓦。拥有各类农业机械11.28万台（套），同比分别增长6%。推广联合收割机130台，大中小型拖拉机、履带式旋耕机166台，水田耕整机846台，其他机械17台。水稻综合机械化作业水平达到74%，与上年同期相比提高两个百分点。

农机全程机械化生产。一是推进主要农作物（水稻、油菜）全程机械化，强化技术支撑，注重农机农艺融合；二是创新土地经营规模，按照“整体推进、联村实施”的思路，采取土地流转、委托管理、联耕联种、土地入股四种模式加快推进机械化；三是积极培育新型经营主体，培育扶持现代农机合作社，打造机械化主力军。全年争取省市扶持建设达标现代农机合作社 2 个，县局扶持 4 个。

农机安全生产监管。是加强组织领导，明确目标任务，签订县镇村三级安全责任状；二是推行部门协作，形成监管合力，围绕“政府主导、农机主抓、部门合作、社会参与”开展工作；三是注重服务指导，提升工作水平。农机监理坚持做到检验到田头，服务到家中；全县形成联合交警上路、安全监理进村、安全员上户、保险进现场的农机执法、宣传、检验、事故隐患排查治理“一条龙”服务体系。年内，全县农机违法现象明显下降，安全事故在省市可控指标以内，重特大事故为零。

农职技术培训。随着新型工业化和城镇化的建设，农业兼业化、农村空心化、农民老龄化趋势明显，农村劳动力短缺，县农机局根据当前技术需求，适时联合生产企业技术人员组织举办各类培训班20余次，培训机耕、机插、机收、机运机手1500 余人。

【全县启动农机更新报废补贴工作】 为解决废旧农机的回收利用，提升农民购机用机的积极性，年内，全县启动农机更新报废补贴工作，对已达到报废条件购买新农机的农民主体实行补给。原来 1 台废收割机的回收价格为几百元，如今通过报废后购买新机可享受正常补贴的同时还可享受报废补贴 5000 元，既减轻农民的负担，又确保了党的惠农政策不走样。此项工作启动以来，办理共计 50 多起。 （郭正伟）

商贸服务业

【概况】 株洲县商务和粮食局是由原商务局、粮食局、招商局合并组建而成的政府工作部门。2016年，县局荣获湖南省市场秩序工作先进单位、商务行政执法优秀队伍等称号。

招商引资。县领导带队到长三角、珠三角等重点地域，围绕机械制造、新能源、新材料、电子信息、食品加工等重点产业，进行点对点招商。“沪洽周”期间签约项目6个，分别是光伏发电项目、风力发电项目、青龙湾中加学校项目、青龙湾奥特莱斯小镇项目、环保设备生产项目、颜家酱板鸭加工项目，合同引进资金30亿元。第十二届湘台经贸交流合作会上，株洲县与台湾运时通家具集团就家居生产项目现场签约，该项目预计总投资5亿元。邀请返乡企业家21名参加全市“引老乡、回故乡、建家乡”餐叙会，就县域产业发展、项目招商进行对接交流。

商贸流通。实服务商贸流通企业，繁荣县域第三产业，全年为商贸企业争取项目资金共计2000余万元。提升社会消费品零售水平。年内，株洲县社零统计完成41.3亿元，增幅12.3%。开展对外劳务合作，近3年共向韩国、新加坡、安哥拉等国家输送劳务人员3000人，连续四年被省商务厅授予“湖南省优秀外派劳务基地”称号。强化市场建设管理。投资2000万元的渌江明珠绿色农贸市场开业，大力整治湾塘马路市场，共开展联合行动60场，累计出动工作队员1450人次。组织各类行政执法活动20多次，确保全县粮食和成品油安全。

粮食管理。共计收购早籼稻 5000 多吨，晚稻2万吨。新增放心粮油示范店10家。争取1000余万元项目资金对粮仓的维修改造。全县储粮达8万余吨，为株洲市属范围里粮食企业储备粮最多的地区。做好清仓查库工作，对全县储粮仓库进行大检查和安全大排查，共检查8个库点，44栋仓，7.2万吨粮食和700吨食用油，确保粮食帐实、帐帐相符、粮食储藏安全。

（周芳琳）

【市场管理】 株洲县市场管理处是经县人民政府批准设立的财政全额拨款的副科级事业单位，由县商务和粮食局管理的二级机构，主要负责全县城乡集贸市场的规划、布局、审批、管理、协调和服务工作，并主管县市场服务中心的行政和业务工作。内设办公室、市场建设股、市场管理股和财务股。2016年，有在职干部职工6人。其中，干部5人、工人1人。

年内，县市场管理处重点牵头组织相关职能部门对城区范围内的马路市场开展一系列集中整治行动。定期对渌口镇湾塘集市进行专项整治，共联合行动67次，累计出动工作队员1775人次，确保伏波大道（省道S211）的畅通安全。成功取缔存在多年的梅苑马路市场。多次对县城甘塘坡农贸超市、向阳商贸中心的场外场以及黄金东路马路市场开展整治行动。

年内，县市场管理处因势利导，积极争取县财政投入资金对渌口镇湾塘市场进行升级改造。主动与县城多家房地产开发商对接，积极引导民间资本开办农贸市场。如裕安房地产公司开发的渌江明珠二期一楼临街商铺已全部用于开办明珠绿色超市；凯裕房地产公司将“学府公馆”小区的一、二楼临街门面自行对外招租开办农贸市场纳入计划之中。（李　干）

房产管理

【概况】 2016年，县房产局围绕“以人为本，发展房产，保障民生”目标，促进房地产市场平稳健康发展。全年房地产开发投资75609万元，开发面积达161842平方米；房地产销售面积122290平方米，共计960套；协征房地产税4000万元。

年内，全县棚户区改造项目共11个，559户93587平方米，计划总投资79581万元；续建的2015年提前开工的公共租赁住房项目共6个，260套9240平方米，计划总投资1941万元，所有项目已全部开工，并受理公租房申请轮候对象共219户。全年发放住房租赁补贴800户，共计96万元。

解决房屋发证历史147户，为年计划发放20户的735%。全面完成县委政府下达的原渌口纸厂21户征收任务，主体征收面积1293.96平方米。按照县委政府的要求，房产局联合派出所、公证处、居委会，依法依规开展对大石围廉租房小区入住对象的清理整顿，全年，共清退14户，整改4户。

【推进不动产统一登记改革】 为了落实不动产统一登记改革，提高房政办事效率，县房产局派多名骨干到市及炎陵县房产局进行不动产统一登记工作学习，主动与国土局部门做好工作对接，优化办事程序，提升服务质量，提高群众满意度。聘请市局专业人员对县局产权有关人员以及开发企业办证相关业务员进行不动产统一登记改革业务培训，确保不动产统一登记改革职能整合后办事业务能力提升。

【信息化建设】 信息化建设是株洲市智慧房产及不动产登记的要求，房产局积极做好房地产管理系统的升级和优化，与长沙兆吉软件开发有限公司合作，对房地产综合管理信息系统进行全面优化升级，实现全市“统一平台、统一业务操作规范、统一数据库”的建设目标。将住房保障、物业维修基金、白蚁防治等业务整合到新系统平台中，此次升级后实行现房与期房分开签售、主体识别等更新的先进的系统工作模式，使数据更加清晰、办公便捷、流程科学，进一步提高办证效率和服务水平。

（黄富强）

石油经销

【概况】 中国石化销售有限公司湖南株洲县石油分公司是中国石化驻株洲县的成品油销售企业，在营加油站16座。2016年，株洲县石油分公司充分发挥成品油经营主渠道单位的作用，加强资源统筹组织，优化物流运行，全力保障市场平稳供应，执行“降价不降服务”“上帝不分大小”“销量不分多少”的“一站两价”平等服务原则，实现各项年度任务同比正增长，确保国家税收和国有企业的效益不流失。全年实现成品油销售31335吨。其中，汽油20471吨，柴油10864吨，较上年同比增量53吨，增幅0.17%。上缴国家及地方税收173万元。

年内，公司设立专职客户经理，开展加油卡线上线下营销活动和利用站内宣传栏、进社区、进单位等途径对中国石化加油卡进行广泛宣传，组织加油卡充值进社区、进单位营销活动多次，积极推广加油卡和开展网厅营销，让顾客足不出户便能享受优质的充值办卡的服务。

按照国家要求在全面推广国Ⅴ标准车用汽柴油上，中国石化率先垂范，最先完成国Ⅴ油品升级置换和挂牌工作的油品供应商，为客户提供更为环保、更加放心的国Ⅴ标准油品，勇于担当起社会责任积极参与环境治理和保护工作。　（王　勋）

供销合作

【概况】 2016年，株洲县供销社全年销售计划指标4亿元，完成销售总额5.781亿元，完成全年比例144.52%，比上年同期增长83.78%，全年利润计划指标492万元，实际完成742万元，完成全年比例150.81%，比上年同期增长69.02%。全县有基层供销社10个，农民专业合作社23个，供销社直属企业11个，村级综合服务社2个，行业协会1个，庄稼医院1个。

无缝对接抓项目。一是成立项目工作服务小组，做好项目协调服务。二是按照省、市社的工作要求，积极指导两个基层供销社申报省级“基层社标杆社”，指导两个系统内专业合作社申报省级“农民专业合作社示范社”，指导一个综合服务社申报省级“农村综合服务社星级社”。三是走访康源种养殖、绿净农业、湘春蕨菜、神龙林下中药材等一批新发展的项目单位，对符合合作条件的，督促提交相关备案材料，纳入省社统计报表和财务报表序列，申请财务统计代码。四是走访慰问因暴雨受灾，导致损失40余万元的株洲县干明种养殖专业合作社。

精心谋划促改革。组织全体机关干部认真学习贯彻中发〔2015〕11号文件和湘发〔2016〕3号文件精神；到攸县学习土地托管工作和农村电子商务平台建设经验；走访系统内单位，熟悉基层情况，帮助解决实际困难；拜访省、市社相关领导，了解省市关于深化供销合作社综合改革的新政策、新举措，认真聆听上级主管部门对县社重点工作的要求及建议；参股领办注册电子商务公司。成立株洲雅雯电子商务有限公司，公司电子商务的五大板块分别是渌湘十锦、特色农副产品、中国农资、创意生活用品、生活服务。株洲绿净农业发展有限公司与县社签订项目合作协议，正式纳入县供销社系统内企业范围；结合省市文件精神和株洲县实际，拟制定《株洲县关于深化供销合作社综合改革的实施方案》初稿等系列文件。

优化服务保稳定。成立维稳工作领导小组。在春节期间，县社对改制破产企业下岗失业特困职工进行走访慰问。全年，共接待来访 60 余人次，做到来信来访有回复，并设法解决上访职工提出的合理要求，认真把县委、县政府有关政策认真落实到基层。（刘　莎）

烟草专卖

【概况】 2016 年，株洲县烟草专卖局（分公司）主动适应经济发展新常态，以市场为导向提升发展质量、优化发展结构，以问题为导向严格规范管理、维护市场秩序，以效益为目标推动精益管理、增强发展后劲，全面落实稳定规模、优化结构、提高质量、增加效益的工作思路和举措。

全年累计销售卷烟 14954.8 箱，实现销售收入 38034 万元，实现税收 3080.29 万元。共查获各类涉烟违法案件 75 起。其中，销售非法生产的卷烟案件 25 起，未在当地批发企业进货案件 46 起，无证运输案 4 起。移送公安案件 1 起。查获各类卷烟共 83 万支。其中，假烟 1.3 万支，真烟 48.7 万支。涉案卷烟案值 22.3 万元，实现罚没收入 8.4 万元。（周炎灼）

电力供应

【概况】 2016 年，国网株洲县供电公司完成售电量 6.82 亿千瓦时，同比增长 11.13%；电网最大负荷 20.09 万千瓦。截至 2016 年 12 月 31 日，实现人身、设备安全运行 6729 天，继续保持该公司历年来安全生产最长纪录。

全年全面完成电网建设投资 5859 万元，新增、改造变压器 73 台，新建、改造 10 千伏线路 29.2 公里、400 伏及以下线路 346 公里。与株洲县政府签订《电网建设和运营供电合作框架协议》以及《共同推进小城镇、中心村电网改造升级工程合作协议》。落实属地化协调职责，配合完成祁韶（酒湖）特高压入湘配套 500 千伏线路架设工作。

年内，深入推进集抄建设和应用，高标准完成 887 个台区 74847 户低压集抄改造。推广应用“掌上电力”APP，实现注册用户 2.28 万户，进一步方便客户缴费。开展配电线路集中检修 19 条，缩短线路停电时间。政企联动完成古亭变周边用电秩序整治工作，彻底根治历时三年的遗留问题。华新周边地区用电秩序整治全面启动，并取得初步成效。（方利达）

财税·金融

国家税务

【概况】 2016 年，株洲县国税局围绕税收现代化建设目标，实现“十三五”时期国税工作的良好开局，荣获全市国税系统绩效管理先进单位称号。

年内，县局努力提升自身组织收入主观努力度，全年累计完成各项税收收入 32154 万元，完成了年计划 30000 万元的 107.18%，较上年增加 4376 万元，增长 15.75%，税收收入突破 3 亿元大关。

落实各项税收政策，营改增试点全面推开。一是打造“营改增”税收宣传精品。以“聚焦营改增试点，助力供给侧改革”为主题，与县地税局联合开展税收宣传月活动，重点宣传营改增税收政策。与县地税局、县财政局和县总工会联合承办营改增税收宣传暨徒步竞赛活动，得到总局、省局营改增督查组的高度肯定。二是加强“营改增”后续管理。对开票限额 10 万元以上的纳税人进行下户调查，对 100 余户次营改增一般纳税人税负开展分析工作，深入 12 家金融企业逐户上门辅导。三是落实税收优惠政策。全年，共有 420 户小微企业（个体）享受优惠政策，减免增值税 412.6 万元，所得税额 43.28 万元，受惠面 100%。

依法治税深化改革，纳税人满意度居全市首位。依法治税防范风险。针对“营改增”后窗口代开发票数量剧增、利用窗口代开票偷逃税款的风险与日俱增的情况，为防范虚开行为，堵塞偷逃税漏洞，有效防范税收风险。县局专门制定窗口代开专用发票和普通发票分析核查工作方案，成立专项核查领导小组，定期开展代开数据分析，根据分析结果组织专门人员开展核查，并按月在局务会上通报核查结果。年内，共核查 21 户代开增值税专用发票纳税人，核查发票 600 余份，向受票方税务机关发函 3 次，排除风险 3 次。核查窗口代开普通发票 72 份，对其中 8 份开具不规范发票下发限期改正通知书。深化国地合作工作。3 月，县局在市局正式签订试点协议。先后与县地税局建立联席会议机制、数据交换机制、联合宣传机制和联合稽查、评估机制，联合成立建安房地产行业税收管理联合办公室、国地税协同治税办公室和纳税服务中心，开展“一窗一人”办税模式前期准备工作，不断创新纳税服务新局面。在总局和省、市局督查中，县国税与县地税局合作工作开展情况得到督导组的充分肯定。优化服务获纳税人肯定。出台《纳税人满意度管理办法》，创建纳税人满意度管理数据库，根据大数据分析结果，开展精准走访。在日常办税过程中为纳税人提供优质服务，杜绝投诉。通过集中培训和上门服务提高纳税人的政策了解度。对纳税人满意度管理工作实施全程监督和定期回访，严格考核，按月通报。县局在省局纳税人满意度调查中名列第8名，较上年第103名提升了95名，在市局纳税人满意度调查中名列第一，圆满实现预期目标。（凌佳洁）

地方税务

【概况】 2016年，株洲县地方税务局围绕“实现一个目标、夯实两项基础、强化三项建设”的工作思路，坚持依法征收、应收尽收的原则，把握向管理要收入的思路，找准攻坚环节和突破口，全力挖潜堵漏，有效缓解各种减收因素对收入的冲击，超额完成年初制定的组织收入目标。全年完成各项地方税费收入5.3亿元，为年初计划的113%，任务完成进度与增幅均为全市地税系统第一，并历史性的突破5亿元大关。

调优征管运行机制，征管转型发展新动力进一步增强。县局始终坚持以组织收入为中心，积极履行税收职能，准确判断当前收入现状和发展趋势，不断加强对重点税源行业和重点税源企业的经济税收分析，掌握组织收入工作的主动权。紧抓收入重点，突破薄弱环节，以营业税、土地使用税两个税种和个体工商户、行政事业单位两个行业为对象，广泛开展“四项挖潜增收竞赛”活动，活动累计入库1.43亿元，占县局全年各项收入的27%。其中营业税12362万元，占计划数的137%；土地使用税1091万元，同比增收272万元，增长33%；行政事业单位634万元，占计划数的127%，同比增收535万元，增长541%；个体工商户管理完成征税165户，同比增加97户，增长率143%；个体入库207万元，占计划数的129%。

同时，认真落实国务院、国家税务总局关于深化国地税合作的工作要求，开展国地税全面合作，共创和谐共赢的全新模式。一是强化领导，精诚合作。县局联合县国税成立国地税合作领导小组，成立国地税合作办公室，建立国地合作督导检查制度和联席会议制度，联合制定《株洲县国地税合作实施方案》，联合开展税收宣传、欠税管理、涉税信息共享等工作。二是联合办公，便捷为民。全面完成大厅窗口互设，并根据株洲县实际，成立建安房地产税收联合征收办公室。实现合署办公，信息共享，联合管理，全面实行“进一个厅、到一个窗、找一个人、办两家事”联合办税模式，基本解决纳税人“多头跑”“多头报”等问题，有效防止税款流失。三是税法宣传，形成合力。4月19日，联合国税举办税收宣传主题活动暨徒步竞赛活动，组建20个宣传方阵，共计300余人，步行 9 公里，沿途发放税收宣传海报和宣传图册，同时联合设立 3 个税收宣传点，开展税收政策咨询、税收政策展板宣传和现场税收知识有奖问答。

加强队伍建设，干部素质全面发展新局面进一步展示。根据工作实际，不断优化完善绩效考评体系，改进创新考核方式方法，结合县局实际出台绩效考核办法和实施细则，对所有考评指标分解定责，加强节点监控和绩效分析，并率先推出实施“三员”考核追责，使干部明确了自己的工作任务和工作目标，避免了工作中的无序性和盲目性。明晰的责任、有效的激励将绩效考核的过程演化成为干部立足岗位、落实责任、创先争优的过程。同时结合自身文化实践，融治税理念、使命责任、愿景目标于一体，深入挖掘“税韵渌湘・和合至臻”文化品牌内涵，建成以“和合”二字为文化精髓的渌湘地税文化展厅、法治税收长廊、党风廉政长廊等文化展示区域。通过“和合”文化的推广，形成渌湘地税制度管人、以文化人的治局理念。

（夏俊杰）

县乡财政

【概况】 2016 年，全县完成公共财政预算总收入 13.1 亿元，比上年增长 10.5%。地方收入 9.7 亿元，增长 14.4%。其中，税收收入 8.3 亿元，增长 11.4%；上划中央收入 2.6 亿元，增长 2.9%；上划省级收入 0.81 亿元，下降 5.8%。全县完成公共财政预算支出 22.6 亿元，增长 8.1%。

齐抓共管，稳增长，促发展。一是充分激活发展潜能。帮助各平台公司科学融资服务重点项目建设，撬动发展引擎，其中支持城投公司融资 14.78 亿余元。通过购买服务等方式创新项目融资，推进实施棚改、市政基础设施、污水处理项目贷款，融资规模 6.5 亿元，为县域基础设施建设注入强劲动力。推进 PPP 试点工作，出台《推广运用政府和社会资本合作（PPP）模式的实施方案》，启动建立 PPP 试点项目库。积极对接“营改增”及中小微企业税收减免改革，落实结构性减税政策，取消、减免、暂停征收部分行政事业性收费和政府性基金，进一步减轻企业负担。积极争取上级支持，全年争取中央和省市财政转移支付资金 14.67 亿元。争取村级“一事一议”财政补助和美丽乡村建设资金 1136 万元；成功申报村级集体经济发展项目，争取专项资金 250 万元。全年上报企业项目 26 个，申请到位扶持资金 888 万元，有效地破除企业发展资金瓶颈。二是支持乡镇协税护税。立足县域实际，合理分解收入任务，指导乡镇协税护税，定期通报收入进度，加强乡镇税收经费调度，局领导一对一联系镇级税收工作。三是助推收入跨越台阶。加强对企业的扶持，加大对园区的投入，支持招商引资，逐步培植起一批较为稳固可靠的税源。瞄准能源、交通基础设施项目、电力和商贸流通等行业，大力推进总部经济建设。依法加大收入组织力度，积极协调税务、国土、公安、房产等部门，一周一调度、一月一碰头，形成收入组织的强大合力。全年财政收入

130843 万元，增长 10.5%，增幅排名五县市第二。特别是税收收入突破 8 亿元，税收比重 63.36%，排名五县市第一。严格以票管收，合理确定非税收入和基金收入任务，勤抓调度，促使各项非税收入及时入库，全年完成非税收入 4.8 亿元，与 2010 年财政收入总量相持平。

统筹兼顾，保重点，惠民生。一是保运转更规范。筹集资金 3000 余万元用于绩效考核提标，稳步提高人员经费保障水平，全县 102 个单位 5879 人的工资纳入统发。开展财政供养人员清理行动，坚守住财政供养人员不增加的底线。安排资金 3129 万元用于住房公积金，实现财政统筹统发。安排村级运行经费 2284 万元，村平超过 17 万元，退休村主干生活补助得到有效保障。安排资金 47 万元用于离退休老干部医疗，组织资金 100 余万元用于大学生村官。二是保民生更有力。教育、医疗卫生、社会保障、农林水和住房保障等民生领域的支出达到 16.05 亿元，占到公共财政预算支出的 72%，合格学校建设、教师绩效、公立医院改革、村级卫生室建设、养老保险、城乡低保等得到有效保障。通过“一卡通”发放惠农补贴 18 项，发放补贴资金 7544 万元。投入交通事业 2000 万元，建设农村公路 100 公里。通过争取上级专项和整合资金，完成“一事一议”财政奖补项目 135 个，惠及 7 万人。扎实做好农开工作，全面完成 2015 年度项目扫尾工作，相关工作获评省级先进。积极和上级对口部门进行衔接，争取项目，争取到位 2016 年度农业综合开发项目资金 1749 万元。三是保重点更实效。筹集资金 2.66 亿元，推进南洲大道、园区管网、湘江七桥、水利设施、一医院迁建、社会养老福利中心、排水排污管网和津口东路等重大项目。安排资金 460 万元用于垃圾清运、中转站建设和垃圾处理；投入资金 319 万元用于县城公交及自行车租赁；筹集资金 1.98 亿元用于县一医院迁建；争取资金 225 万元用于乡村规划。

积极稳妥，推改革，提绩效。一是深化预算和国库改革。进一步完善全口径预算编制，初步建立“四位一体”的政府预算体系。严格按时限向社会公开预决算信息，预算支出和部门“三公”经费预算公开细化到“项”级科目。初步建立起跨年度预算平衡机制，将一般公共预算超收收入和政府性基金中超当年收入的 30% 部分，全额用于补充预算稳定调节基金，形成“蓄水池”，确保收支平衡。改革预算支出管理，加快下达转移支付资金，加快财政支出进度，全年财政支出增幅 19.87%，对稳定经济增长起到“托底”作用。进一步深化国库集中支付制度改革，实现市县预算单位全覆盖，继续巩固乡镇国库集中支付制度改革，扩大实施公务卡结算制度。在广泛征求意见的基础上，出台了《关于进一步完善预算外往来资金拨付管理的通知》，着力压缩资金拨付时间，提高资金使用效率。二是扎实盘活财政存量资金。通过年末自动清理、与预算编制及执行相结合等措施，初步建立起存量资金定期清理使用长效机制。将连续 2 年未执行的资金，全部收回财政总预算统筹安排，全年清理收回财政存量资金 3400 余万元，相关工作得到财政部驻湘专员办的高度认可。盘活的财政资金重点用于改善民生、调资增资、支持产业转型升级和基础设施建设等方面。三是切实加强债务管控。全面加强政府债务管理，对债务实行规模控制和分类管理，严把举债程序和用途关。认真落实规范地方政府置换债券资金分配使用工作要求，进一步完善债务风险预警机制，为政府性债务管理戴上“紧箍咒”。全年，争取上级地方政府债券资金 140335 万元，其中：置换债券资金 133535 万元，新增债券资金 6800 万元。四是扎实推进公车改革。在广泛调研和学习先进地区经验的基础上，根据上级公车改革工作安排，结合县域实际，扎实做好公车改革。出台《株洲县党政机关公务用车制度改革实施方案》，牵头组织开展车改宣传、车辆封存、平台搭建、公车处置、司勤人员安置等具体工作，积极筹集车改资金。五是自觉广泛接受监督。认真落实县人大及其常委会的各项决议和审议意见，扎实办理人大代表建议和政协委员提案，定期向人大、政协报告财政预算执行情况，主动接受人大代表、政协委员和社会各界的监督，着力打造阳光财政。六是着力完善内控管理。开展财政内部抽查检查，健全财政监督自我约束机制，积极跟踪财政资金的申请、审核、支付过程。做好落实“八项规定”“三公经费”“小金库治理”等检查工作，对 36 家部门预算单位开展财务专项检查，重点检查农业、教育、医疗卫生、社会保障等民生资金和重点项目资金的拨付、使用及管理情况。组织开展涉农资金和扶贫专项资金检查工作，发现和纠正相关领域存在的违规违纪违法现象。扎实做好财政投资评审工作，进一步扩充委托评审资源库，完成工程预结算审核项目 263 个，送审金额 7.29 亿元，审减率达到 21.8%。加强政府采购管理，完成政府采购 674 项，采购金额达到 2.57 亿元。务实开展预算绩效，对水库除险加固、城乡大病救助、重金属污染治理等21项专项资金开展了专题绩效评价，对“十二五”期间的 15 个财政投资重点项目工程进行了第三方绩效评价。

在认真做好财政业务工作的同时，遵循县委、县政府决策部署，扎实做好扶贫攻坚和征地拆迁等重点工作。积极发挥财政支持扶贫的功能作用，累计投入扶贫领域资金 2374 万元，其中本级投入 1460 万元，支持实施产业扶贫、就业扶贫、保障扶贫、精准扶贫。（周长宁）

【农业综合开发】 2016 年，完成投资 1539 万元。其中，土地治理项目 1189 万元，产业化 350 万元。完成上级财政资金 1534 万元。完成土地治理 606.7 万平方米，新修排灌站 2 座，开挖疏浚渠道 1.5 公里，衬砌渠道 11.169 公里，渠系建筑物 6 座，扩建加固小型蓄排水工程 9 座，农村绿化造林 13.3 万平方米，新修、维修机耕路 6.922 公里。完成高产优质大果型油茶新品种示范基地扩建 100 万平方米、13 万平方米黄颡鱼养殖基地改建、100 万平方米优质丰产油茶林基地扩建和 20 万平方米蔬菜基地改建项目。项目于 5 月顺利通过市级验收，全市综合评比获评全市农业综合开发第一名。株洲县2015年的农业综合开发项目分别是株洲县洲坪乡石板桥高标准农田建设项目、株洲县 2015 年度土地治理市级项目。湖南省农业综合开发办公室于2016年6月至8月组织开展全省2015年度农业综合开发项目竣工验收和工作综合考评。10月29日，湖南省财政厅发出关于表彰全省农业综合开发工作先进单位的通报，评定常德、娄底、衡阳、邵阳四个市和株洲县等 13 个开发县为“2015 年度全省农业综合开发工作先进单位”。株洲县位列13个省级先进县级单位（全省98个开发县）第二名。

根据湖南省财政厅《关于2016年第一批、第二批农业综合开发土地治理项目计划的批复》和湖南省农业综合开发办公室《关于2016年农业综合开发产业化经营一般财政补助项目计划的批复》文件精神，株洲县淦田镇平山塘高标准农田建设项目投资总额1454万元，其中上级（中央、省）财政资金1449万元，自筹5万元。产业化项目3个，上级财政资金投入210万元。部门项目1个，上级财政资金投入280万元。三类项目合计财政资金投入 1939 万元，资金全部落实到位。县农综办于11月完成淦田镇土地治理项目招投标工作并全面开工建设。在全面组织实施项目建设过程中，成立工程建设项目指挥部，抽调和选派5名专业工程技术人员深入项目区进行工程监管，本办负责工程技术的人员不定期到现场进行检查、指导，至12月完成工程总量的75%。　（杨　文）

国有资产管理

【概况】 株洲县国有资产投资管理中心于2016年1月挂牌重组成立，为全县的国有资产管理及政府投资公司监督单位。同年5月，县委批复国资中心成立党委，加强对四家政府投资公司党支部和六家县属国企党支部的党建工作领导。2016年，县国投中心积极推进国资国企改革发展，不断加强企业国有资产监管，努力实现保值增值。

多举措扎实推进国企改革。起草《株洲县政府投资公司监督管理实施办法（草案）》，并通过县政府常务会和县委常委会审议。实施办法初步形成规范科学的运营、执行、监督管理体系。全年累计完成融资总额61.07亿元，其中，银行融资到账40.04亿元，政府投资公司发行债券14亿元。多手段强化国资管理工作。一是完善业绩考核与薪酬管理工作体系。完成对四家政府投资公司和五家县属国企的2015年度绩效考核工作，并根据考核结果兑现企业领导人薪酬。研究制定《株洲县县属国有企业负责人业绩考核和薪酬管理实施细则》、《2016年度业绩考核管理指标评分细则》，首次实施分类考核。二是强化投资、产权等基础监管工作。作为“项目突破年”综合协调组成员以及项目融资突破行动牵头负责单位，县国投中心全力支持城投、国投、交发及产业园等四家政府投资公司的工作，配合城投和国投公司完成董事会、监事会变更。7月，召开全县国有资产管理工作大会，于8月全面完成全县141家行政事业单位资产清查工作。加强资产运营管理，收取行政事业单位门面租金 97 万余元，破产改制企业门面租金 18 万余元。年内完成两次行政事业单位公车拍卖，成交率 89%，总成交额 259.9 万元，在原评估价 134.7 万元的基础上多拍出 32.5 万元，增值率 24%，有效地实现国有资产的保值增值。同时对全县 19 处不动产资产进行巡查，确保国有资产不被侵占；对所有国有资产进行电子归档工作，确保国有资产不流失。（易薇薇）

农业发展银行

【概况】 2016 年年末，中国农业发展银行株洲县支行各项贷款余额 184776 万元，比年初增加 60359 万元，增长 48.51%。支持基金项目 10 个，金额 33800 万元。各项存款 93604 万元，比年初增加 45986 万元，增长 96.57%。日均存款余额 74978 万元，比上年增加 38946 万元，增长 108.09%。实现中间业务收入 100 万元。收入成本比 49.1%，资产利润率 2.43%。实现账面利润 3759 万元，比上年增加 1037 万元，人均利润 221 万元，同比增加 51 万元。

2016 年，县农发行履行职能，积极支持辖内中储粮委托收购网点开展政策性收购，累计收购最低价粮食 6225 吨，价款 1687 万元，收购入库粮食质量完好，账实一致。同时，发放省级储备粮贷款 1698 万元，县级储备粮贷款 637 万元。支持湘渌米业顺利完成 7000 吨省级储备粮、3000 吨县级储备粮的轮换任务。接受省市分行各类粮食库存检查，总行异地库存检查，均符合信贷政策和相关管理制度要求。重点支持地方政府棚改、水利等基础设施建设。县农发行积极发挥政策性银行逆周期调节作用，抓住株洲县撤县设区的战略契机，大力营销中长期信贷项目。年内，发放渌口经济开发区土地整治贷款 2 亿元、渌兴水利公司水利建设贷款 3 亿元，对株洲县棚改公司发放 PSL 棚改贷款 5 亿元，全年累计对株洲县重点工程建设投入政策性贷款 10 亿元。特别是棚改贷款营销，于三个月内完成项目受理、调查、审批、贷前条件落实、贷款发放整个办贷流程，成为全市发放首个 PSL 棚改贷款的支行。做好农发重点建设基金管理。（赵建明）

农业银行

【概况】 中国农业银行股份有限公司株洲县支行下辖 5 个营业网点和 1 个离行式自助银行，即支行营业部、渌口分理处、箭台分理处、三门分理处、淦田分理处及漉浦自助银行；布放村村通”机具 207 台；内设机构 5 个，即综合管理部、运营财会部、个人金融部、公司业务部、风险管理部。下设 4 个专业团队，即民生工程代理团队、零售渠道团队、个贷业务团队、对公业务团队。年末全行员工 123 人，其中在职在岗员工 75 人，内退、退休人员 48 人，党员 70 人。

2016 年，全行各项存款余额 21 亿元，比年初净增了 2.7 亿元；各项贷款近 6 亿元，比年初净增 1.7 亿元。“四行一社”贷款增幅排名第一，荣获株洲县信贷服务工作优胜单位；综合绩效考核在市农行系统内排名第三，在全省县域农行分类考核排名为B类第四，均比上年前进了一位。支行被省农行评为“一级支行经营管理先进单位”。

年内，株洲县支行围绕县内的重点项目和重点工程，落地交投S331“东成大道”和经济开发区南洲大道贷款项目，授信6个亿，并投放株洲县首笔政府购买服务贷款1.5亿元；积极支持小微企业发展，新支持小微企业客户3户，全年累计投放小微企业贷款9000余万元，累计办理贴现1.1亿元；发放一手房贷款4507万元，其中的特色贷款“农民安家贷”以六大优惠政策支持农民进城购房，共计发放131笔，金额3198万元；新发放农户贷款49笔，净增855万元，其中油茶林贷款3笔，金额266万元。年末贷款不良率0.49%，实现了不良贷款“双降”，信贷资产质量持续提升。

年内，开展反洗钱及防诈骗宣传活动，柜台累计识破10余起电信诈骗，避免客户资金损失90多万元，并配合公安、法院开展案件侦查。（王　珏）

农村信用联社

【概况】 2016年，株洲县农村信用合作联社辖城乡营业网点33个（含株洲市芦淞区、天元区辖区7个网点），其中营业部1个、信用社19个、分社13个；内设10个管理部门。全辖在岗员工303人。年末，存、贷款余额分别为48.38亿元、16.27亿元，占县域市场份额的32%、26%。全年实现总收入2.47亿元、账面利润2800万元，缴纳各项税费2160万元。

产权改革有序推进。2016年是株洲县农村信用社的“改革攻坚年”，产权改革取得重要进展。一是积极引进战略投资者。1月5日，省银监局、省联社、县政府、株洲县联社、广州农商银行五方签订《投资备忘录》，明确广州农商银行作为战略投资者参与改制。二是不断夯实改革基础。8月23日，县政府成立由县长任组长的湖南株洲珠江农村商业银行股份有限公司筹建工作小组，改制工作纳入《县政府工作报告》，县司法、行政等部门协同配合开展清收不良贷款工作；完成土地资产置换；协调国土、房产等职能部门全力支持开展资产确权。县政府协调下属企业株洲县渌湘城市建设投资有限责任公司投资入股农商银行。三是全面启动改制程序。确定6月30日为清产核资基准日，县联社于8月18日召开第二届社员代表大会第三次会议，审议并通过《关于同意组建湖南株洲珠江农村商业银行股份有限公司的决议》等九项改制决议，并在全辖进行公示。聘请中介机构以6月30日为基准日，开展为期一个月的清产核资和资产评估，湖南银监局于11月16日至11月20日进行现场验收，至11月末，县联社完成相关整改工作。12月19日，县联社召开第二届社员代表大会第四次会议，通过《株洲县农村信用合作联社净资产分配意见的决议》等三项改制决议，确认了净资产，启动老股金的处置和股本金募集工作，湖南省工商局审核并颁发《企业名称预先核准通知书》，年底，湖南银监局受理株洲县联社改制组建农商银行筹建申请。

支农支小持续发力。县联社积极创新信贷业务品种，狠抓贷款评级授信工作，大力推进“六个一百”金融服务示范活动，全年累放各项贷款 12.87 亿元，其中累放农业贷款 10.57 亿元、占比 82.15%；新增评级授信户数 2969 户、授信金额 2.38 亿元；对株洲美佳商贸有限公司等 4 家“六个一百”金融服务示范点进行现场授牌；成功办理银行承兑汇票业务；与天元区农业科技银行合作推进农业科技贷款的投放。

金融扶贫扎实推进。株洲县农村信用社积极响应县委、县政府号召，努力探索和推进金融产业扶贫，培育贫困户“造血”功能。年内全面完成县域内已建档立卡贫困农户的评级，实现参评率 100%，有效授信户数 2624 户、授信率 82.41%、授信金额 4682.5 万元；累计向 415 户贫困农户发放扶贫小额信用贷款 1636.15 万元；建立金融扶贫服务站 6 个。

普惠金融作用突出。县联社始终致力于普惠金融服务体系建设，年内在龙潭镇紫云村、朱亭镇兴隆村、白关镇成家坝村等地新增离行式自助网点 5 个；在 17 个营业网点开设社保卡申领服务窗口，向城乡居民提供社保卡申领信息注册服务。同时，积极做好代理业务，大力开展金融知识宣传普及活动，全年新发行居民社保卡 1.36 万张、累计发行 23.7 万张，代发惠农补贴、行政事业单位职工工资 300 余万笔、金额 6.46 亿元，成功签约株洲县居民健康卡代理发行项目；围绕防范网络电信诈骗、反假币、反洗钱等内容，持续开展各类宣讲活动，全年，共收缴假币 1106 张，成功阻截电信诈骗案件 13 起，避免了客户的经济损失 60 余万元。

扎实推进“办实事、解难题、促发展”“人性化服务在柜台闪光”等主题活动，加快网点营业环境改造，全年受理和解决基层网点各类困难问题 156 个，改造装修网点、附属工程 7 个，创建“五小”建设示范点 1 个，为营业网点文明优质服务提供有力支撑。　（余砥安）

平安财产保险

【概况】 2016 年，中国平安财产保险股份有限公司株洲县支公司秉承“回馈社会，建设祖国”的文化理念，积极履行企业的社会责任，为株洲县贡献税收 350 万，发展代理人 300 多人，共处理案件 1525 件，已决赔款 937 万，期末未决赔款 326 万。

年内，全县全年计划任务 2200 万，年底实现保费收入 2287 万元。其中，车险 2211 万元，财产险 31.7 万元，意健险 44.6 万元。计划完成率 104%，上年同期完成保费 1678 万，同比增长 36.3%。

支公司入围农险，承保农户商品林叶保险 3 万多户。为了提高农户的风险意识和普及理赔知识，公司成立多个农险小组下到每个乡镇进行知识普及和风险防范宣传等服务。同时，大力推广铺设代理网点，全县无死角覆盖，让人民可以在“家门口”买保险。

年内，支公司坚持“专业创造价值”，利用好互联网+的契机，大力推广“好车主 app”“自助保 APP”“创保网 APP”等将平安的专业服务融入客户的生活中，特别是好车主的免费查违章、代办年检、代缴罚款等功能受到客户好评。

支公司坚持合法合规经营，多次组织全员通过“知鸟 app”和请中国人民银行领导现场指导、学习反洗钱法律法规和非法集资等相关知识的培训，同时定期让员工进行费用、理赔、承保等项目的自查自纠工作，坚持将合法合规经营作为公司的重要工作纳入到日程。 （杨文娟）

人寿保险

【概况】 中国人寿保险股份有限公司株洲支公司（以下简称“支公司”）下设综合部、个险部、银保部、团险部、客户服务部。在编员工 24 人，专职代理人 1025 人，在全县设立白关、三门、雷打石、堂市、朱亭、渌南、淦田等 7 个农村营销服务部（含原株洲县地域设立的），与各国有商业银行、信用社、教育局、劳动局、计生局、老龄办等单位建立长期友好的合作关系。

2016 年，支公司重点抓队伍建设、业务发展、素质培养、内务管理、优质服务以及风险管控，促使各项业务指标得到平稳向上发展。年内，总保费 10966 万元，寿险新单保费 10156 万元，短期险保费 810 万元，上缴税收 175.56 万元。全年，共支付满期给付 4839 万元，支付各类赔款 889 万元。其中，承保全县中小学、幼儿学生 2.98 万人，理赔人次达 355 起，理赔支付 41.1 万元。计划生育系列保险承保 5.86 万人， 共收保费 129.58 万余元，已赔款 113.21 万元，赔付率 87.36%。积极加强与各合作渠道合作，其中与株洲县农信社合作推广小额信贷保险 135.27 万元。同时，提供保单借款服务，全年，共借出资金 316 万元。

年内，为提升服务质量，支公司规范理赔时效，加快理赔速度，理赔时效高于省内平均水平。同时，加大“国寿 1+N”服务力度，举办“保单升级”“财富提速”“VIP 客户联谊”等客户增值服务及活动；“与财富握手”“企业资产与家庭财富管理”等理财讲堂；“牵手国寿，健康生活”“健康素养”等健康知识讲座。按照上级公司和各级政府及监管机构对于社会维稳工作要求，积极配合、主动沟通、服务前置，做好保险客户售后服务的同时有效维护了保险行业的平稳发展和社会稳定。

在支公司开展“加强外部监管、加强内部管控；遏制违规经营、遏制违法犯罪”的综合治理。以省市两级公司工作思路为指引，建立以绩效为导向的企业文化，结合支公司实际状况，狠抓队伍建设和销售流程管控，并多次组织员工和营销员进行法制教育培训及反洗钱、非法集资、杜绝小金库、杜绝销售误导和代签名学习。同时，全面推行零现金收付费，首期、续期保费及客户返还金均采取银行转账，既方便快捷又能有效防范风险。严格了单证、

印章、宣传资料的管理和使用，全年未发生一起违规案例。（刘　坚）

人民财产保险

【概况】 2016年，中国人民财产保险股份有限公司株洲支公司坚持依法合规和可持续发展两个原则，坚持树立积极带头带头作用，服务人民。年内，财险业对车险进行“商车费改”，截至2016年12月31日，中国人民财产保险股份有限公司株洲支公司实现保费收入3386万元，同比增长14.34%，市场份额稳居第一。直接赔款为2001万元，实现报表利润261万元。全年缴纳税金541万元，较上年增加155万元，被评为“株洲县财税贡献先进单位”，每月按时足额缴纳税金，坚持依法合规。

加强民生保险，协助政府保障民生。支公司农险保费收入576.39万元，同比增长54.03%，赔付率61.31%。严格落实病死猪只无害化处理，为“放心餐桌”做好基础工作。

提升承保理赔服务。4月，支公司“承保理赔一体化服务”正式启动，综合柜台可同时办理承保理赔资料收集工作，为客户提供方便快捷的服务。（谭若涵）

社会事业

社会事业

住房和城乡规划建设

【概况】 株洲县住房和城乡规划建设局于2016年1月正式挂牌，由原株洲县住房和城乡建设局、株洲县规划局、株洲县房产局（暂未划入）、株洲县市政园林管理处、株洲县招投标局合并而成。内设股室8个，二级机构6个，职工106人。涵盖的职能有城乡统筹规划管理、建筑行业管理、规划建设审批、建安行业招投标监管、小城镇建设、民生事业（污水、自来水、天然（燃）气、市政园林道路）管理、农村危房改造、建设工程质量安全监管、规划建筑行业执法监管等。

2016年，株洲县住建局紧扣“民生事业年”“环境优化年”“项目突破年”工作主题，在行政审批、行业管理、民生事业、项目建设、规划编制管理、环境优化、危房改造、小城镇建设上，圆满完成各项工作任务。获市建设系统综合评比评第一名、质安管理工作五县市综合评比第一名、危房改造考核株洲市第一名；获县招商引资、项目投资先进单位、“百日攻坚”先进单位、安全生产目标管理先进单位。被推荐参评2016年度市文明建设先进单位。

围绕关键经济指标，保障民生经济。2016年全县建安产值完成70.87亿元，比上年同期增长23.23%。全年新开工项目22个，建筑面积28.17万平方米，工程造价49305.45万元，完成市政基础设施配套费收入5550611元，墙改基金和散装水泥收入1621977元。基础设施投资1.96亿、市级重点项目（不含市级跨区重点项目）25个，全年完成总投资54.8亿元，城镇化率44%，新增管输天燃气用户1321户，城镇化污水处理率91%，水质综合合格率99%，绿化率覆盖率32.87%。

立足机关效能提升，理顺管理机制。完成机关机构调整。完成乡镇城镇办设置，建立健全镇一级机构和人员配置；深化行政审批改革。将机构改革后县局承担的100多项行政职责事项梳理汇总为42项，并编制《职责服务事项答疑50问》《行政审批工作方案（试行稿）》《行政审批工作方案（修订稿）》，全年完成各类审批385项，接受办事群众各类咨询共计1200余次，审批时效较方案试行前缩短了50%。

统筹落实重点工作，实现一定突破。规划管理“全域规划”（第三次总规修编、南洲、淦田等5镇规划编制及乡镇合并后村庄启动规划调整）、株洲湘江风光带（株洲县段）城市设计、“多规合一”、县域路网规划、县城片区发展规划、“人才引进”推进顺利；完成危房改造1505户并完成审计、验收；燃气取消了九丰燃气特许经营权，如期完成新奥燃气过江，全面完成县域燃气专项整治；污水治理获评“全国污水治理示范县”（湖南省只有4个），力促南洲新区污水处理厂开工建设，重新选址后降低成本5000万，节约土地13333平方米，变更业主为城投，缩减多普森公司3000万工程量；县来自水公司于3月完成与市自来水公司合并，并将市二水厂水源引入县内，水质综合合格率99%；市政设施维护上，向政府财政申请100余万元购买沥青道路修复专用机器，实现即挖即补，废弃沥青回收利用。全面开展渌水大桥管理工作，完成病害处理及日常维护政府采购以及路面降噪、人形梯建设前期工作。全年，共罚款86.5万元，其中惠天然29万元。上报县政府强拆81户1.83万平米；参加拆违行动40余次，拆除52处8000平米。安全生产方面项目建设稳步推进，全年无重大质量安全事故。项目融资方面依托县域四个融资平台，加强与金融机构的无缝对接，推广运用PPP融资方式，累计完成新增融资52亿元。 （邹　甜）

【城市供水与排水】 2016年，株洲县自来水有限公司整体并入株洲市自来水有限责任公司，成为其旗下全资子公司。公司在职职工91人，下辖办公室、财务审计部、工程技术部、管网管理部、营销服务部、建安公司、业务受理中心、水厂八个职能部门。全年完成供水量1384.45万立方米，售水量791.47万立方米；综合水费回收率96.48 %，同比上升12.02个百分点，创历史新高；产销差率42.83%，同比下降3.47个百分点。营业收入3165.84万元，同比增长30.87%；净利润11万元，国有资产保值增值率125.55%，实现扭亏为盈。获得株洲县档案年检年审优秀单位、株洲县工会工作先进单位等荣誉称号。

水厂工艺持续提升。投资110万元，推动水厂工艺技术改造，完成加矾系统和滤池系统改造，添置安装自动投矾系统、在线浊度仪、pH检测仪、滤池中空泵系统等自动化仪器仪表，并对滤头、滤砂进行清洗更换，出厂水水质明显改善，浊度稳定控制在0.6NTUY以下，水质自检合格率98%。

产销差控制成效明显。开展为期8个月的水表普查，共普查水表34040块，补充建卡1543户，查处问题水表443块，更换大表79块，改造表井13座，确保水表准确计量、准确抄读。加大违章用水稽查，全年，共处理违章用水144起，查处黑户67户，为公司追缴水量10.32万立方米。开展有奖举报违章用水，实施消防栓定点取水，加大巡管和检漏，管网漏损得到有效控制。产销差率稳定控制在38%。

引进吸收市公司好的做法和经验，建设一站式用户服务大厅，实现用水报装、过户、更名、缴费、咨询、投诉等一站式服务。实施点对点抄表，营销数据更加精确科学。建立违约金制度，拓展银行代扣、微信、供水APP等缴费渠道，开展预存水费送礼活动，水费回收更加及时。开展大客户走访和“供水服务进社区”活动，主动上门了解客户用水需求、听取客户意见建议，将服务送到家门口。

落实安全责任体系，实施领导干部带队检查制度，建立日常检查和隐患整改常态机制，全年，共排查、治理安全隐患30余处。加强对生产设备设施的预防性检修和更换，对泵房所有水泵和电机进行维修保养，完成电气设备高压试验和机组绝缘老化线路更换，供水安全保障能力提升，在生产超负荷的情况下，未发生一例安全责任事故，确保了安全生产。

供水区域不断延伸。随着株洲县经济的快速发展，城市不断扩容提质，县水司供水范围已覆盖枫溪大道沿线、株渌路沿线、株洲县城区、南洲新区等区域，供水管网总长度达300多公里。为进一步满足各区域发展的用水需求，年内，完成碧鸿家园庭院、伏波大道纸厂路口、云山诗意庭院、解放组等区域供水管网改造，共计改造DN100以上的管网728米。维修管网395余处，为用水户解决了供水管网漏损严重、供水压力低等问题。完成南洲新区渌湘大道、上景一期改造项目、伏波大道项目等30多处的给水安装工程，供水范围不断扩大，居民用水安全得到保障。

城市排水。2016年底，株洲县污水处理厂移交公司运营管理，有职工33人，污水能力设计值为2万吨/天。全年完成二级污水处理量422.57万吨，日平均处理污水1.28万吨，处理生活污水COD进口平均浓度为125.7毫克/升，出口为25.4毫克/升，氨氮进口平均浓度为13.6毫克/升，出口为7.0毫克/升。出厂水稳定达到国家《城镇污水处理厂污染物排放标准》(GB18918-2002)一级B标准要求，有效的保护了湘江及下游地区的水体水质，同时配合株洲县政府完成省政府下达的节能减排任务。

（卜晓军）

城市管理

【概况】 2016年，县城管局紧扣“转型升级”工作主题，坚持市场化运作、网格化管理、精细化作业、标准化考核。按照“网格化”要求，在“五定”管理、执法考评、绩效奖惩等有力措施的推动下，全年组织日常巡查3万余人次，“城市六乱”得到有效管控和治理。通过开展专项整治，解决了商铺门店出店经营、学校周边流动叫卖、市场道路杂乱拥堵等现象，县城市容逐步有序。

落实24小时保洁制度，严格作业标准考核，全年转运处理生活垃圾32390吨，生活垃圾清扫率和处理率保持在98%以上。全年发现制止违建347处55286平方米，拆除违建103处20733平方米，劝导户主自拆违建7处1980平方米。为配合东城大道、二线船闸、500千伏送电线路、渌水二桥、梅子湖等重点项目建设，打击项目区的抢建偷建行为，保证攻目正常推进，减少政府征拆成本，维护社会公平正义。抓项目攻坚，完成得志公园、西山岭垃圾场治理、路灯节能改造、公共自行车系统、限停立柱等重点项目建设。（李志平）

【环卫管理】 株洲县环境卫生管理处下设办公室、收费队、监察考评股、法制股、垃圾转运站和财务股等6个股室。有正式职工98人（含退休职工41人），合同工23人，市场化公司员工386人。清扫保洁范围包括县城街道（含伏波、南洲大道）、广场、农贸市场、绿地、河堤风光带、铁路、无物业管理小区等；保洁维护县城公厕22座、垃圾收集站26个；县城580个垃圾果皮箱和26台环卫车辆的维护保养；日清运处理县城区113个垃圾收集站、点及8个镇74个垃圾收集地坑斗的生活垃圾，收集至中转站压缩后转运华新水泥协同窑焚烧处理。

2016年，县城生活垃圾压缩转运站吊运城区和乡镇垃圾收集站生活垃圾20000余车，转运、焚烧处理生活垃圾2500车，共计2.8万吨。在南洲镇、龙门镇、淦田镇新增地坑式垃圾收集站6座，制作安装地坑式垃圾斗10个，同时对各乡镇垃圾收集地坑斗维修20余次。新购一台8吨摆臂式垃圾吊运车。县环卫处对临聘司机工资进行“基础工资+绩效工资”制度改革，按照实际吊运车辆数量和行程公里数考核计发工资；对每台垃圾吊运车辆发放单独油卡，安装GPS汽车定位系统，按照车辆行驶公里数核定车辆用油，加强车辆油料管理。

年内，新建车库2个，解决转运站内垃圾作业车辆长期露天停放问题。新建维修制作车间1个，并在金穗广场、和城国际、消防中队旁及老煤店四个地坑式垃圾收集站新建遮雨棚，共计投入29.25万元。

年内，配合西山岭垃圾封场项目指挥部，做好西山岭简易垃圾填埋场的封场工程建设项目工作。完成2.5米管涵施工、渗滤管网安装；启动生态恢复、绿化景观栽植及场区道路附属工程建设并全部完工验收。（何江文）

城市拆违执法

【概况】 株洲县拆除违法建设执法大队于2012年3月正式成立，为正科级全额拨款事业单位，2015年机构改革后调整为副科级一级预算全额拨款事业单位，核定人员编制23个（其中大队长1名），下设综合办公室、队伍建设办、财务室等三个股室和四个执法中队。主要职责为：贯彻执行国家、省、市有关控制、拆除违法建设的方针、政策和法律、法规；承担联合县城市管理执法大队、国土、住房和城乡规划建设等相关部门组织对违法建设的联合执法工作；承担强制拆除不符合城市容貌标准、环境卫生标准的建筑物或者设施的工作；承担制定拆除违法建设实施方案并组织实施的工作；承担控规区域、重点区域内日常控规巡查工作，拟订控制违法建设工作方案；承担指导、组织、协调、调度各乡镇、村（社区、居委会）和各相关单位对违法建设的防控和拆除工作，并对工作情况进行督查考核。

2016 年，大队按照“拆控并举、以控为主、以拆促控”的工作方针，开展不间断、全方位、高频度的巡查，严防突击抢建行为的发生，对违法建设做到“第一时间发现、第一时间查处、第一时间拆除”。全年发现并制止违法建设 374 处，面积 55286.76 平方米；拆除违法建设 103 处，面积 20733.16 平方米，其中，重点项目建设区拆除 20 处，面积 2675.56 平方米；劝导户主自拆 7 处，面积 1980 平方米。清除抢栽抢种苗木 33333 平方米；完成好二线船闸、东城大道、渌枫大道、惠天然、湘江风光带东岸、园区 15 平方公里等重点项目和重点区域控违巡查工作；参加湘江河道株洲县段治砂行动 10 余次；参加山林火灾扑救行动 2 次。

改革创新。一是完善制度，明确工作责任。年内，在原有控违拆违工作制度的基础上，出台《株洲县制止和拆除违法建设工作实施意见》和《株洲县制止和拆除违建设工作考核办法》，成立由县委书记任政委，县长任组长的控违拆违领导小组，进一步明确了镇政府控违拆违主体责任，更加明确国土、住建、拆违大队等 39 个相关部门职责，启动“即查即拆”程序，建立由主管县长召集的“每月一调度、每季一奖评、每半年一总结”的工作协调及约谈、举报等机制，将控违拆违考核结果纳入相关部门单位年度绩效考核，及党政主要负责人和分管领导年度个人政绩考核，考核按照“以结果为导向”原则实施。同时，加大控违拆违工作奖惩力度，从制度上把控违拆违工作与“票子、帽子”挂钩。二是建立网络，确保管控实效。为进一步建立健全以镇政府为控违拆违工作责任主体，以村（社区）为前沿，县直有关部门指导、督查、考核、支援的三级控违拆违管控网络，层层落实责任，做到对违法建设早发现、早报告、早制止，确保控违拆违无死角，坚持发现一处，拆除一处。按照属地管理原则，在全县项目建设的“主阵地”渌口镇、南洲镇各成立 20 人的镇控违拆违执法中队，专职负责所属辖区的控违拆违工作。（曾　敬）

征地工作

【概况】 2016 年，株洲县征地办对照市对县各项考核要求，县征地办稳妥筹备迎检项目现场、扎实准备考核资料，向考核组领导全面深入地展示株洲县征拆工作的良好局面和先进典型，各季度考核基础部分均得满分。提前完成规定的 16 个项目征拆任务，在全市征拆征收总考评中，被评为二等奖。全年完成征地 213.24 万平方米，签订房屋征收协议 1050 栋。东城大道 S331 段、常衡 500 千伏、湘江七桥资源配置地块二期、紫涵湖温泉、南洲回购地、南洲 1 号道路、南洲 3 号道路、南洲 15 号道路、青龙湾、国投工业储备用地、环保产业园等项目征拆任务全面完成；县建公司棚户区改造、株洲港渌口港区一期工程等项目进展顺利。

建立“三统一”体系。由县委书记任政委，县长任组长，组建株洲县征地拆迁工作协调领导小组，对全县征拆工作进行统一指挥、统一督导、统一考核。主管副县长及其他相关县领导每周甚至每天对各项目进行调度，用统一的行政制度进一步规范各方面具体工作办法，让全县征拆征收的步伐更加一致、稳健。

营造“大征拆”格局。学习市区先进经验，结合株洲县实际，将征拆任务下发至全县各单位并签订责任状，明确责任。打破以往部分部门参与，个别单位负责的模式，在每个单位明确征拆专干，再由征拆办联点指导，让推进征地拆迁、促进经济发展变成人人有责、人人为主的常务性工作，把推进征地拆迁、促进经济建设的重要性、紧迫性切实地摆在每一个县直单位面前，通过这种方式，群策群力，形成合力。有力地推动征拆工作的全面展开。

【阳光征拆推进项目建设】 根据市里相关要求，结合株洲县实际，在广源家具项目推进过程中，广泛邀请代表，全程参与和监督项目征拆工作的各个环节。在征拆启动阶段，在政策范围内，充分协商好补偿和安置的具体办法，对于合情合理的要求，均予以充分考量，以真诚、恳切的态度化解各类疑问和顾虑。在征拆调查阶段，反复核对调查资料，确保不出现遗漏。在补偿协议的签订阶段，特别是后期几户的补偿协议签订过程中，与代表们协作监督，严格保持补偿标准一致性，不让先签的人吃亏。在安置房建设过程中，相关部门与代表们一道，共同对安置房的设计、规划和选址进行反复调整，最大程度地满足村民们的居住习惯和各类要求，尽全力确保村民们住的安心、放心。（盛行波）

城市建设投资

【概况】 株洲渌湘投资发展集团有限公司由株洲县渌湘城市建设投资有限公司、株洲县国有资产投资有限公司、株洲县交通建设发展有限公司组成，系国有独资公司，注册资本10亿元。公司组织结构搭建基本完成，7名党委会成员和10名经理高管层全部到位，“三会一层”和机构人员管理日趋完善。集团公司内设综合管理、党群办、财务管理、投融资管理、土地经营、工程管理、前期规划、社会事务、审计法务等9个部门，下辖8家子公司。

集团公司是株洲县最主要的市政基础设施建设主体，集团公司主营业务包括项目投融资、土地一级开发、城市基础设施建设、棚户区改造和房地产开发等。集团公司经营范围包括城市道路、城市污水的处理、城市垃圾的处理、城市防洪、城市绿化、供水、供气、供电、城市客运以及土地整理开发、旅游业开发的投资、农村基础建设的投资及农业综合开发。

年内，株洲渌湘投资发展集团有限公司完成银行授信28.95亿元，融资到位22.55亿元。申报公司债券发行12亿元于2016年12月获国家发改委审批。

项目建设情况。公司加强项目管理，全力推进各项续建新建及项目启动的前期规划设计及工程施工等系列工作。实现渌江风光带二期景观工程及滨水北路第一段全面竣工；和谐大道完成全部路基工程、雨污水管道铺装、路基水稳基层；和谐大道下穿铁路工程完成框架预制、顶进、路基防护桩、污水套管顶进、附属工程及工程验收；渌枫大道（城区段）完成部分路基清淤换填片石、清表、路基填筑。渌枫大道城区段和乡村段共计完成征拆投资1.8 亿元；湘江东岸风光带完成征拆投资2.2 亿元；南洲污水处理厂工程完成场地平整、部分围墙、部分挡土墙；梅子湖环湖南路完成 400 米清表及 2 万立方米土方填筑；房地产公司完成渌湘新苑一期、渌湘大厦、渌湘市场相关附属工程，渌湘市场与株洲县丰裕家具贸易有限公司成功签订租赁合同，整栋出租；棚改公司完成 18 个老旧小区和棚户区改造，惠及 3016 户居民，完成投资 4340 万元，向上争取资金共计 7668 万元。

土地经营情况。批回土地共计 31.24 万平方米。其中，储备用地 27.25 万平方米，项目用地 59.82 亩。完成共 25 个地块（102 万平方米）土地的出让工作，所有地块已全部摘牌。完成渌枫大道城区段全部征地工作；完成王家洲储备地全部土地征收，拆除房屋 16 栋，并签订 24 户拆迁安置协议；积极参与“百日攻坚”征地拆迁活动，有力保障了资金的支付，全年公司累计支付 234 户拆迁款 2.12 亿元。（吴文博）

国有资产投资

【概况】 株洲县国有资产投资有限公司是县属国有独资有限公司，成立于 2009 年 5 月，隶属株洲县国有资产投资管理中心，注册资本人民币叁亿元整。与 2013 年成立的株洲县国有资产投资管理中心合署办公的同年正式运营。2016 年，有在职职工 38 人，其中党员 7 人，下设办公室、财务部、融资部、工程部、资产经营部、社会事务部、审计部 7 个工作部门，有株洲县国安机动车辆检测有限公司、株洲县南洲房地产有限公司、株洲国兴驾考配套服务项目建设有限责任公司、株洲县国顺扶贫开发投资有限公司 4 个子公司。经营范围为国有企业投资、公益性投资；农村基础设施建设；投资项目管理、资产管理、其他国有资产管理；招商引资。

全年累计为株洲县重点建设融资 6.11 亿元。足额的资金保障先后为朱亭汽车南站、法院审判大楼、镇政府周转房、县中医院综合大楼、淦田及原仙井、洲坪、南阳桥卫生院等项目建设筹措资金 1.32 亿元，为城投、产业公司调剂资金 1 亿元。

县看守所、拘留所“二所合一”及武警中队建设工程。该项目于 2015 年 9 月开工，2016 年完成办公楼、拘留所、武警中队、看守所等主体工程，并进行室内外装修，完成建筑面积 9246 平方米，完成项目投资 8300 万元。同时做好了相关安防、附属工程的招投标工作，正在进行二期项目的上限值财评审核阶段。

南洲大道南延段拓宽工程项目。于 2015 年 12 月 22 日开工，2016 年完成土方挖换填、地下管网、水稳层及底层沥青层以及实现路面通车，完成通车里程 1.18 公里，完成项目投资 6500 万元。

驾考中心配套服务区土地挂牌出让。成功出让成交土地45333平方米，总价款5200余万元，创造直接经济收益3000余万元。

湘江七桥建设。按照县政府要求将部分土地移交给城发集团整体开发利用，成功移交土地120666.7平方米。

新注入资产顺利过户。公司与国资中心、房产局、国土局等单位对接，完成对新注入资产办理过户手续，并与发改局衔接，对资产进行评估，与地税局对接，对新注入资产及挂牌出让土地按相关政策要求交纳了所需税费。

储备用地整合开发。公司与国土、住建、林业、发改等部门对接，选择最好地段报批用地，已选址确定用地333333平方米，与省国土资源厅相关部门衔接，落实了整体用地的调规，给后期用地报批工作打下了良好基础，已完善报批前的相关资料。

（周　幸）

住房公积金管理

【概况】 株洲市住房公积金管理中心株洲县管理部机构的前身是株洲县住房公积金管理中心，1996年设立的正股级事业单位，属于株洲县房改办的二级机构；2000年，按国务院文件要求实行株洲县房改办和株洲县住房公积金管理中心两块牌子一套人马；2002年，株洲县住房公积金管理中心分设并升格为正科级事业单位。2003年5月，按国务院《住房公积金管理条例》实行上收更名成立株洲市住房公积金管理中心株洲县管理部，直属株洲市住房公积金管理中心垂直管理的正科级事业单位；并按照株洲市住房公积金管理中心的授权全面管理株洲县行政区域内住房公积金的各项业务工作。有工作人员8人，其中正式编制干部5人，劳务派遣人员3人。

2016年，归集住房公积金14487.5万元，完成年计划12150万元的119.24%，同比增长23.5%，提取住房公积金8494.5万元、10836人，归集总额7.47亿元，归集余额3.87亿元；新增住房公积金缴存人员655人，完成年计划400人的164%；发放住房公积金贷款6464.5万元、277笔，贷款总额4.65亿元，3088笔，贷款余额2.1亿元，逾期贷款率为零；实现住房公积金增值收益287万元。全年发放住房公积金贷款6464.5万元、277笔，共发放贷款4.65亿元，3088笔，贷款余额2.1亿元，贷款逾期率为零，贷款呆账率为零。全县有近五千家庭通过住房公积金购房建房提取和贷款，解决了住房困难或改善了居住条件。每年通过办理按年还本业务，可以为贷款户节约利息支出200万元左右。全年新增缴存人数655人，完成年民生实事任务400人的164%。发放住房公积金个人委托贷款4.65亿元，购建房支取1.8亿元，合计资金6亿多元，支持中低收入家庭购建房，促进县城房地产业的繁荣，贡献全县房地产税收2亿元以上，带动建筑业、建材业等相关的产业20个亿以上。年内，为政府拨付廉租房建设补充资金1100万元，累计2539万元，为全县廉租房建设，为城镇困难家庭解决住房困难作出了贡献。

（江　河）

公　路

【概况】 2016 年 9 月 1 日，株洲县公路局成建制由株洲市公路局下放至株洲县政府，现为株洲县交通运输局所属公益一类事业单位，暂保正科级。机关内设办公室、财务股、工务股、安全法规股和政工股 5 个股室，下辖养护中心和路政大队两个二级机构（均为副科级一类事业单位）。共有在职人员 157 人。管养范围为株洲县境内 14 条公路共 236.17 公里（不含农村公路），其中其中省道 63.63 公里、县道 172.54 公里，沥青砼路 108.046 公里、水泥砼路 128.124 公里。

2016 年，对所辖道路的路容路貌、水沟畅通、水毁抢修、路面病害处置及时，加强季节性养护和预防性养护，全县路网优良率 93.3％（不含农村公路）。年内，主要完成芷渌线路基塌陷工程、农村公路及危桥改造工程、S211 淦田镇段水毁抢修工程、攸县 S339 线主体工程和扫尾工程、X005 线大修工程，全年工程产值共计 2300 余万元。先后开展非公路标志标牌整治行动、违法棚屋专项整治行动、公路桥隧保护专项行动和路政宣传月活动。超限检测站以“固定站点+流动执法”的工作形式，采取 24 小时值班制，有力打击全县范围内的非法超限超载运输行为。全年，共查处路政日常案件 22 起，超限案件 243 起，收取罚款及赔（补）偿费 69 余万元，荣获 2016 年全省交通运输行政执法评议优秀单位。

【公路体制改革】 为进一步理顺公路管理体制，推动公路事业持续健康发展，2016 年全市公路管理体制改革全面启动。株洲县公路局围绕“理顺体制、保障运转、精简机构、稳定队伍”的核心目标，完成清查核资、人事编制、工资入统、“三定”方案初拟、单位运行经费的预算工作，以及原县交通运输局的农村公路管理站的撤销并入工作。9 月 1 日，株洲县公路系统人权、事权、财权及确认的固定资产和债权一并成建制移交株洲县政府管理，全局涉及 200 余人的改革工作圆满完成，实现市、县两级公路部门人、财、物、事的合理划分。通过改革，实现县级财政全额保障公路系统全体人员的工资待遇，国省和县乡公路的责任主体得到进一步明确，干支线的建设养护管理办法列入政府议事日程。改革期间，实现零上访、零投诉、零反复，得到各级领导和社会各界的充分肯定。

（刘　玉）

交通运输

【概况】 株洲县交通运输局下辖县道路运输管理所副科级财政全额拨款事业单位，局机关内设办公室、财务股、安全法规股、交通基建股、运输综合股（加挂交通战备办公室）5 个股室。在职干部职工 62 人，离退休干部职工 32 人。

重点项目。2016 年，湘江七桥完成主体工程投资 1.7 亿元；株洲航电枢纽二线船闸项目征地拆迁全面完成，主体工程顺利开工，完成投资 7 亿元；渌湘大桥（渌水二桥）进展顺利，施工累计完成 7000

万元。

农村公路。全年完成农村通畅工程100公里、农村公路升级改造65公里、安保工程125公里、危桥改造35座。创新实施农村公路管养，通过购买服务的方式，省、县道管养工作由专业队伍具体负责，乡村道管养工作由镇村具体负责，农村公路管养机制逐步健全完善。

运输发展：秉持“低碳交通、绿色出行”理念，通过调整优化配置，新开通城市公交线路2条。现有公交线路6条，电动公交车6台，混合动力公交车2台。年内，新建农村客运招呼站30个；县客运公司改制重组与湘运集团顺利合并；创新实施水上客渡船公司化运营管理，确保了水路运输持续规范发展。

深入开展打非治违行动，道路运输行政执法依法到位；深入开展治超治限工作，超限运输得到有效遏制。年内，株洲县超载率为零。继续全面推行客渡船节假日、赶集日义渡制度；严格实行水上交通安全签单发航制度等，交通运输安全生产形势平稳可控，社会治安综合治理维稳工作继续实现“五无”工作目标。　　（陈红霞）

交通建设

【概况】 株洲县交通建设发展有限公司自成立以来，按照县委县政府的安排，承接“东城大道”“渌水二桥（渌湘大桥）”“危桥改造”三个重点项目，总投资共计11.22亿元的建设任务。

2016年，扩大投资，项目建设有力推进。渌水二桥项目总投资2.4亿，渌水二桥长651.96米。其中，主桥长280.00米，引桥长371.96米。接线长232.09米。计划工期2年，已完成征地16666.7平方米，征拆房屋24栋；完成桩基33根，承台8个，立柱6对，桥台1个，累计完成产值约3000万元。征拆与工程产值累计完成总投资约1亿元，占总投资的的42%。东城大道项目的机场大道和省道S331东线，路线全长约9.62公里，总投资约8.68亿元。累计完成征地44.87万平方米。其中，完成机场大道计划征地32万平方米，S331计划征地26.2万平方米，实际完成约12.87万平方米。累计拆迁房屋62栋。其中，机场大道28栋，S331段34栋。累计完成产值约4000万元，占总产值的10%，累计完成总投资约3.9亿元，占投资的49%。危桥改造项目（12座）项目设计通过株洲市交通局和株洲县交通运输局审查，并取得相关设计批复文件，设计批复总投资约1400万元，签约合同总价约1200万元，各施工单位均已进场组织施工。妥善解决资金等问题，“项目提速、工作提效”落到实处，抢时间实行穿插、跟踪项目施工安全、质量、进度，倒排工期等等，为推动项目建设，调动项目各参建单位积极性，与东城大道、渌水二桥施工单位签订目标责任状，明确项目每天每周的工作。坚持项目月安全检查，在检查中发现隐患、排查隐患。加紧推进东城大道与渌水二桥项目建设。

多措并举，项目融资提质增效。公司依托项目积极对接银信部门，坚持“长期、低息、高额”的导向，促进多融快融，为公司拓展和县域经济发展做好资金储备。一是依托新建株洲县汽车客货运站项目，以土地作抵押在华融湘江银行株洲县支行融资到位 6800 万元。二是依托机场大道（株洲县段—S331）项目，以政府购买服务、土地作抵押双重保障方式，对接华融湘江银行株洲县支行，已融资到位 4 亿元。三是依托 S331（醴陵周家冲—株洲县思梅桥）项目，以政府购买服务、土地作抵押双重保障方式，于农业银行株洲县支行，已融资到位 3 亿元。四是依托机场大道株洲县段（株洲县界—S331）和 S331 醴陵屏山至芦淞区栗塘村项目，以政府购买服务方式对接国家开发银行，已融资到位 6 亿元。五是渌湘大桥项目（省五建公司）和东城大道施工方（湖南省中欣建筑工程有限公司）融资带建各 5000 万元，年内，退还省建五公司 5000 万元以及省中欣公司 5000 万元。全年，共实现融资 14.68 亿元。

（曾飞艳）

交通行政执法

【概况】 株洲县交通建设质量安全监督局负责全县农村公路，农村公路小型桥梁新建、改建、改造工程的质量安全监督管理；组织对受监项目进行交（竣）工鉴定检测，查处受监项目违反交通建设质量安全行为。

2016 年，株洲县农村公路建设里程 100 余公里（包括升级改造项目），小型桥梁 19 座。为了提升农村公路质量与安全，加强质量和安全监督管理，全年开展质量安全检查 16 次，采取巡查、抽查、重点检查等方式，对所有项目进行质量安全检查监管，对存在质量和安全隐患的工程项目下达质量整改通知书和《停（返）工》令，责令施工单位停工整改，为全面提升农村公路建设质量和安全尽心履职。（邓少明）

地方海事

【概况】 株洲县地方海事处依法履行全县水上交通安全监管、港政运政、航道管理、船舶检验、规费征收五大职能；辖区地方航道 12.8 公里，省管航道 65 公里，客渡码头 36 处，持证船员 62 名，各类船舶 51 余艘。

2016 年，县地方海事处全力做好株洲县水上交通安全监管工作。全年开展安全检查 72 次，检查各类船舶 613 余艘次，发现各种不安全隐患 36 处，下达处罚文书 3 份，罚金 1.1 万，停航整改通知书 5 份；全年累计更新改造渡船 27 艘；参与跨江高压线、端午龙舟赛、二线船闸工程开工等维护行动 4 次，配合县人民政府进行湘渌江治砂整治。通过开展水上交通安全专项整治、“打非治违”和安全生产月等整治行动，重点对渌口菜码头人渡、雷打石汽渡、朱亭渡口和淦田渡口水域进行了重点安全监管，逢场赶集日执法人员现场进行维护，加强乡镇渡船渡口安全整治、整顿重点水域船舶停泊、装卸秩序等措施，辖区船舶航行秩序得到进一步改善，船舶违章情况明显下降，确保全县辖区水上交通安全、有序、畅通。（黄　明）

邮　政

【概况】 2016年，株洲县邮政分公司有从业人员130人，其中正式工79人，劳务工51人。机构设置情况为一部一室，分别是市场经营部和综合办公室。市场经营部下设金融业务部、大客户部、渠道建设部、集邮部、函件部、发行投递部、车站储蓄所、津口路储蓄所、中心邮政营业所、淦田支局、三门支局、白关支局、朱亭支局、雷打石支局、伞铺所、古岳峰所、姚家坝所、张公岭所、黄龙桥所、王十万所。

年内，全县邮政累计实现业务收入3422万元，增幅20.24%。其中，金融类2650.2万元，占比77.45%；邮务类565.73万元，占比16.53%；速递物流类206.07万元，占比6.02%。

扎实推进综合便民服务站建设。年内，邮政新建综合便民服务站30个，累计建成255个，活跃度达92%。全面叠加便民缴费、电商代购、快递揽收、车险代理等业务，方便人民群众和广大农民朋友的生活。

大力推动金融业务发展。年末，存款规模达19.26亿元，年新增3.5亿元，增幅76.35%，年度累计销售保险7223万元、理财3882万元、基金86.26万元。

加快发展快递包裹业务。坚持“5元起价，邮往全国，上门收寄”的服务标准，全力打造“国字号”速递品牌，全面代理政务类标快服务，积极服务电商客户。全年合计揽收快递包裹45万件，实现收入183万元，收入增幅达124.41%。

加大创新力度，挖掘地方特色，着力打造文化传媒业务新的增长极。年内，成功开展少儿书信比赛活动、《匹诺曹》文化演出活动、集邮鉴赏会活动、图书巡展活动，开发了企业形象年册及村志项目，合计创收80余万，同时进一步推广邮政文化传媒的影响力。（李　艳）

电　信

【概况】 2016年，中国电信株洲县分公司各类在网用户总数达过10万余户，全年累计收入完成率103.32%，完成率在县域公司中排名最高，收入同比增幅11.28%，高于全市增幅5.42PP（全市5.86%），高于县域2.65PP（县域8.63%），增幅排县域第一，准利润完成率100.12%，是县域公司中唯一全面完成准利润考核收入的分公司，企业保持健康可持续发展态势。

2016年，分公司网络基础能力稳步提升，净增光网端口1.61万个，其中农村新增1.1万个，期末达到5.75万个，端口实占率38.65%，城区光网覆盖率100%，新增80个光网农村行政村，光网村到达数312个，农村光网覆盖率93.97%。年内高效完成了农村66个4G基站LTE800M的建设，基本实现4G信号全覆盖，同时在农村区域追加建设3G站点16个，解决了部分光网村区域手机信号覆盖弱的问题，用户感知体验地区保持优势领先。

年内，分公司深入推进优质服务工程、“双提升双满意”装维服务竞赛活动，通过装维明星上榜树立标杆激励机制，形成比超的工作氛围，装维服务水平全面提升，在光网宽带安装、维护、服务等方面推出拨打 10000 号装宽带、微信客服、预约修障、智能提速、在线测速等专业化服务举措。面向城区在所有通信运营商中率先提出“8 小时装机、8 小时修障；真宽带、真速率、低必赔；无条件受理，零拒单；老用户免费提速；新装用户免费调测无线 Wi-Fi；7 × 24 小时在线服等六项服务承诺。对外服务更加及时、准确和规范。

（唐旌望）

移动通信

【概况】 2016 年，中国移动通信集团株洲县分公司全面开展综合管理、市场运营力、网络优势提升等工作，实现全年工作目标。年内，上缴个人税费 205 万元。完成 120 个 LTE 站的设计规划配套建设及开通，全方位、高效率地推动 4G 网络建设工作，持续扩大提升 4G 网络深度覆盖及优化工作，实现行政村 100%覆盖，全年发展 4G 用户 3 万户。全县共建设宽带小区 189 个，其中新增宽带小区 80 个。年内，分公司组织志愿者 5.17 促销活动；完成扶贫基站建设 4 个。（熊　辉）

环境保护

【概况】 株洲县环境保护局是县人民政府职能部门，负责对辖区内的环境保护工作实施统一监督管理。局机关内设办公室、法规宣教股、生态规划污控辐射股。下设株洲县环境监察大队和株洲县环境监测站，均为副科级事业单位。有在职干部职工 29 人，其中副科职以上 8 人。

株洲县确定的宣传主题是“改善环境质量，推动绿色发展”。2016 年，围绕此主题，在“6·5”世界环境日期间，县局采取广覆盖、求实效、多方位、受欢迎的形式开展各项活动。

株洲县政府组织渌口经济开发区、发改、环保、交通、各镇等单位多次召开专题会议，结合全县总体规划和区域发展布局及撤县并区的发展要求，对省技术组提出的红线划定方案进行了详细的核实，并提出切实可行的修改方案，报省环保厅审查，修改方案获得省厅全部采纳，圆满完成生态保护红线划定工作任务。

环境管理。全年，共审批建设项目 51 个，环保“三同时”执行率 100%。以排污许可证的管理和发放为切入点，规范对企业的排污管理，辖区内重点企业排污许可证的持证率和年审率达 100%。共完成减排项目 6 个，减排量化学需氧量 62.1 吨/年、氨氮 10.93 吨/年、二氧化硫 34.89 吨/年、氮氧化物 1035.26 吨/年。

环境治理。组织《株洲县农村环境综合整治整县推进项目》的乡镇调研，委托新九方环保公司编制《株洲县农村环境综合整治整县推进项目工作实施方案》并完成项目的工程设计，成立工作指挥部，12 个省级贫困村农环项目已全部完工。污水处理形成体系，渌口镇、淦田镇、朱亭镇、古岳峰镇已建成污水处理厂，南洲新区污水处理厂正在建设。县内 4 个经省环保厅认可的水质环境监测点位，上报数据达标率达 90%以上，饮用水源地水质达标率100%，无城市黑臭水体。湘江水资源治理取得初步成效，从源头上减少对湘江的污染。

环保执法。全年，共出动现场监察 985 次，检查企业 370 家，检查污染防治设施 84 台套，制作现场监察文书 1076 份，发现并纠正环境违法行为 36 起，立案 15 起，其中移送司法机关 1 起，移送公安行政拘留 1 起，有效促进企业环境管理规范化。全年，共接受群众来信来访 225 件，调处率及回复率均 100%。

环境监测。完成县城全年度的大气环境质量监测，渌江株洲县自来水厂断面、铁桥断面的常规监测以及交界断面的监测，重点加强枯水期的监测，按监测计划对重点污染源进行例行监测，积极应对突发事件，及时稳定群众情绪。对 1 家国控企业和 7 家重点排污企业进行监督性监测工作，对 7 家企业进行排污许可证年审的委托监测以及环评监测和验收监测，并受监察大队的委托对 5 起污染纠纷进行监测采样工作，为环境管理、污染纠纷调处提供监测依据。 （喻祖林）

教　育

【概况】 株洲县教育局是县级教育行政管理部门，有在职人员 55 人，内设 13 个职能股室，分别是党建办、办公室、基础教育股、社办职成股、人事股、计财股、监审室、督导室、招生办、工会办、信访维稳室、综治安全股、资助管理中心，3 个二级机构分别是教研室、勤管办、装备站。2016 年，全县共有中小学校 70 所。其中，普通高中 2 所，职业高中 2 所，完全中学 2 所，初中 5 所，九年一贯制学校 14 所，小学 23 所，教学点 22 个。全县在校学生 25319 人。其中，小学 13548 人，初中 5457 人，普高 4798 人，职高 1516 人。登记注册幼儿园 66 所，在园幼儿 7371 人。全县在编教职工 2396 人，离、退休教职工 1605 人。

2016 年，财政预算内安排教育资金 4.13 亿，财政一般预算支出 22.29 亿，预算内教育经费支出占财政一般预算支出的比例同比增长 0.56%。县教育局承担“全面改薄”、教师周转房建设、高中教育办学条件改善、省示范性中等职业学校评估验收等 15 个民生实事项目，总投资 6360 万元。完成高考标准化考场建设，新建 7 间录播教室，全县录播教室总数达 17 间，居株洲地区前列。投入 400 余万元打造 OA 办公系统平台，积极推进“数字校园”“信息化应用试点学校”建设，育红小学、南阳桥中学成功申报“数字校园”和“信息化应用试点校”项目，南阳桥中学“信息化应用试点校”荣获市级优秀。

德育工作。推进德育工作创新发展，落实《株洲县中小学生德育综合改革行动计划（2016—2018 年）》，组织申报了 10 多个株洲市德育综合改革工作项目，其中县级整体推进项目《乡村学校少年宫“一宫一品”建设》初显特色。全面推进“六礼三仪”教育，南阳桥中学组队代表县教育局参加株洲市首届“六礼三仪”文明风采大赛，以第四名的好成绩夺得“十佳”。努力推动示范性家长学校建设，积极组织参加株洲市中华优秀传统文化展示活动，南阳桥中学成功承办2016年株洲市“清明祭英烈”活动。认真组织开展红军长征胜利80周年群众性主题教育活动，着力推进株洲县社会主义核心价值观教育。

教育教学。深入推进新课程改革，交流课堂教学改革经验，努力促进全县教育教学质量的提升。2016年高考成绩稳中有升，二本以上录取528人，录取率41.38%；一本以上上线人数 90 人，较上年有所增加，县三中二本以上上线45人，实现了学生的“低进高出”。文科状元录取中南财经政法大学，理科状元录取同济大学，1人录取空军飞行员。成功创建乡村学校少年宫省级项目（渌口镇松西子学校）；砖桥中学、松西子小学获评市级素质教育示范校，渌口镇中心幼儿园获评株洲市示范性幼儿园。扎实推进《3—6岁儿童学习与发展指南》实验工作，加快推进县域学前教育科学发展经验在全省推介。遴选渌口镇中学等3所初中和育红小学等3所小学申报加入市课改联盟，渌口镇与县五中启动初高中衔接协同发展教育实验项目，组织教育骨干到北京、浙江学习先进的教改经验。

体艺工作。认真做好中长期学校艺术教育行动计划，严格执行国家课程方案，开齐开足艺体课程。大力推广校园足球，认真落实《株洲县中小学校推广“校园足球”实施方案》，广泛开展大课间、运动会、“四独”比赛、分片文艺汇演等活动，体艺“2+1”活动得到常态化发展。在市“三好杯”运动会上，代表株洲县参赛的育红小学获男、女团体总分第一名，渌口镇中学获男子组团体总分第四名，县五中获女子组团体第三名。湘骏文武学校获株洲市“尚武杯”小学、初中组团体总分第一名，选送节目“传承颂”晋级参加省、市电视台举办的少儿春晚。

教育科研。积极参加县委全面深化改革工作，教育自主改革项目《株洲县义务教育和普通高中学校提质三年行动计划（2016—2018年）》初显成效。株洲县《现代乡村小规模学校管理模式创新》荣获株洲市教育创新一等奖。积极强化课题研究与管理，提升教育科研水平。完成省、市“十二五”课题3个结题项目；完成省“十三五”教育规划课题2016年度课题申报工作，立项11个；县职业中专《行为导向教学法的实施与研究》课题获省二等奖。渌口镇中学获得第三届全国数据驱动教学改进研讨会征文一等奖，并在会上做典型发言。积极组织参加各级各类科技创新大赛，育红小学2016年科技创新作品获5项国家专利，文宇宬同学的《一种大视野潜望镜》参加全国校园发明创意大赛，获全国小学组金奖。

资助扶贫。建立覆盖幼儿园、小学、初中、高中、大学等各级各类学校学生的资助体系，制定各类学校资助管理细则、认定办法、评议审核公示办法等制度。全年，共发放助学金777.64万元，惠及贫困学生 9033 人，完成县民生实事目标的188%，完成市“民生一百”工程目标的

266%。救助计生户贫困学生3384人次，救助金额219.96万元。在认真落实国家财政补助的基础上，积极争取社会各团体对贫困学生的救助。“金秋助学”活动共筹集善款76万元，资助190名寒门大学生。扎实推进“一进二访、精准扶贫”工作。行业扶贫共计投入资金123.83万元，惠及建档立卡贫困学生1576人次。株洲县中职资助工作在全国学生资助管理工作会议上作典型发言。

教师队伍。启动教师人才素质提升“十百千万”工程，完成99节优质课堂教学资源建设，完成各级各类教师培训共计2879人次。公开招聘和选调88名教师，充实到边远农村学校；送培15个初中起点公费定向培养师范生。完成全县教育系统2016年教师资格注册登记工作，年内共认定教师资格28人。组织第三、四期中小学教师信息技术应用能力提升工程培训，培训教师660人次。做好2016年国培、省培、市培参培人员遴选工作，选定参培教师610人次。举办暑期专题培训，分类、分专题开设六个培训班，培训600人次。举办安全管理员培训、村小资源管理员培训、体育专业教师培训，培训229人，承办了国培送培到县培训，培训小学语文、数学、英语教师712人。承担市名优教师送培到县培训，培训高中语文、数学教师133人。起草《株洲县乡村教师支持计划（2015—2020年）实施办法》，按照办法，重新进行岗位设置，根据新的岗位设置职数，进行2016年度中小学教师职称评审工作，申报高级职称43个，中级职称56人。受理初级职称59人。

安全稳定。进一步加强教育安全管理工作，严格贯彻执行安全管理月工作例会和季度考核制度，认真落实教育教学管理岗位安全职责，不断完善“三防”建设，积极创建平安校园，持续加强安全教育、安全管理与安全督查，年内，全县没有发生一起较大的校园安全责任事故。妥善处理群众来电、来信、来访、网络投诉等159件，所有求助及投诉事件办结率100%，办结满意率99%。

获得荣誉。年内，株洲县职业中专徐欢腾代表株洲县在全国学生资助管理系统中职子系统培训班上作典型发言；获教育部第19届全国青少年五好小公民“老师您好 我的好老师”主题教育活动先进集体；获湖南省教育厅“我身边的资助故事”征文活动优秀组织奖、“老师您好 我的好老师”主题教育活动优秀组织奖；“农村义务教育全面改薄项目”获湖南省财政厅、湖南省教育厅绩效考核排名奖励100万；株洲县五中获2015—2016年度湖南省示范性普通高中督导评估优秀等次（全省仅25所）；获株洲市教育局“2016年度教育工作先进县市区”；获株洲市双文明单位；在株洲市对株洲县政府教育履职考核、株洲市教育局对株洲县教育局履职考核中均获第一名。（晏　丹）

【株洲县第五中学】 2016年，学校全面实施素质教育，坚持“让你我拥有灿烂的人生”和“文化专业双脚走”的办学理念，坚定不移的推行高效课堂改革和实施自主管理。年内，迎接国家、省、市、县各级各类督查、视导、调研公务接待40余次。组织了网上普法学习考试、总支换届选举、人大换届选举、教师资格注册、职称过度、第二次岗位设置、全国教师管理信息采集等专项工作。编辑出版《周周通报》34期，共约16.2万字。刊发市、县教育信息92篇，其中有6篇列为市教育网精品，学校被评为“株洲县教育宣传信息工作先进单位”。

学校高度重视省示范性普通高中网络督导评估工作，切实按照《湖南省示范性普通高中网络督导评估学校网络平台建设与管理操作指南》的要求开展工作，学校督导室及时准确收集、整理、汇总迎评资料和各方面的意见和建议，以此引领、规范学校管理，提升学校教育质量。2016年高考有511人参考，二本以上录取317人，录取率62.04%。近三年在省示范性普通高中督导评估中，成绩分别为80分、88分、90.5分，其中以90.5分评为省“优秀”（湖南省25所，株洲地区3所）。

年内，资助贫困学生人数合计877人次，合计资助110.59万元。全校建档立卡学生、低保户、残疾学生、单亲学生、重大疾病学生、孤儿、计生户、天灾人祸户得到资助达100%。

年内，成功地举办第五届“五韵风”艺术节暨2017年元旦文艺晚会，课余时间开展艺术活动，如五中好声音歌唱比赛、摄影比赛、书法比赛、主持人选拔赛和大课间“阳光体育”系列活动。组织学生参加市县艺体竞赛活动，荣获株洲县田径运动会男子团体第一名、女子团体第一名、足球联赛男子第一名；株洲市三好杯田径运动会高中女子团体第三名；株洲市第二届“市长杯”校园足球联赛二等奖。本学年度教师发表论文国家级22篇、省级14篇，论文获奖国家级1篇、省级13篇、市级10篇，教学竞赛获省市级以上奖励84人次。

德育艺体有加强，常规管理秩序井然。全面建立以校长、主任、年级组长、班主任、学生为纵线、学校、家庭、社会为横线的德育网络，纵横结合、三位一体。通过召开家长会、开展大家访活动、下发告家长书、发送短信、等多种渠道，着力搭建学校与家庭之间沟通的桥梁。成立以校长为组长，副校长、校工会主席为副组长，相关处室行政干部、年级负责人、全体班主任为成员的学校综治工作领导小组和“平安校园”创建工作小组。成立依法治校工作领导小组、治安调解工作委员会、消防安全、交通安全、法制宣传、反邪教工作领导小组等综治专门工作机构。制定、完善《创建“平安校园”实施方案》《校园维稳工作制度》《校园食品安全管理制度》《校园网络安全管理制度》《株洲县五中学生宿舍消毒制度》等专项综治管理制度。进一步完善心理咨询室基础设施建设，增加游戏活动室、预约办公室等功能室，添置放松椅、三人沙发、档案柜、可移动椅子、电视机，以及沙盘设施、心理软件、哈哈镜等一系列专业设施。老师新增获得二级心理咨询师资格证2个。个别心理辅导达300人次，开设朋辈辅导、团体辅导、心理讲座、心理健康主题班会。

办学设施有提升，育人环境得到优化。学校加强资产管理，严格执行物价局有关规定，定期做好财务公开工作。对学校公共财产安全进行严格的规范管理。食堂用餐、食品安全的管理严格按照规章制度执行，得到国务院食安办的充分肯定。图书馆附属工程建设，内部设施、设备的采购在进行招投标工作；完成自来水管网改造工程；完成家属区安全通道的三期工程顺利通车；学校道路提质改造工程现在施工中。总务处安排专人及时维修学生生活和学习的设施、设备，消除安全隐患。

（李朝胜）

【株洲县职业中等专业学校】 学校是株洲县唯一一所公办中等职业学校，国家级重点职业学校，位于株洲县县城中心，占地面积56666.7平方米，建筑面积33710平方米，距离株洲市15公里，交通便利，是省级园林式学校。学校是株洲县职教中心牵头学校，集中等职业教育、电大学历教育和职业技能培训、教师培训于一体。中等职业教育开设汽车运用与维修、数控专业、中医护理专业、高星级饭店运营与管理、服装设计与工艺等专业。电大学历教育开设工商管理、行政管理、法学、土木等40个专业的大专和本科学历教育。学校现有教职工163人，外聘教师8人，专业双师型教师40人；教学设备齐全，有高星级酒店实训场所、汽修实训大楼、火花塞实训基地等，优秀的师资力量和先进的教学设备，为专业教学提升学生技能和职教中心开展各类培训提供有力的保障。

2016年，学校坚持“质量立校，内涵发展”的工作理念，坚持“以学生为根本，以就业为导向”办学思想，顺利通过“省示范性（特色）中等职业学校”建设现场验收工作，积极推进“智能职校”建设项目、启动卓越校项目建设，创新思路，创建了创客大学，开设了首届育婴师培训班，重点抓好学生养成教育和教学质量，创造性的发展了学校各方面工作。

强化德育管理，提升学生素能。学校构建全员德育管理结构，搭建“家校融通”、“社校沟通”工作平台，建立领导班级蹲点制度，健全“校长服务教师、老师服务学生，学生服务社会”三级服务体系。加强“平安校园”建设，坚持“安全第一，预防为主”的原则，制定了各项安全预案，及时做好安全隐患排查及校园周边环境的整治，联合县禁毒委、公安局等部门开展禁毒知识教育活动。坚持查堂、查寝制度，双休日抓好留校寄宿生管理，确保学校的安全和稳定。年内，学校安全责任事故发生率为0。加强校园文化建设，注重精神理念的倡导，学生社团类型多样，如梦想电影社、志愿者、运动拉拉队，舞蹈社、音乐社、足球社、动漫社等共10多个社团。学生活动丰富多彩，文明风采”竞赛活动，足球比赛、师生篮球比赛活动、FUN4秀场、开展“三能节”——“综合素能、专业技能”竞赛与展示活动、现场招聘会以及“三能节”——运动素能竞赛活动。多彩校园生活为学生提供多元发展平台，彰显职业教育特色。

重视专业教师培养，结合人才培养方案，有效提升专业教师队伍素质。积极组织专业教师参加市培、省培、国培；组织30多名老师下企业参加培训；暑假组织4人参加信息技术培训；建立毛艳、杨昌旅等“名师工作室”4个；涌现一批“多证型”、“双师型”教师。全面实施双案制教学，不断探索“行动导向”教学方法，组织老师撰写论文并汇集成果；组织教师开展课堂展示，微课竞赛、现代教学信息化晒课活动。年内，“行动导向”课题现顺利结题；教师在国家级、省期期刊发表教育教学论文19篇；罗朗、江樱等老师参加省级微课竞赛获二奖，在2016年全国“创新杯”说课比赛中，谢黎明老师获得二等奖，学校荣获全国说课比赛优秀组织奖。在株洲市首届青少年创意设计大赛上，学校学生作品《智能路由器》《猎》和《笔的故事》分获二等奖。

学校秉承“立足园区、对接产业、服务区域经济”宗旨，充分发挥职教“中心”牵头作用，切实履行职业教育职能，形成中职、专本连读和岗前培训一条龙，增强职业教育综合能力。组织退伍军人培训，农民工技能培训、教师计算机应用能力提升培训、育婴师培训、残疾人培训等项目近3400多人，完成国培省培名单审核500多人。年内，电大招生300多人，有在读生近800多人，创客大学创新思路，积极培养县域内电商人才，招生1200多人，促进了地方经济发展。积极做好示范性社区学校建设工作，完成了省社区教育资源库建设调查工作。组织松西子社区、伏波社区、老年大学开展多种形式的社区教育活动，协助成立了株洲海明湘爱公益联合会，组建了志愿者联合会。学校抓住当前职业教育发展的大好时机，开创实习合作的新领域，考察了汉腾汽车、华强、德尔福科技、艾盛汽车等14家企业，与多家企业达成了实习就业合作协议。加强了创新创业教育，组织学生创业大赛，“初尚服装工作室”项目进入湖南省黄炎培创业大赛半决赛。制定切实可行的招生计划，有效探索中高职衔接办学模式，加强县外招生宣传，办学规模不断扩大，学校有中职学生2000多人。（李　平）

【株洲县第一中学】 学校地处株洲市松西子新农村建设示范区，株洲市示范性高级中学。始建于1958年10月，占地面积36200平方米，绿化面积达19866.7平方米，是湖南省首批“绿色学校”之一，距县城3公里，交通便利。建校以来，学校先后获得湖南省“现代教育技术实验学校”、“绿色学校”、“安全文明校园”、株洲市“园林式单位”、株洲市食品卫生分类管理A级单位和株洲县食品安全信用体系建设示范单位、株洲县“双文明建设红旗单位”等荣誉。2005年成为长郡中学卫星远程合作学校和综合社会实践活动合作单位。2016年，学校有30个教学班，在校学生1400余人，教职工157人，专任教师学历合格率100%（研究生学历4人），高级教师40人，中、高级教师占专任教师的96%。

学校坚持强德育启智育，稳步打造办

学特色。一是加强道德修养，打造“三支队伍”，分别是领导班子、班主任队伍、教师队伍建设。行政管理遵循“眼中有人，手中有事，心中有校”的宗旨；强调教师的道德素养、扎实学识、仁爱之心、人格魅力；努力建设一支心态好、观念新、作风硬、工作实、效率高、有情趣、有人缘、有水平、高品位的教师队伍，打造学习型、务实型、吃苦型、和谐型的师资团队。二是倡导“四心教育”，潜移默化学生。学校提出“爱心、耐心、细心、恒心”的“四心教育”。在教育教学过程中，关爱学生的身心健康，以“爱心”点燃学生的向上、向善之心；学生在学习中遇到困难不能解决时、多一点耐心，多与学生交流、多与家长沟通；在学生思想有波动时，多一些细心，及时进行疏导工作；学生学习成绩无起色、行为习惯未养成时，多一份恒心，相信“驽马十驾，功在不舍”。三是坚持“五会德育”，培养健全人格学生。以“会做人，会做事，会生活，会思考，会感恩”为工作思路，实行全员育人，全程育人，做到学校无闲人，人人都育人，学校无空地，处处皆育人，促进学生人格健全发展。

年内，学校荣获“株洲市高中教育质量建设先进单位”、株洲县“高中类目标考核二等奖”的匾牌。2016年度学考通过率达90%，高考本科生录取84人，其中文斌以607分居县理科第四名。

（唐开国　侯　慧）

【株洲县第三中学】 学校是一所农村普通高级中学，1959建校，校园占地面积2.8040万平方米，学舍面积15，800平方米。在校学生近800人，有18个教学班，教职工76人，专任教师62人，学历达标率100%。2016年高考二本以上录取50人，二本以上上线率28.66%。

学校绿化面积占37%。原有教学楼2栋、科教楼1栋、学生宿舍3栋、现代化食堂1栋、办公楼1栋、教师宿舍2栋；有理化生实验室和仪器准备室各1个、计算机教室1个、音乐活动室各3个、美术活动室2个、通技活动室和准备室各1个、图书室1个、阅览室2个、体育器材室1个、医务室1个、舞蹈室1个、乒乓球室1个、多媒体教室1个，设备设施齐全；校园广播系统、监控系统、办公区无线Wi-Fi齐全完备。2016年，办学条件整体得到进一步改造，新建学生公寓1栋，校园主干道全部油化、改造篮球场2个、250米跑道运动场1个，改造摔跤柔道训练室1个，教室、寝室全部安装空调，热水、开水系统全部更新。

学校用“诚”的传统价值观统领师生思想。坚持“德育为先”，在细节中育人，在活动中育人。在教学上探索出“三六”课改模式。即学生的学习时间分为三块：课堂、课余、自习课；课堂教学模式分为六个环节：课前读、明确目标、自主学习、合作交流、展示点评、当堂检测。

坚持走艺体强校之路，制定“艺体、文化”双赢的高考培养方案。自2014年被确定为“湖南省首批实施国家校园武术段位制试点单位”后，学校将武术教学纳入常规教学内容，将武术项目列入大课间集体特色项目，在县教育局组织的大课间视频评比活动中，学校评定为“优秀”等第。2016年，增设武术、摔跤柔道专业。

（马红艳）

【株洲县育红小学】 学校创办于1909年，是一所有百年办学历程的三湘名校。先后被认定为全国青少年集邮示范基地、湖南省科技创新示范校、湖南省基础教育教学研究实验学校、湖南省现代教育技术实验学校、湖南省名优学校、株洲市特色学校。学校占地面积6785平方米，校舍面积9048平方米；有教学班37个，在校学生2068人，是株洲县规模最大的小学；教职工116人，其中中学高级教师9人，小学高级教师79人。

2016年，学校师生紧扣“安全、质量、特色”三个关键词，围绕“安全再细化、质量再提升、特色再给力”的工作目标，全面完成教育局的工作部署和学校工作计划。年内，在市、县书法、美术、科技制作等竞赛中获奖400多人次，学生设计的邮票获得省级奖励14名，学生科技创新作品获7项国家专利，在县中小幼书法美术作品比赛中获一等奖的学生有80多人，分别获得县二、三等奖的有100多人，获株洲市、县艺术之星比赛一、二等奖的学生有200多人。

学校加大德育工作力度，尤其注重家校沟通渠道。年内，被评为“株洲市文明校园”。学校注重校园文化建设，在株洲县创建“三雅一规范”美丽校园行动评比中，获“十佳单位”称号。学校大力推行素质教育，推进教研教改工作，《大班额环境下学生小组合作学习初探》成为省教科院国家级课题的子课题，省“十三五”规划课题《法治教学的途径与方法研究》正式开题。一名教师在省级赛课中获得一等奖，多名教师获市县级赛课一等奖，30多位教师的论文获省、市级奖励，其中两篇获省级一等奖。在全县小学教学质量综合评比中名列全县第一，连续七年荣获全县教学质量综合评比一等奖。科技创新作品获市一等奖的学生有9人，一名教师指导的科技创新作品获全国金奖。在株洲市“三好杯”田径运动会上，学校分别获得小学组男子、女子团体总分第一名。2016年被株洲县综治办、株洲县教育局授予“平安校园”称号。

（张　建）

【株洲县机关幼儿园】 幼儿园创建于1975年，是株洲县政府投资、县教育局直管的全日制公办幼儿园，县内的一所市级示范幼儿园。在2007年被株洲市人民政府教育督导室授予“株洲市市级示范幼儿园”称号。全园占地面积2881平方米，建筑面积1868平方米。有大、中、小班6个教学班，在园幼儿208人；在岗教职工26人，市级学科带头人1人，市级教育能手2人。园内环境优美，教学设施齐全，室外有开阔的游戏活动场地，富有童趣的大型玩具。室内设有标准的活动室、游戏区域、睡房、厕所以及各种功能室，每班配有钢琴、电脑、电视、空调、消毒柜、电热水器等设施。先后荣获“湖南省贯彻落实《指南》

实验重点园”“株洲市市级示范幼儿园”“株洲市平安校园”“株洲市卫生保健示范幼儿园”“株洲县巾帼文明岗单位”“株洲县食品安全信用体系建设示范单位”“株洲县教育局目标管理先进单位”等荣誉称号。

幼儿园教育理念是“尊重孩子的天性，激发孩子的灵性，塑造孩子的个性”。认真贯彻《3—6岁儿童学习与发展指南》精神，培养幼儿“会关心、爱运动、乐探索、善表达”身心健康的儿童。2016年，围绕保教中心，以保教工作为重点，狠抓保育保健工作、教育教研工作、安全防范工作。切实做好预防和控制传染病工作，坚持消毒制度，保证正常的工作运行。重点做好幼儿一日常规教学，有计划、有准备、有组织、有总结、有反馈地开展各项教学工作；每月开展一次家长开放日活动，让家长了解幼儿在园的一日活动情况。全年组织了六一欢庆会、亲子运动会、毕业盛典等大型幼儿活动，使得教育教学工作稳中求新。园内制定各项安全制度，每月定期进行安全隐患排查，并邀请消防队对全园教师教学消防知识讲座，提高安全意识。门卫处配备专门的保安并且安装了24小时的监控，安装了一键式报警装置。

年内，该园课题《如何将剪纸活动融入到幼儿的一日活动中》被列为2016年度省级课题，并已立项进入前期研究阶段；该园的参赛节目《看戏》在全市少儿春晚比赛中获9.59分的高分；《幼儿收拾与整理习惯养成案例》获全市一等奖；《株洲县机关幼儿园系列教研活动纪实》一文在湖南学前教育上发表。（肖喜林）

卫生与计生

【概况】 2016年，全县卫生计生工作以“保优进位”为目标，全力推进机构改革，职能融合，大力促进党政履职、资源配置、服务创新等能力的提档升级。全年全县卫生系统业务收入达1.77亿元，比上年度增长21%。获全省整治“两非”工作先进单位、全省计生工作优秀单位、全市卫计系统重点工作红旗单位、全县文明建设标兵单位、脱贫攻坚、综治维稳等6项工作先进单位称号，淦田镇、朱亭镇两所中心卫生院获全国群众满意乡镇卫生院称号。

机构改革有新局面。卫生计生机构整合后，在多次调研、沟通和征求个人意愿的基础上，科学合理解决了人员安排和编制问题。成立卫生计生综合执法监督局和妇幼保健计生服务中心，各镇均设立卫生计生办公室，顺利平稳移交新型农村合作医疗办公室移交手续。设立8个建制镇卫生院、2个分院和4个非建制镇卫生院，根据实际增设中心卫生院1所。

2016年，县委县政府投入5亿余元用于医疗卫生基础设施建设。县一医院、渌口镇、南洲、洲坪卫生院竣工并投入使用；县中医院门诊住院综合楼改扩建工作顺利开工建设，投资8800万元；启动龙船镇、淦田镇中心卫生院改扩建工程；全县乡镇卫生院配置“DR”、全自动生化仪、彩超等设备，投资1000余万元；县一医院购置大C臂、3D手术室等设施设备，投资1.1亿元；投资110万元用于县疾控中心等级达标，并顺利通过省级验收。开辟绿色通道，成功引进6名副高职称的高级专业技术人才到县一医院。组织开展禽流感防控与救治知识培训719人次，组织乡村医生进行农村适宜技术培训240人次。举办公卫知识抢答赛和“优服务、强三基”暨“金牌医生、金牌护士”评选活动，召开优秀护士表彰大会。县委、县政府把计生法律法规纳入法律“三进”活动，将计生履职情况作为绩效考核、干部任用、评先评优的重要内容，并将计生工作的履职责任问责到单位主要负责人。县委中心组率先在全县组织学习新条例，确立“强基提质、保优进位”的计生目标。县主管领导牵头，相关部门协同，对全县性别比偏高的乡镇实行重点调查，成功查处“两非”典型案例6起。各镇定期召开全县卫计工作形势分析会和计生综合治理工作调度会。

惠民工作有新实效。一是公卫服务提质提效。全年无重大传染病疫情暴发流行、无甲类传染病报告、无突发公共卫生事件发生。年内，全县孕产妇死亡为零，5岁以下儿童死亡率4.55‰，孕产妇住院分娩率99.96%；高危孕产妇管理率100%。为城乡居民建立电子档案261710份，建档率89.59%；免疫规划接种率90%以上；孕产妇、0—3岁儿童系统管理90%以上；印制健康宣教资料10万份到村到户。公共场所卫生监督覆盖率100%，对48家医疗服务机构进行专项整治，立案查处各类违法行为15起，取缔无证行医单位3家；查处无证经营等违法行为单位12家；对全县所有学校、托幼机构进行卫生专项整治。二是扶贫攻坚出新出彩。锁定全县“因病致贫、因病返贫”的贫困户2840人，组织医疗专家为每一位“因病致贫、因病返贫”的贫困人口进行健康体检，制定个性化的健康管理方案。确立“精准分类、精准救助、精准服务”的原则，在全市率先实行“三个零”“全参保”和“分类帮”的扶助办法，得到省市领导充分肯定，并将先进经验在全省进行推广。年内，全县医疗机构救治贫困人口住院1889人次，减免住院费用60余万元。为贫困人口建立健康档案10823份，免费体检8397人。三是民生保障可圈可点。落实全面二孩政策，制发办事指南，压减审批材料，简化办事程序，年内审批再生育证95例。全面落实各项奖扶政策，664万余元奖扶金全部打卡发放到位。出台《株洲县计划生育特殊困难家庭扶助关怀工作实施细则》，组织全系统开展慰问“失独家庭”等一系列活动，筹集资金30余万元，走访慰问计生特扶、贫困家庭280多户。农村适龄妇女“两癌”免费筛查2295人，实施乳腺导管癌手术治疗3例。为学生进行结核病筛查7300人次；为重性精神病患者申请医疗补助41名，5000元/人。完成慢性病社区诊断调查3726人，绘制全县居民疾病谱基线图。为全县计生独生子女户、特扶家庭购买意外保险，共计40余万元，惠及5800多个家庭。

改革创新有新成果。一是医改新政推行有效。进一步巩固国家基本药物制度、双向转诊、分级诊疗以及门（急）诊挂号诊察费全免等医改新政，组建了2个医联体，切实提高基层医疗机构对常见病、多发病的诊疗救治能力。全县3家公立医院基药平均使用率高于40%，乡镇卫生院使用率大于90%，全县医疗机构门诊次均药品费用下降26%，住院次均药品费用下降20%，为群众节省医疗支出600余万元。积极引导患者向县内回流，县内就诊率达75%。二是绩效考核推陈出新。出台《株洲县卫生院院长绩效分配方案》《卫生院院长绩效考核指标》等文件，试行卫生院院长“年薪制”，实行公共卫生指标考核及财务考核“一票否决”制度。三是特色创建推进有力。全面启动县、镇两级医院重点专科建设工作，县一医院新设新增微创外科、心血管内科等科室，县中医院新设中医针灸理疗康复科，朱亭镇中心卫生院开辟以治疗“中风”为特色的中医专科，淦田镇卫生院创建五官科。 （曾杰明）

【株洲县第一人民医院】 2016年，医院有在职职工471人，其中临聘169人。其中正高1人，副高26人，中级职称106人。设有10个职能科室，18个临床科室，5个医技科室。

全年完成总诊疗102137人次，同比上年同期增长2.67%；总收入8761.43万元，同比上年同期增长29.9 %。其中，医疗收入7989.13万元，较上年同期增长38.62%。

医院整体搬迁项目是株洲县最大的民生建设项目，于7月26日完成整体搬迁并实现新院运营。新院占地58000平方米，建筑面积62000多平方米，设有600个床位，总投资4.2亿元，硬件条件在全省县级医院中排名靠前。新院开设18个临床科室，新增心血管科、泌尿外科、康复理疗科、新生儿科四个科室，五官科新增住院部护理单元。医院拥有GE64排CT、∪MR560核磁共振、GEDSA血管造影机、西门子ACUSON SI1000四维彩超、Microse SI乳腺钼靶X光机、德国STORZ进口腹腔镜和超高清3D一体化手术室等先进设备，共计1.4亿余元。新开展了心血管介入治疗、肾盂癌根治术、人工股骨头（全髋关节、膝关节、肩关节）置换术、膝关节镜检及清理术、人免疫缺陷病毒抗体测定等新技术。心血管介入治疗、人工骨关节置换、关节镜下的微创治疗等新技术的成功开展，填补县内医疗技术的空白。

医疗质量管理工作。出台《H7N9禽流感应急预案》《株洲县第一人医院医务管理奖惩规定（2016版）》等管理办法。加大17项核心制度的执行落实力度。全年，共抽查出院病历510份，合格率87.2%。创平安医院建设，加强医患沟通，年内没有大型医疗纠纷。护理质量管理工作。进行护理总查房22次，夜查房90次，下发查房反馈书90份。医院感染管理控制工作，医院感染率0.21%，远低于院感规范要求的8%标准；全年，共网络直报传染病552例。临床药械工作。积极开展处方点评工作，年内共抽查处方18110份，合格率95.2%；认真落实基本药物制度工作，医院基本药物使用率达55.9%。

医院采取送出去方式加强人才培养，先后派出104名医疗护理骨干到省、市级医院进修培训学习。同时，加大人才引进力度，年内引进副主任医师6名，招聘本科以上应届毕业生 47 名，大专护理人员 77 名。充分利用省人民医院的远程平台，开展远程学习；年内，晋升副高 5 人，通过率 50%，中级 10 人，通过率 76.9%。

为适应医疗市场竞争新常态，成立宣传科。正式运营医院官方微信公众平台-订阅号，通过微信公众平台开展活动 4 次，分别是心血管内科开科义诊、体检科开科惠民、时代广场大型专家义诊、健康渌湘——我心中的株洲县一医院诗词楹联有奖征集活动。做实平面媒体。设计制作院内宣传栏 25 个，健康宣教栏 15 个，护理动态栏 15 个，室外栏 10 个；设计制作下乡入户宣传册 2000 本；刷乡镇宣传墙体 80 面；在株洲日报上稿 3 条；把医院公众 Wi-Fi 和二维码、便民措施公布在每个病房，让老百姓更加了解新院情况及医院新的技术力量及设备，积极通过电视传媒、微信等途径宣传新院情况及各科室特色。

对口支援工作。为提升卫生院医疗服务能力与水平，方便农村患者就医，医院派出 10 名骨干医师对乡镇卫生院进行业务支援，进一步提高乡镇卫生院的业务水平。下乡义诊工作。全年，共派出医务人员下乡义诊 1106 人次，免费为群众诊治、检查 16470 人次，深受广大群众欢迎和称赞。新农合、医保等惠民工作。医院加大新农合、医保政策执行力度，确保医保基金不流失、不套取，使党的惠民政策惠及每一个病人。年内，共为 2096 人次住院医保病员报销医药费用 1125 余万元，为 9332 人次住院农合病员报销医药费用 4539 余万元，住院患者平均费用控制在 4864.73 元，有效减轻群众看病负担。

继续推行药品零差率销售、门（急）诊挂号费诊查费全免以及免费发放就诊卡和病历本工作。年内，免收门（急）诊挂号费诊查费、就诊卡和门诊病历本费共计 50.80 万元，门诊人均费用 141.24 元。做好电子病历、心电网络系统等医院信息化系统的日常维护以及新院智能信息化安装工作。同时充分发挥县乡村三级医疗服务网络龙头作用，建立辐射全县的“双向转诊绿色通道”转诊网络，年内，共接诊双向转诊病人 2768 人。（曾　容）

【株洲县中医院】 该院是一所集医疗、教学、科研、保健、预防于一体的政府办二级甲等中医医院。设有内科、外科、骨伤科、针灸理疗科、妇产科、血透科、重症监护室、急诊科、五官科、肛肠科、检验科、影像科、药剂科等临床医技科室。其中针灸理疗科、骨伤科为市级重点专科。2016 年，有在职职工 246 人。其中，正式在编 147 人，聘用 99 人。硕士 2 人，大专及本科学历 171 人；高级职称 10 人，中级职称 58 人。编制床位 200 张，实际开放病床 200 张。全年完成诊疗总人次 70989 人，急诊 12648 人，收住院病人 8584 人，开展二类以上手术 1163 台，病床使用率 108.3%，危重病人抢救成功率 90.9%。完成业务收入 5039 万元，增长率为 10.5%。其中，中药饮片、中成药收入 731.32 万元，增长率 71.3%。

2016 年，医院改扩建门诊住院楼项目通过国家发改委审批，市发改委立项。政府全额投资，新建住院楼 1 栋，面积 11000

平方米；改建门诊、医技办公室面积 7908 平方米。该项目工程于 2016 年 11 月 28 日奠基正式动工。

年内，医院获中央基层中医药适宜技术服务能力建设项目 1 个。医院在原有的中医文化建设基础上，对医院中药房进行升级改造，继续开展“冬病夏治”三伏贴活动，分批次配置中医药诊疗设备，加大中医药适宜技术的推广力度，加强中医文化宣传、健康指导工作，努力为人民群众提供简便、高效、廉价的中医药服务。

年内，医院有计划地更新补充常规仪器设备，购置全新进口德国进口蛇牌腹腔镜、Storz 输尿管、肾镜；新开展小针刀技术、耳鼻喉镜、咽喉部手术、骨科微创手术、甲状旁腺全切手术等，与省中医附二医院建立中医骨伤科、肛肠科医疗联盟，进一步提升医院医疗技术水平和服务能力。

（肖华芳）

【株洲县妇幼保健计划生育服务中心】 2016 年，服务中心有职工 92 人。其中，正式在编职工 51 人，聘用职工 41 人。卫生专业技术人员 68 人，高级职称 2 人，中级职称 39 人。医院设有妇产科住院部、妇产科门诊部、儿童保健门诊部、妇幼保健科、优生拓展部，检验科，B 超室、医务科、护理部、行政保障科 10 个科室。全年，医院完成总收入 1689 万元，门诊诊疗 38007 人次，住院诊疗 1755 人次。

年内，医院致力于提升县域内出生人口素质，依托临床技术力量，不断加强妇女儿童保健服务。按照妇幼公共卫生“两纲”要求，积极推进妇幼公共卫生服务发展。年内，医院组织开展全县农村妇女免费“两癌”筛查工作，共计筛查 2543 人次，有效提升了全县农村妇女健康水平。针对孕期妇女管理，医院切实做到孕期全程管控，以妇幼公共卫生县乡村三级网络为平台，积极开展各类筛查活动，年内共组织专家下乡进行各类指导、检查、入户 170 余次，筛查高危孕产妇 965 人，切实抓牢全县孕期妇女管理，做到了全年无孕产妇死亡。

年内，全县产妇数 4340 人，活产 4391 人，孕产妇系统管理 3988 人，系统管理率 90.82%，新法接生率 100%；全县育龄妇女叶酸新增应服用人数 4847 人，服用人数 4555 人，服用率 93.97%；全县七岁以下儿童数 31655 人，七岁以下儿童保健管理 28886 人，系统管理率为 91.25%；三岁以下儿童系统管理 14192 人，系统管理率 90.84%；免费婚前医学检查 3248 人，婚检率 95.14%；优生检查男 2850 人，女 2934 人，检查率 102.94%；农村妇女病普查人数 26441 人，检查率 35.02%，查出疾病人数 8828 人，疾病发生率 33.39%；全县检测医院出生缺陷 9 人，出生缺陷发生率为 4.73 ‰。全县产前筛查 3217 人，筛查率 89%；产前筛查高危孕产妇人数 56 人，接受干预诊断高危孕产妇人数 51 人，干预率 91.07%；全县医疗机构地中海贫血筛查初筛人数 1565 人，其中阳性人数 72 人，阳性率 4.60%，婚前医学检查地中海贫血筛查初筛人数 3057 人，其中阳性人数 93 人，阳性率 3.04%。

为保证全县妇幼公共卫生服务能力的持续提升，全年，共引进高级职称医师 1 人，中级职称医师 2 人，执业医师 1 人，中级医技人员 1 人，招录应届毕业生 7 人，安排专业技术人员赴省市级医院进修2人，参加各类专业技术学习培训 72 次。利用联系上级医院对口支援方式，引进专家和先进技术，通过上级专家的传帮带促进医院技术水平和服务能力整体提升。

2016 年，医院荣获湖南省“儿童保健规范化门诊”“孕前优检室间质评先进单位”，株洲市“无烟单位”，株洲县“2016 年度平安医院”。（林　安）

【株洲县疾病预防控制中心】 2016 年，株洲县疾病预防控制工作坚持“预防为主、防治结合”的工作方针，发扬“团结、奋进、求实、创新”的疾控精神，不断提升中心服务能力。全县全年无甲类传染病报告，乙类传染病报告 13 种，共计 611 例，其中死亡 2 例，报告发病率 209.53/10 万、死亡率 0.68/10 万、病死率为 0.33%。丙类传染病报告 5 种，共计 1201 例，死亡 0 例，年发病率为 409.90/10 万。全年无非典、人感染 H7N9 禽流感、中东呼吸综合征、霍乱疫情发生，无突发公共卫生事件。全年，共接诊可疑肺结核病人 873 例，发现涂片阳性肺结核病人 72 例，初治涂阳 69 例，复治涂阳病人 3 例，发现涂阴肺结核病人 150 例，结核性胸膜炎 5 例，其他肺外结核 4 例，登记治管结核病人 231 例，全部给予免费抗结核药物治疗和全程督导管理。全县免疫规划工作规范有序，单苗接种率达到 95 %以上。居民建档累计上报电子档案数 263762 份，应建档数为 292100 份，电子档案建档率为 90.3%。全县高血压、糖尿病患者的健康管理率分别为 43.6%（19106/43815）和 28.3%（5783/20447），血压、血糖的控制率分别为 80.4%（15365/19106）、77.0%（4450/5783）。全县 65 岁以上老年人口数为 40739 人，健康管理人数为 36209 人，管理率为 88.9%，体检人数 27923 人，体检率为 77.1%，体检真实率 99.2%。全县登记在册的患者数有 1258 人，在管患者数为 1176 人，管理率为 91.7%，年内，开展居民期望寿命调查工作，根据最终的死亡数据，通过期望寿命值的计算表最终得出株洲县居民期望寿命值为 77.81，其中男性期望寿命值为 74.83，女性期望寿命值为 81.47。

完成本县慢性病社区诊断调查工作。此次调查随机抽取渌口镇、南洲、淦田、龙潭、古岳峰 5 个乡镇，计划调查人数 4000 人，实际调查人数 4092 人。调查完后，撰写《株洲县慢性病社区诊断调查报告》，掌握全县居民慢性病基线数据。

按照省市卫计委、县卫计局有关结核病防治工作的要求，株洲县一医院为株洲县结核病防治定点医院，自 2016 年 12 月 29 日起，株洲县结核病发现、诊疗等方面工作由株洲县疾控中心转到株洲县一医院。

等级达标。1 月，县疾病防控中心请示县委政府同意提出创建“县级乙等”的工作目标。12 月，专家评审组通过听取汇报、现场查看、现场提问、现场操作和技术评分等形式，从机构设置、机构管理、卫生应急管理、疾病预防控制、检验检测能力、健康危害因素检测与控制和信息系统建设与管理7个方面77项指标进行现场验收和审查。县疾病防控中心通过“县级乙等”达标项目。

检验检测机构资质认定。9 月 13 日，湖南省检验检测机构资质认定现场评审组对县疾病防控中心进行资质认定现场评审。评审组对中心实验室环境进行现场查看、现场试验、对检测及相关人员进行提问、理论考试和召开座谈会等形式进行考核，评审组认为中心符合资质认定评审准则的要求。12月，取得检验检测机构资质认定证书。

职业卫生技术服务健康监护资质。11月，对职业卫生技术服务健康监护资质续展进行申报，12月1日，迎接职业卫生技术服务健康监护资质续展的现场评审，评审组依据《检验检测机构资质认定评审准则》和《职业健康检查管理办法》对县疾病防控中心检验科和体检科环境进行全面考核及检查。现场评审一次性通过。

（刘　丹）

【株洲县卫生计生综合监督执法局】 株洲县卫生计生综合监督执法局于2015年底由原卫生监督所和县计生执法大队合并成立，为副科级参公管理事业单位，县编办核定编制15人。内设五科一室，分别是监督一科、监督二科、监督三科、稽查科、信息科、办公室。被监管单位有公共场所115 家，学校、托幼机构 136 家，集中式供水单位6家，各类各级医疗机构264家，消毒产品经营单位52家，消毒产品生产及服务单位 5 家，各类各级被监督单位 580 余家。

学校卫生监督信息公共试点工作。2016年，株洲县被列为湖南省学校卫生公开试点县之一。明确学校卫生全年工作重点为卫生监督信息公开试点工作，制定《株洲县学校卫生监督信息公开试点工作实施方案》，同时在县政府门户网站增设学校卫生信息公开专栏。开展全县学校、托幼机构的监督监测工作，并将监督监测结果在信息平台上予以公示。全年，共检查监督学校、托幼机构136家，立案6家。荣获湖南省学校卫生信息公开试点工作先进单位。

依法打击非法行医等各类违法行为。开展全县医疗服务市场专项整治工作，共计检查各级各类医疗单位264家，下达整改意见书135份，予以立案查处单位37家，全年，共取缔无证行医单位2家。成立打击“两非”工作领导小组，制定工作方案，加大执法力度。完成“两非”典型案件的查处任务 6 例，荣获湖南省打击“两非”先进单位。在查处各类案件中未发生行政复议及行政诉讼案件。

第二类疫苗预防接种监督检查。按照株洲市卫生和计划生育委员会关于开展第二类疫苗预防接种专项监督检查工作的要求，对全县所有进行二类疫苗预防接种工作的门诊开展一次专项检查，共检查12家单位。全县二类疫苗的购进、分发、使用登记和报告等记录情况基本符合要求，各单位的采购途径均为县疾病控制中心，未发现其他采购渠道。冷链运转、疫苗保存均符合相关要求。

社会抚养费征收。通过印发宣传单、书写标语、悬挂横幅等形式向广大群众宣传计划生育政策，提高对依法征收社会抚养费的知晓率。在全县各乡镇纷纷召开动员会，动员各乡镇卫计干部及村级专干认真做好社会抚养费征收工作，动员违法生育户主动上缴社会抚养费。在查处违法生育案件中，对部分有执行能力但拒不缴纳社会抚养费且态度恶劣影响极坏的违法生育对象，申请法院强制执行。年内违法生育 125 人全部立案，立案率 100%。

规范医疗单位依法执业。全面复核 255 家医疗机构审批、注册、校验管理。在临床科室未发现无资质人员单独执业现象，全县没有发现出租科室、外包科室的诊疗行为。全年，共查处聘用非卫技人员执业案 10 起，罚款 2 万多元。在查处非法医疗技术临床应用方面，检查未发现开展第二、三类临床医疗技术应用的情况。在查处医疗机构违规发布医疗广告方面，县公立医院没有发布医疗广告的动力和需求。个体诊所的广告形式为门厅的大字帖广告，在检查过程中，执法人员当场下达整改意见书，勒令其整改。

营造卫生监督执法环境。全年累计培训各类从业人员 180 人次，制作宣传展板 7 块，发放宣传材料 1200 余份，通过开展宣传培训活动，有效提高广大群众，特别是公共卫生从业人员的诚信意识、自律意识、法制意识、责任意识和服务意识。

（盛娟艳）

文体广电新闻和旅游

【概况】 2016 年，株洲县文体广电新闻出版和旅游局治理开拓创新，推动文化繁荣。着力开展“文化月月乐、体育月月赛”“元宵喜乐会”“登凤凰仙山、观渌鸿风电”“欢乐潇湘、幸福渌湘”系列活动以及“红歌颂”大合唱等活动，其中欢乐潇湘活动历时 6 个月，参加海选 184 个节目，参加演出团队 100 多支，演员达 2000 人次。株洲县原创节目《家的感觉》在欢乐潇湘湖南省总决赛中荣获银奖；连续五年开展“走进松西子、体验新农村”大型群众文体活动；举办“声乐大课堂”公益讲座，邀请国家一级演员吴卫玲教授进行声乐专业知识培训；承办全县“两学一做争先锋，比学赶超展风采”演讲比赛。组织参加市首届艺术节、市廉政建设书画展、省级的庆祝建党 95 周年暨红军长征胜利 80 周年书画摄影展，株洲县多个作品角逐入围并获得优秀组织奖、微电影银奖、优秀奖。

文体阵地建设。着力打造“一镇一品”“一村一品”文化品牌，以点带面，推动示范创建全面铺开。着力镇、村示范点特色打造，分别是把渌口镇晓岭村综合文化服务中心打造成龙舟培训基地，南洲镇综合文化站打造成将军故里红色文化，渌口镇综合文化站打造成旅游休闲基地，朱亭镇九都湖村综合文化服务中心打造成唢呐基地，龙潭镇太田村综合文化服务中心打造成舞龙舞狮培训基地等五个文化特色。对县城文化广场、文化馆、图书馆、杨得志故居进行升级改造；积极推进图书馆自动化建设，采购图书数字化借阅设备、3TB数字资源、门禁监控系统、阅览桌、书架等，投资50万元；对图书馆基础设施进行装修升级改造，投资30万元；购置新书8000余册，投资15万元。按照“七个一”的建设标准，投入创建经费100万元，推动8个镇综合文化站和70%的村（社区）基层综合文化服务中心面积、设置达标。推进全县文体广场建设，确保村村有广场，户户能锻炼；引进了洛克体育健身中心和一个露天游泳项目，沿江风光带二期文体工程如期完工，基础设施建设全面提速。

狠抓全年的安全放映工作不放松，确保全公司人员、设备安全无事故。数字电影放映任务全面完成，县电影公司共计“送电影下乡”3000场。

文物保护工作。开展全县文物安全大检查，严格审批程序，依法保护文物。做好伏波庙、谭公殿等处文物点接待工作，共接待游客3万人次；征集文物64件；完成关王庙修缮工作以及“全国可移动文物第一次普查”扫尾工作；开展“文化遗产日”系列宣传活动。湖南省文物局举办“讲文物故事 知家乡历史——首届湖南文物价值解读与传播大赛”，全县上报参赛解说词16篇，入围作品9篇。非物质文化遗产保护工作。参加全市非物质文化遗产知识竞赛中荣获一等奖。组织非遗传承人参加全市非遗展示活动，发放资料2000份，发放非遗书籍600册；连续3年组织开展扶持非遗传承人、民间艺人收徒传艺活动，各级代表性传承人新收徒100多人。组织2名市级非遗传承人刘双喜、邹子彦到攸县参加非遗培训学习。

体育工作。全县文体活动组织不断完善，有健身秧歌、腰鼓、军乐队等120多个，开展各种群众健身活动达20余万人次。积极开展全县围棋赛、羽毛球赛、老年门球赛、“庆3.8”百名女干部登山比赛、环城健步竞赛、“赛龙舟，庆端午”龙舟竞赛；承办省第九届老年人运动会钓鱼比赛。组队参加省体彩中心株洲赛区“幸运赛车杯”趣味运动会，获得三等奖；株洲市第三届全民健身节暨第二届排舞比赛，获得集体项目二等奖1个，个人项目二等奖3个，三等奖6个，并获得优秀组织奖。组织参加2016株洲市中小学生“三好杯”运动会田径比赛，小学生代表队获7金5银6铜，并打破一项市记录；同时获小学女子组团体第一名，小学男子组团体总分第一名。

文化市场。严厉开展“扫黄打非”专项行动。坚决打击接纳未成年人上网、营业性演出低俗内容、经营盗版音像制品等违法行为。开展“春节、五一、暑期”和“校园周边环境”集中整治。共出动检查车辆285台次、执法人员1200余人次，检查经营场所2000余家次。查扣低俗淫秽刊物12册、光盘154张，联合公安部门收缴赌博机1台。召开网吧、歌舞娱乐和印刷企业工作会议，与企业签订《责任书》53份。开展消防安全生产大检查。下达整改通知书9份，提出整改意见23条。对诱发安全生产隐患的3次演出和1家网吧超时经营引发纠纷及时予以化解。

旅游工作。围绕“水韵渌湘”主题，

加快“两湖一湾”建设，打造“逛城市公园、仰革命先烈、游百里湘江、访千年古镇、登凤凰仙山、观渌鸿风电、赏美丽乡村”渌湘七景旅游名片，旅游工作不断提升。全年，共接待游客 77.25 万人次，同比增长 18.3%，实现旅游收入 3.72 亿元，同比增长 20%。旅游招商超额完成，其中招商引资任务是包装策划项目 1 个，完成到位资金 2000 万元，已包装 5 个项目，其中省五星级乡村旅游示范点——杨天旭生态葡萄园（3200 万元）、东冲 AAA 级旅游景区的创建（4000 万元）、朱亭片区（3000 万元）的建设已完成前期建设及投资共计 1.02 亿元；新增两家旅行社服务网点—株洲联华国际旅行社有限公司渌口服务网点和百事通国际旅行社有限公司渌口服务网点。在“5·12”防灾抗灾日，“5·19”中国旅游日，“6·16”安全咨询日等传统宣传日举办大型公众宣传活动，同时力邀湖南卫视拍摄全市旅游宣传片之株洲县篇，向全国推介株洲县旅游风景名胜。联系省市新闻媒体围绕水果采摘、节庆、赛事活动、特色旅游线路等开展新特色、新方向的广泛宣传报道，发表宣传报道文章 6 篇，印发宣传资料 5000 份，积极参加省旅游博览会。杨得志故居挂牌国家 AAA 级景区，景区升级建设，新增投资建设旅游专用公共厕所，景区道路、标识标牌和其他附属工程。东冲（南塘）村按照旅游开发主题内容“游十里长廊、观百丈瀑布、登千米君山、享万亩竹林、吸天然氧吧”进行旅游规划修编，积极申报和打造国家 AAA 级景区。神农林下创建成省五星级农业旅游示范点，兄弟农庄获省五星级农家乐。凤凰山景区项目“游凤凰仙山、观渌鸿风电”作为长株潭近郊一日游的精品线路上报省、市旅游网。

（张　锫）

图书发行

【概况】 2016 年，湖南省新华书店有限责任公司株洲县分公司按照“稳固核心业务，创新产业结构，进一步推进公司产业健康持续发展”的总体思路。全年营业收入 2117.29 万元，为年计划 2400 万元的 88.22%，利润总额 183.98 万元，为年计划 190 万元的 96.83%。

教材教辅销售。2016 年是教材教辅新政实施的第三年，全年季完成教材教辅码洋 2003 万元，为年度计划任务 1790 万元的 112%。货款回笼率 100%。

一般图书销售。年内，公司图书销售码洋 210 万元。其中，一般图书 130 万元，重点图书 80 万元。 春秋二季幼儿教材全县全部订齐，另加配套用书，共销售幼教 69 万元，馆配图书 5 万元，大中专教材 17 万元，政治读本 29 万元，工具书 3.5 万元。

门店纯销售图书 46 万元，比上年同期 52 万元下降 12%，文化用品 9 万元，比上年同期 12.1 万元下降 26%。为增加销售，开学期间公司组织人员到几所重点学校流动摆摊，销售码洋共计 1 万余元；期末组织向“三好学生”献礼活动，发放图书 8 折卡，精选中外名著推销给学生，提高一般图书销售。

文化用品销售。全年实现销售码洋489.5万元。县职专31万元、县五中240万元的招标项目基本洽谈成功。

（胡　蓉）

广播电视

【概况】 株洲县广播电视台主要负责全县广播电视新闻宣传、节目传输、电视和网络经营与管理。有人员99人，其中在编工作人员58人，临聘工作人员18人，离退休23人。下设办公室、总编室、财务室、新闻部、重点报道部、播出综合部、广告中心、广播电台、新媒体中心等9个股室。开办《民生新看点》《渌湘新闻》《电影沙龙》《渌湘剧场》《生活剧场》《阳光剧场》《欢乐时光》等电视栏目，其中《民生新看点》是年内开办的以“民生”为主题的全新栏目，全年播出54期。

2016年，县台共播发《渌湘新闻》255期，播发稿件1586条，向上级媒体发稿82条，《平安渌湘》52期、《一路同行》18期、《民生新看点》54期以及县人大的《为了渌湘更美好》、县政协的《电视问案》、县委组织部的《花甲女支书》、县人武部的征兵宣传等各类专题片共7部，与湖南卫视合作制作撤县设区的汇报展示片，并对《欢乐潇湘，幸福渌湘》、《走进松西子、体验新农村》等大型群众文化体育活动进行全程策划报道。年内，共投入130多万元建设新媒体中心，打造“掌上渌口”手机客户端，致力成为全县最权威、最具影响力的新型信息发布官方平台，成为县委、县政府的全新宣传阵地、宣传推介株洲县的新窗口。

株洲县网络公司全年实际收入总额782.45万元，完成年初预算100.02%，实现利润29.06万元。（张亦璇）

民　政

【概况】 株洲县民政局在职干部职工33人。内设办公室、计划财务股、优抚安置股、救灾救济股（挂社会救助管理股牌子）、基层政权股5个内设机构。民政局领导和管理的单位有：株洲县社会福利中心、株洲县慈善办公室、株洲县军队离退休干部休养所、株洲县婚姻登记处、株洲县社会团体登记管理办公室、株洲县福利彩票销售管理站。

2016年，县民政局围绕“以民为本、为民服务、为民解困”的工作宗旨，主动服务全县大局，调动社会各方参与。荣获“湖南省乡镇区划调整改革工作先进单位”“株洲县维稳工作先进单位”“株洲县关心下一代工作先进单位”“株洲县信访工作先进单位”“株洲县党风廉政建设先进单位”等系列荣誉称号。

社会事务工作。一是地名普查工作。按照上级要求，落实人员和经费等工作，并于5月召开地名普查动员会，全面部署普查工作，至12月完成普查外业工作。二是开展平安边界创建活动，协同醴陵市、湘潭县、衡东县、芦淞区民政局对界线界桩开展联检工作。三是婚姻收养等社会工作进一步规范。依法办理结婚登记2180

对，离婚登记 810 对，补领结婚证 688 对，无一差错。办理民办非企业变更手续 9 个、年审 15 个，收养登记 5 人。四是开展农村留守儿童摸底调查，全县共有 2110 个留守儿童。五是按标准发放了一二级残疾人两项补贴，并启动发放重度困难的三四级残疾人两项补助。

社会救助。城乡最低生活以及残疾人基本生活保障工作不断规范。城镇居民最低生活保障标准从每月 285 元提高到 320 元，农村居民最低生活保障标准从每月 106 元提高到 112 元。农村五保供养标准从每月 250 元提高到 300 元。年内，通过各项社会救助制度纳入的救助对象约 2.1 万人，其中城市低保对象 4936 人、农村低保对象 12206 人、集中供养五保对象共 386 人、农村分散五保户 2616 人、城乡医疗救助 1045 人、孤儿救助 269 人。全年，共发放城乡低保金 3453.7 万元，集中供养五保资金 264.6 万元，分散供养五保资金 866.6 万元，孤儿救助资金 158.5 万元，大病救助资金 358 万元。

救灾减灾。年内，全县 8 个建制镇不同程度遭受暴雨洪涝灾害，受灾人口 38537 人；农作物受灾 1847 公顷；倒塌房屋 35 户 357 间；严重损坏房屋 104 户，371 间；造成经济损失 2140.5 万元。全年紧急转移人口 4862 人。妥善安排灾民生产生活，维护社会稳定。

优抚安置。一是认真落实抚恤优待工作。及时落实各项优抚政策。全年，共发放各类优抚资金 1980 万元。二是有效开展涉军维稳工作。开展好重点优抚对象接访、走访及谈心活动，全年，共接待走访重点优抚对象 100 多人次，通过解决他们生活、医疗、住房等实际困难，确保涉军群体稳定。三是安置工作稳步开展。年内，共安置三级以上转业士官 7 名。积极开展退伍士兵免费职业教育技能培训工作，全年，共投入 48 万元培训退伍士兵 96 名。

（凌国强）

移民开发

【概况】 株洲县移民开发局成立于2002年9 月，为全额拨款的行政性正科级事业单位，定编 8 人，下设株洲航电枢纽库区运行管理站，为股级全额拨款事业单位，定编 3 人。2016 年底，在岗人员 11 人。局机关下设办公室、后扶规划计划股、财务股和库区运行管理站。主要职责和业务范围是：负责全县大中型水库移民的后期扶持与开发；移民工作的指导及组织实施，协调、处理库区和移民安置区的移民纠纷，维护库区稳定。

移民资金专项治理扎实有效。年内，结合整治“雁过拔毛”式腐败问题专项行动，县民政局对全县 8 个镇的移民资金管理使用情况进行为期半个月的专项检查。通过检查各镇所辖村 2014—2015 年移民后扶资金收支情况，查阅了 2016 年凭证、帐簿、会计报表，未发现违法违纪问题，但存在村财会人员报账不及时和移民后扶资金未专项核算情况。县民政局将督促限期整改，同时加强与镇财政部门的协调，就移民后扶资金的管理、使用及财务核算作出具体明确规定，确保资金使用的合理性、安全性、效益性。

株航库区排险护岸进一步加强。株航库区2004年底蓄水以来，由于常年高水位浸泡，加上风浪、船行波冲刷影响，以及本身砂性土质等原因，湘江库岸和堤内淹没区岸坡垮塌严重，毁损大量耕地、水利和道路设施。为确保库区移民生命财产安全，县移民局加强与业主单位——湖南发展集团株洲航电分公司协调，安排除险项目与护岸工程4处，共计200余万元。治理项目有龙船镇湖塘村山体滑坡、淦田镇腰子港抽排泵站长期渗漏的安全隐患均被消灭。

库区设施规范运行。2016年，县移民局组织多部门参加的大规模整治行动，采取责任到人、责利结合的办法，安排专项资金15万元，加强常态化规范管理，库区设施用电乱象基本消除。于6月30日召开株航库区排渍泵站管理人员会议，与14个排渍泵站管理人员签订《株洲县株航库区排渍泵站运行维护工作责任状》，实行全年2000元的目标管理责任制。同时为他们购买人身意外险，20万元/年。全年，共筹措资金70万元，用于株航库区两岸55处涵闸、14处排渍泵站的日常维护和维修，确保设备的正常运行，全年没有影响库区排积，没有在防汛期间发生重大险情。将暴雨、山洪暴发等自然灾害造成的损失降到最低。

项目扶持统筹兼顾，移民培训扎实开展。县移民局按照“突出重点、兼顾平衡”的原则，根据移民村报送的项目申报表，深入到各移民镇村查勘项目现场，分项目把关，确保后扶项目落实到实处。报送省局2016年4批次项目计划，共计安排后扶项目97个，资金1019.34万元。其中移民产业开发项目21个，其余为基础设施建设项目、培训项目。完成各项统计报表的填报和项目资料归档工作。坚持“选准对象、瞄准就业”的原则，根据省市安排，委托湖南轻工高级技工学校举办一期移民转移就业技能培训班，培训专业为维修电工40人。和农业、林业、畜牧水产等部门联合，举办移民实用技术培训班2期。

移民资金依规使用，计育民生保障有力。移民后扶资金严格管理，及时以“一卡通”的形式，足额发放4个季度移民直补资金共计376.26万元。继续在全县移民库区开展移民计生家庭考上本科奖励政策，针对考上本科的移民计生家庭，奖励该考生2000—3000元不等。全年，共计兑现移民计生家庭考上本科奖励政策8人，奖励金额共计17000元。

【通库公路顺利完成】 硬化南洲镇乌石垅通库公路是县政府列入2016年政府十大民生实事项目之一，并明确由县移民局作为该项民生实事的承办单位。该公路连接南洲镇的清水塘、乌石垅、将军三个行政村，涉及人口3800余人。该公路长2200米，路面坑洼、雨天泥泞，严重影响库区移民出行。该项目将此路段全程路基加固平整，并将其硬化至4.5m宽水泥路面。该公路路基在2016年上半年拓宽整理成形，并相继完成了发改局立项、财政预算评审和政府采购程序，路面硬化施工于12月全面完成。 （韦　青）

县辖镇（场）

县辖镇（场）

龙　潭　镇

党委书记	唐志军
党委副书记、镇长	李　战
党委副书记	钱聪平
党委委员、人大主席	邹剑勇
党委委员、政协联络工作负责人	马琳艳
党委委员、纪委书记	罗纪昂
党委委员、副镇长、武装部长	孙　毅
党委委员、副镇长	刘义锋
党委委员	李　娜
副镇长	王桂生
	向泽军

【概况】 龙潭镇地处株洲县南端，东与攸县丫江桥镇、网岭镇搭界，南与衡东县蓬源镇毗邻，西接凤凰山林场、朱亭镇，北与淦田镇、龙门镇接壤。龙潭镇辖 9 个行政村，261 个村民小组，5133 户，21020 人。镇域面积 131.12 平方公里。有山地面积 6431 公顷，占总面积 49.05%，有耕地 1661.2 公顷，占总面积 12.66%。镇党委下设 13 个党支部，共 864 名党员。镇内有中学 2 所，小学 3 所，幼儿园 2 所，卫生院 2 所，村卫生室 16 个，敬老院 2 所，贫困群体救助中心 1 所。

2016 年，全镇规模以上工业产值累计完成 4588 万元，同比增长 96.5%；项目固定资产投资累计完成 17140 万元；全年完成财政收入 1130 万元，折合财力达到 530 万元。

乡镇换届选举。顺利完成党委换届任务。11 月 15 日，龙潭镇第一届人民代表大会第一次会议胜利召开。

基础设施建设。新修水泥路硬化 11.8 公里，乡村道路拓宽改造 3.5 公里；农村公路安保工程建设 12 公里，危桥改造 5 座；农田水利设施建设 21 处，庙湾—太田山洪港幸福坝工程完工，改善了农业生产条件；成功申报小城镇建设市级重点镇。

民生事业。城乡居民养老保险参保率 100%，位居全县第一；新型农村合作医疗参合率排名位于全县第二。大力实施学校“改薄”工程，提升教学质量，全镇 23 名学生“初升高”录入省重点中学—县五中，排名位居全县前列。计生工作荣获 2016 年株洲市卫生和计生工作优秀单位；综治民调工作年度综合排名全县第一；全年没有发生一例安全生产责任事故，镇内唯一一家鞭炮厂自愿停产退出。

精准扶贫。建制村合并后，全镇有龙潭村（含原乐云村、水源村）、新燕村（含原新燕村）、砖桥村（含原庙湾村）和花田村（穿石村）4 个省级贫困村，建档立卡贫困户 249 户，贫困人口 766 人。各省级贫困村根据自身实际情况，制定相应的产业发展规划。新燕村成功引进湖南省两型建设光伏扶贫项目，投入资金 60 万元，预计每年发电收益 8 万元左右，连续收益 25-30 年，实现原有 12 户贫困户全部脱贫；龙潭村、砖桥村、花田村因地制宜合理确定产业发展方向，分别确定了以黑山羊、黄桃、生态米、土鸡、宁乡花猪等特色绿色生态种养殖项目。全面落实了大病医疗救助、小额金融贷款、“雨露计划”助学、异地扶贫搬迁等扶贫政策和措施，精准扶贫工作顺利通过省第三方评估调查和市扶贫工作年度考核。

【建制村合并】 5 月，建制村合并工作全面铺开，龙潭镇将原有的 24 个建制村合并为 9 个，其中设有 2 个 3000 人以上的中心村，并村率达 62.5%，超额完成建制村合并任务。合村工作没有出现重大的矛盾纠纷。同时，成立合并村临时工作委员会，由镇党委选派的第一书记担任新村负责人，第一书记在过渡期主持新村全面工作。设立合并村临时支部负责人兼临时工作委员会主任，镇派驻村第一书记转为办点点长，各村运转有序。

【渌鸿风电项目】 渌鸿风电项目是省市重点项目，在龙潭镇境内涉及龙潭村、新华村、紫云村、新燕村等 4 个行政村计 41 个组。项目已全面完工，44 台风机全部并网发电。

【农村危房改造整体推进省级示范项目】 年内，龙潭镇实施农村危房改造整体推进创建省级示范工作，按照“统筹规划、群众自愿、公开公正、分批实施”的工作思路，全镇完成危房改造 214 户，特色民居改造 198 户，在全县率先建成太田特色民居改造示范片区和花田危房改造集中居住示范点，并顺利通过省级验收。

（杨文汇）

龙潭镇村级情况简介表

项目 数量 村或居委会	村(居)民小组(个)	户数(户)	人口(人)	耕地面积(亩)	粮食产量(吨)	人平纯收入(元)	党支部书记	村(居)委会主任
龙潭村	43	735	3052	3381	1406	15270	肖建国	
新华村	24	515	2119	1255	877	14260	谭湘余	
新燕村	20	341	1451	2781	1285	15183	陈梅庄	
紫云村	28	602	2386	3020	1221	15344	尹铁山	
太田村	27	678	2640	3947	2391	16125	刘建高	
砖桥村	37	852	3741	5078	3026	16177	肖小龙	
西冲村	27	527	2078	2260	1387	14570	胡国球	
文家村	19	275	1087	1066	709	15613	唐平安	
花田村	36	608	2466	2130	1314	15392	肖启国	
合　计	261	5133	21020	24918	13616	15326	—	—

朱　亭　镇

党委书记	李铁安
党委副书记、镇长	张　勇
党委副书记	王苗均
党委委员、人大主席	郭炼强
党委委员、政协联络工作负责人	文志敏
党委委员、副镇长、武装部长	冯　怒
党委委员	文　娟
	颜松林
	刘大鹏
副镇长	唐志勇
	曹志宏

【概况】 株洲县朱亭镇是全国重点镇、湖南省历史文化名镇、株洲市新型城镇试点示范镇。镇域总面积165平方公里。有耕地面积2606公顷，林业面积3786.7公顷。总人口39813人。省道S211线贯穿南北(境内全长8.5公里)。全镇辖17个建制村、1个古镇社区，党员1521人。

2016年，朱亭镇实现地区生产总值8.6亿元，同比增长9.3%；完成固定资产投资5.8亿元，为全年计划的104%；完成财政收入3813.26万元，税收收入511万元，为全年任务的127.8%；农村居民人均纯收入14546元，同比增长9.6%，实现了“十三五”规划的良好开局。

产业发展不断壮大。明扬牧业荣获“省级农业产业化龙头企业”称号，湘春实业5000吨蔬菜加工生产线项目竣工投产，天济草堂技术升级改造项目顺利推进。新建兴台鑫龙木业项目，年产值可达600余万元，新增就业岗位30多个。农业专业合作社稳步发展，新增农民合作社9家，总数达到33家，龙凤村多农合作社、九都湖村青山、新益、嘉禾合作社及天台寺村生态种养殖合作社等规模不断壮大、效益不断提高。粮食播种面积2000万平方米，水稻良种推广面积1333万平方米。

城乡面貌日益改善。新镇建设稳步推进，完成项目第二期69333平方米土地征收等前期工作，为引进汽车客运站场、便民服务中心、商住综合服务区等项目提供用地保障。完成省级美丽乡村龙凤村和县级美丽乡村九都湖村建设，群众居住环境大幅改善；完成财政一事一议项目17个；完成9.9公里村级道路通畅工程，村级道路升级改造工程5.7公里，村民出行条件不断改善；完成危房改造工程208户，村民居住条件得到提升。

民生福祉得到改善。一是民生扶持保障有力，顺利完成235户居民的危房改造，发放慰问金、低保、五保等资金400余万元，发放退耕还林资金19.7万元，粮食直补、良种补贴等资金550余万元。完成投资700余万元的山塘、水圳等建设和维护工作，新造公益林200万平方米；育龄妇女健康检查率达98%；发放计生对象奖励扶助资金等，共计62万元。二是精准扶贫成绩显著，联系企业、合作社等本地优质经济组织，为当地有工作能力的贫困户就近设立就业岗位，带动精准扶贫就业对象257人次，落实“七个一批”任务342户，603人；长远村、生田村代表株洲县顺利通过省、市脱贫验收，年内实际脱贫 137 户，484 人。三是民生项目进一步发展，省级美丽乡村龙凤村和县级美丽乡村九都湖村完成投资 360 余万元；完成村级道路通畅工程 8.9 公里，完成 5.7 公里村级道路升级改造。

社会大局和谐稳定。深入开展“平安乡镇”“平安村”“平安家庭”创建，充分发挥村调委会、治保会的作用，排查调解各类矛盾纠纷 128 起，调解成功率 100%，综治工作荣获全县综治工作先进单位称号。坚持“安全第一，预防为主，综合治理”的方针，认真开展安全生产大检查，排查安全隐患 32 处，全部限期整改到位。开展“打击非法违法生产经营建设行为专项行动”、“烟花爆竹安全监管活动”等专项活动 10 余次，全年未发生一起安全生产事故。圆满完成全年征兵任务，镇武装部荣获市、县两级先进基层人民武装部称号。

（吴　挺）

朱亭镇村级情况简介表

项目 数量 村或居委会	村(居)民小组(个)	户数(户)	人口(人)	耕地面积(亩)	粮食产量(吨)	人平纯收入(元)	党支部书记	村(居)委会主任
长远村	14	352	1460	1244	847	14985	何知明	何玉国
生田村	10	283	1153	1153	696	14655	刘仁华	颜红卫
天台寺村	18	388	1448	1179	868	13652	曾顺青	肖仁庚
龙凤村	28	802	3192	3505	3208	14916	何伏桂	易　伟
九都湖村	20	496	2026	2314	1739	14400	段性喜	
四房村	20	458	1634	2324	1676	14900	石　新	
金福村	27	759	2772	2866	2052	14571	颜金根	
政花村	21	491	2008	1545	1422	13200	刘建军	
黄龙村	30	800	3110	2828	2510	14125	马文胜	
黄洲村	27	793	3153	3285	3017	14580	刘志祥	
杉桥村	24	815	3132	3505	2550	14720	穰根云	
朱亭村	12	527	2200	2295	2025	14026	盛行波	
马桥村	16	461	1838	2203	2589	14112	刘　慷	
双江村	18	516	2235	2487	2454	14960	刘志坚	
浦湾村	38	854	3040	2911	2937	14336	陈和平	颜要武
红旗村	12	407	1530	1255	1364	14500	刘年山	刘新明
高福村	15	471	2019	2192	1755	14560	刘铁根	
古镇社区	15	1006	1863	—	—	—	黄　琼	
合　计	365	10679	39813	39091	33709	14546	—	—

龙门镇

党委书记	(缺)
党委副书记、镇长	刘文军
党委副书记	黄卫国
党委委员、人大主席	易湘军
党委委员兼政协联络工作负责人	张　雄
党委委员、纪委书记	胡　洲
党委委员、副镇长、武装部长	尹　明
党委委员	何　波
	文永忠
副镇长	夏震林
	禹丽芳

【概况】 龙门镇位于株洲县东南部，东连攸县丫江桥镇、南邻龙船镇、西与淦田镇接壤、北与淦田镇交界，土地总面积126.5平方公里。有耕地面积1916.2公顷，林地面积8666.7公顷，其中楠竹1000公顷。辖12个村、231个组，总人口19944人。镇党委下设17个党支部，党员977人。镇政府机关驻狮凤村，有工作人员40人，其中党政班子成员9名。全镇境内企业10家，其中规模企业5家。

2016年，龙门镇全年完成总税收1000万元，折合可用财力405万元，完成全年任务数的133%。全面完成机关改造，投资130万元；建成中心幼儿园，投资260万元；敬老院建设项目完成主体工程，预算投资180万元；龙门镇卫生院搬迁新建项目正在施工，预算投资1000多万元。

招商引资。天宇米业新增投资1500万元扩大生产规模，已完成厂房、仓库扩建工程；无患子项目成功转让给中农圣源生物股份有限公司，新增投资3000万元。

产业发展。康泰蔬菜基地、黄桃种植基地和竹林基地各有特色，其中蔬菜基地所在村李家村荣获“一村一品”国家级示范村。中联天地千亩油茶基地、李家、龙形村千亩无患子基地和龙形、果田村千亩优质稻基地初具规模。

精准扶贫。一是严格按照程序审批，完成“社会兜底保障脱贫一批”对象70户193人信息上报；二是采取集中居住模式，安置“易地搬迁脱贫一批”对象24户；三是落实小额信贷帮扶，通过评级，完成36户贫困户贷款，共计114.5万元；四是积极探索政府主导、社会参与的形式，组织龙门贤达人士成立太湖学友公益救助会，年筹资救助款30余万元，形成长效救助机制；五是开展机关干部结对帮扶，对原太湖村和原永福村的42户129个贫困户进行一对一结对帮扶，送达慰问物资15万元。年内，实现贫困人口57户171人顺利脱贫。

基础设施。完成新修硬化道路20公里，拓宽改造4.5公里；投入资金440万元，新修山塘14口，疏通渠道11条共22000米，硬化水渠20余条共8000米，除险加固小II型水库2座；完成5300多户农户电表改造。

民生事业。通过摸底调查，申报大病医疗救助对象92户、临时救助对象132户、春荒困难对象24户、特困残疾对象12户，共计发放慰问救助资金30多万元。规范农村低保19人，取消不合格城镇低保2人，上报申请新增五保户 8 人。

文教卫生。助力推进文化队伍、活动阵地建设、活动载体搭建，按“七个一”标准争创“示范文化站”；教学质量稳步提升，荣获“2016 年株洲市农村小学课改基地校”称号；卫生计生管理与服务有机结合，全年发放奖扶慰问资金 50 万元，免费体检 2000 多人，采集居民健康卡信息 2.1 万人，进一步提升服务水平。

社会治理。深入开展“平安创建”和治安“大巡防”，评选“平安家庭”520 户，切实提升人民群众的安全感，为民调工作打好基础；全面开展安全大检查，严格落实各项安全生产责任制度，安全生产形势平稳可控，实现“三无”目标，即无一次安全生产事故、无一次食品安全事故、无一次重大森林火灾。创新和加强社会管理，健全信访维稳工作机制，司法调解 15 起，调解成功率 100%。通过抓基层基础、抓接访下访、抓矛盾化解、抓重点人员，推进“大稳控”，做到了“四个没有”，即没有发生一例赴省进京非正常上访，没有发生一起大案要案，没有发生一件影响恶劣的不稳定事件，没有发生一起不良信息舆论传播，实现了社会大局和谐稳定。

（张文亮）

龙门镇村级情况简介表

项目 / 数量 / 村或居委会	村（居）民小组（个）	户数（户）	人口（人）	耕地面积（亩）	粮食产量（吨）	人平纯收入（元）	党支部书记	村（居）委会主任
李家村	26	467	1758	2494	1334	13701	颜向阳	
长冲村	28	458	1857	1870	1046	13610	王爱国	苏　武
花冲村	23	475	1923	2164	1591	13567	齐建平	
桐梓村	18	439	1543	1930	1135	13912	唐智勇	谭运祥
龙形村	14	335	1290	1695	1190	13817	吴仁庭	徐石山
果田村	11	285	1036	1520	1086	13798	刘泽玄	唐松林
永福村	17	430	1676	2876	2063	14082	肖松甫	谭运华
太湖村	19	424	1650	2341	1397	13858	易南雪	杨光辉
狮凤村	23	548	2176	3694	2239	13690	曾庆淼	易建平
龙门村	20	430	1620	2644	1611	13722	谢桂兵	谢益民
洪塘村	10	353	1175	2095	1292	13870	匡梦良	肖　洪
清塘村	22	610	2240	3420	1987	13723	王国荣	彭大邦
合　计	231	5254	19944	28743	17971	13779	—	—

渌田镇

党委书记	陈　军
党委副书记、镇长	谭　震
党委副书记	刘　俊
党委委员、人大主席	晏　亮
党委委员、政协联络工作负责人	罗　斌
党委委员、纪委书记	肖利国
党委委员、副镇长、武装部长	陈新华
党委委员	唐　军
	朱　刚
副镇长	罗艳兰
	马德意

【概况】 渌田镇是株洲县中南部的区域核心，位于县城以南30公里，北接南洲，南至朱亭，东连醴攸，西临湘江。辖区土地总面积140.8平方公里，耕地面积3016公顷。辖14个行政村，2个居委会，361个村民小组，33615人，其中城镇人口4382人。辖区内有中学3所，小学4所。镇党委下设23个党支部，共有党员1528名。

年内，引进投资1800万元的金鹰驾驶培训学校，投资1200万元的盛利环保空心砖厂，投资1000万元的大德香料有限公司，投资500万元的康源种养殖农民专业合作社等一批项目，落户建成，投产见效。着力推进新农村建设，完成近100公里镇村道路硬化、亮化工程。结合村部建设，建成了大型文化健身广场2个，建成村级文化中心11个。2016年，获评“湖南省文明村镇”。

城乡面貌明显改善。经济发展稳中向好。顺利完成合乡并镇工作，为做大做强镇域经济集聚了新能量。2016年，居民人均纯收入18392元，同比增长10.5%。全镇财政预算收入为3018.2万元，其中一般预算收入766万元，为年初预算的191.5%，创下历史新高。围绕精准扶贫、美丽乡村建设、城镇开发等项目进行策划包装，争取项目资金近700万元。城镇开发稳步推进。年内，投资130余万元改造镇区自来水主管道，投资25万元改造镇区农贸市场，老镇区提质迈出了坚实步伐。推进村庄居住“三集中”，编制完成宏图等11个村的村庄规划。完成市级城乡建设用地增减挂钩试点工作，覆盖11个村，复垦土地19.8万平方米，顺利通过省国土厅验收。加快推进新镇开发建设，完成镇北新区项目报批立项，以及6个村民小组征地入户协议的签订和土地丈量等工作，实征地面积14.1万平方米，提前超额完成任务。东冲旅游休闲产业基础设施投入近400万元，完成便民服务中心土地平整、瀑布景区造景、2000米登山游道修建等工作。农村设施优化升级。完成五小水利工程建设91处，小二型水库除险保安工程6座，抗旱机台3座，四水治理平山段累计投资600万元，已完成70%工程量。硬化村级道路12公里，完成9.6公里通畅工程任务。改造升级多个村农村电网，疏通水圳20公里，硬化水渠4.5公里。高标准农田建设项目顺利推进，农村基础设施建设水平得到大幅提高。

民生福祉得到提升。精准扶贫有成效。

按照“四议两公开”程序，确定建档立卡贫困户410户，并做到实现“一户一档”。全面开展镇村干部“一对一”帮扶，各项扶贫政策得到有效落实。开展有机蔬菜种植、花卉苗木栽培、泥鳅养殖等技术培训，成立专业合作社36家。投入120多万，在南塘、毛坪建立了2个光伏发电站。在全县率先开启金融扶贫工作，为49户贫困户发放贴息贷款160万。弱势群体获救助。关注弱势群体和低收入群众生活，发放各类救助资金32万元，确保困难群众基本生活。福泰救助互助中心已入住9名困难老人，平山特困人员互助中心集中供养一批农村特困人员。组织开展关爱留守儿童和贫困学生活动，慰问80余人次。惠民政策不走样。粮食直补、退耕还林、农机补贴等各类资金均已发放到位。各项强农惠农政策得到有效落实。年内共出生908人，落实奖扶政策139对，实施手术619例，免费孕检610对，获评全市计生红旗单位。

社会大局和谐稳定。平安创建推进有力。不断加强镇村巡防工作，有效排查不稳定因素，共调解化解矛盾纠纷118起，调处率100%。配备专业消防车辆和设备，成功处置火情10次。投入10多万元在平山、淦田镇区安装治安摄像头，构建治安防控体系。成功评选332户县级平安家庭和1605户镇级平安家庭，平安创建日渐深入人心。民调工作成绩喜人。开展“大走访、听意见、促整改”民调专项活动，镇、村两级干部进组入户收集意见建议，逐一整改落实，上门回复，受到好评，2016年民调成绩全县第二。安全生产态势平稳。认真落实安全生产工作责任制，与各村、各渡口签订了安全生产责任书，对重点行业、重点部位进行监控，定期开展隐患大排查。全年，共开展各类安全生产检查76次，未发生一起重大安全生产事故。

从严治党全面强化。圆满完成党委换届。顺利召开淦田镇第十届代表大会，选举产生新一届党委班子。建制村合并于6月1日全面完成，由34个建制村减为14个建制村，减幅达58.82%，合并力度为全县之最，得到县委的充分肯定。

（顾力雄）

【全面完成建制村合并工作】 在前期大量走访调研的基础上，建制村合并工作于5月10日正式启动。全镇成立4个专门工作小组，建制村合并工作遵从依法依规、合大并强、促进发展、整体合并、因地制宜、群众自愿的原则，并设立过渡期，合理规划中心村建设，合理处置集体资产及债权债务，妥善处理村干部问题。淦田镇严格按照每个时间段完成相应工作，从全镇召开动员会，到各村召开党员、组长、村民代表会议，再到各村与户代表签字，每一个环节都有序推进。对合村工作出现的矛盾或难题，村干部和办点干部主动化解，讲清形势，以取得群众对建制村合并工作的支持和认可。由34个建制村减为14个建制村，减幅达58.82%，超额完成县分配的任务。

（胡　妮）

【南塘村东冲光伏电站成功并网发电】 南塘村作为省级贫困村，积极探索改变“输血式”为“造血式”的脱贫新模式，结合当地实际，充分利用高山地区太阳能资源丰富的优势，于2016年上半年统筹申报40千瓦分布式光伏电站扶贫项目，经多方努力，项目实施已竣工，为渌田镇首个光伏发电扶贫项目。总投资40万元，总装机容量为40千瓦，系统采用“集中发电”模式并入国家电网，八年回收成本。项目建成后，预计年发电量在50000千瓦·时以上，年增加村集体收入约4.5万元，惠及村民2000余人，填补了南塘村集体经济空白。

（晏　亮）

渌田镇村级情况简介表

项目 / 数量 / 村或居委会	村（居）民小组（个）	户数（户）	人口（人）	耕地面积（亩）	粮食产量（吨）	人平纯收入（元）	党支部书记	村（居）委会主任
白鱼村	30	795	2396	5085	3295	17237	李建辉	
平山村	29	765	2488	4284	2103	18329	谭远和	
官塘村	27	581	2011	4107	3023	19403	谢友根	
华石村	35	744	2480	4482	3041	18671	马能飞	
清溪村	18	304	1106	1073	501	18392	贺光美	
八斗村	21	475	1872	1717	822	15871	唐纪明	
南塘村	16	383	1514	1397	1110	16446	赵　勇	
毛坪村	13	262	1067	1005	795	15571	唐明灯	
宏图村	32	914	3144	4378	3405	18337	谢西武	
横岭村	18	542	2062	3137	2336	18392	王美华	
铜锣村	22	512	1946	3140	2344	19736	周立壮	
渌田村	32	832	3071	4242	2426	19071	吴　敏	
建宁村	27	553	2078	3450	2603	18338	聂四雄	
山峡村	30	592	2219	3745	2760	17953	侯铁雄	
渌田居委会	—	1169	2088	—	—	—	丁金彪	
平山居委会	—	1134	2073	—	—	—	谢春娥	
合　计	350	10557	33615	45242	30564	18392	—	—

南洲镇

党委书记	谭桂平
党委副书记、镇长	张　兴
党委副书记	张苗红
党委委员、人大主席	成　力
党委委员、政协联络工作负责人	周　文
党委委员、纪委书记	梁海燕
党委委员、副镇长、武装部长	唐晓晖
党委委员	马文雯
	宋辉军
	李嘉周
副镇长	文　强
	袁　雄

【概况】 株洲县南洲镇位于县城以南，湘江以东，由原南阳桥乡和洲坪乡成建制合并而成，开国上将杨得志的故乡，南洲新区所在地，是株洲县的产业园区、拓展城区和开发新区。全镇面积 137 平方公里，辖 19 个村、1 个居委会、455 个村民小组，13177 户，48782 人。镇党委有 4 个内设机构，机关干部 95 人。2016 年，南洲镇荣获“湖南省乡镇区划调整改革先进单位”“湖南省优秀基层党组织”“湖南省文明村镇”“株洲市文明建设标兵单位”等多项荣誉称号。

发展势头强劲有力。一是综合实力呈现“大增长”势头。坚持依托园区，引进优质企业，加快新型产业发展。年内，全镇完成财政收入 0.9 亿元，同比增长 15%；新增固定资产投资 4.5 亿元，同比增长 60%；规模工业增加值 8.1 亿元，同比增长 30%；农民人均纯收入 16870 元，同比增长 8%。各项经济指标均高于全县平均水平。二是重点项目呈现“快推进”势头。按照“五个一”工作机制，着力优化环境，真情服务项目，以项目建设的大突破，助推经济社会的大发展。全镇在建的省、市、县重点项目共 23 个，其中新开工项目 9 个，续建项目 14 个。共完成征地任务 76 万平方米，征拆房屋 64 栋。镇域内各重点项目平稳推进。三是民生实事呈现“全覆盖”势头。建立“动力南洲”微信平台，实现便民服务网络初受理和初答疑，群众办事更方便、更快捷。组织送岗下乡大型招聘会 2 次，提供岗位 1345 个。发放临时救济资金 3.07 万元、大病救助资金 8.63 万元。积极开展重金属污染治理，新增结构调整面积 200 万平方米。

基层政权稳固有为。全面加强和改进基层党组织建设，成功获评“湖南省优秀基层党组织”荣誉称号。高效高质完成镇党委换届和并村工作。把加强培训学习、规范换届程序、严肃换届纪律贯穿工作始终，成功组织召开镇第一届党员代表大会，镇党委换届工作顺利完成，实现组织意图和民主意愿的高度统一。年内，率先完成并村工作，撤并率 48.6%。并村过程中，全镇未出现一起违法乱纪、集体上访事件。

社会管理规范有序。突出从严从细，不断加强社会综合治理，南洲镇整体环境进一步优化。一是安全维稳常抓不懈。扎实开展安全生产工作。全年，共组织安全生产检查 20 余次，校园周边环境检查 6

次，查处并整改安全隐患30余处，全镇未发生一起安全事故。积极开展平安创建及民调工作，开展大巡防2次，警地巡防7次，村级夜间巡逻912余次；评选镇平安家庭883户，县平安家庭178户。采用主要领导牵头、班子成员负责、办点干部联系、村干部化解和政法干警协助的“五包一”工作方法，对信访对象做到积极应对不回避，盯死看牢不失控，长抓不懈不大意。二是控规控违力度不减。坚持以控违促拆违，全力推进控规控违工作。成立镇拆违控违执法中队，每天进行控违巡查。全年，共发现违章建筑69户，面积11545.4平方米，强制拆除17户，8000余平方米，强制停工10户，实现存量违建“负增长”、新增违建“零增长”目标。三是扶贫攻坚目标不松。坚持以核实信息为基础，完善制度为保障，落实举措为重点，全力实施“五个一批”工程。全镇392户贫困户，2016年目标脱贫138户。全镇评级授信贫困户共237户，完成扶贫贷款50余万元；享受医疗救助政策的贫困人口61人次；新享受教育扶助贫困户13人，扶助金额13000元。四是环境治理标准不降。以省级美丽乡村田家湾村、市级美丽乡村横江村和县级美丽乡村南洲村为示范，抓好全镇农村环境治理工作。成立美丽乡村领导小组，每月对村考核排名，考核内容纳入年终对村政绩考核。将镇内省、县主干道及主要河堤的保洁进行市场化运作，分标段招投标，建立环境综合治理长效机制。

（赵　文）

南洲镇村级情况简介表

项目 / 数量 / 村或居委会	村（居）民小组（个）	户数（户）	人口（人）	耕地面积（亩）	粮食产量（吨）	人平纯收入（元）	党支部书记	村（居）委会主任
泗马村	24	651	2530	3088	2377	16740	宋西刚	丁伟铁
洪桥村	22	565	2240	3413	2699	14476	田新双	钟显根
石板桥村	35	732	2803	4449	3554	14658	刘国平	刘建波
昭陵村	25	576	2118	2678	1967	13564	欧树根	田良波
大观村	35	636	2446	3212	2415	15642	刘辉明	
田家湾村	22	562	2130	2452	1820	14552	田运不	孙建如
将军村	23	632	2304	2766	1496	14405	田国才	朱仙科
北洲村	25	609	2090	2151	1955	14853	王必怀	贺正根
早竹村	26	699	2836	2995	2321	15365	孙友余	孙文胜
红星村	24	821	3002	2791	2018	12938	廖相广	朱隆彪
荷塘村	17	489	1880	2002	1477	17456	陈光高	杨正安
江边村	21	612	2296	2653	1941	16589	陈志威	陈坚强
南洲村	13	461	1717	1674	1221	14325	刘友根	王志纯
马家湾村	27	768	3910	3086	2348	16245	林雪飞	邓正安
横江村	19	604	2407	2654	1827	15364	刘基平	胡迪象
南山村	17	612	2213	2290	1661	16542	刘申怀	陈聪明
湘东村	30	817	3310	2898	2050	17356	曹发明	刘爱东
湘渌村	28	1031	3280	3286	2276	17532	许银飞	杨代全
南岸村	19	855	3005	2859	2022	18562	张建孝	刘　志
昭陵居委会	3	445	1265	—	—	14235	杨　彦	刘　四
合　计	455	13177	48782	53397	39445	16524	—	—

渌口镇

党委书记	刘行国
党委副书记、镇长	何兴旺
党委副书记	李大海
党委委员、人大主席	唐铁安
党委委员、纪委书记	马红波
党委委员、副镇长、武装部长	徐　文
党委委员	吴建国
	夏凤姣
	罗　娟
	刘洋搏
副镇长	谢红军
	唐　辉

【概况】 株洲县渌口镇由原渌口镇和仙井乡合并而成，是株洲县政治、经济、文化中心，因渌江自东向西流入湘江交汇于此，故名渌口，镇域面积138.56平方公里。现辖22个行政村、4个社区，有村民小组553个，居民小组103个，总户数34965户，总人口99038人。

2016年，实现GDP78.93亿元，同比增长8.6%；完成社会固定资产投资约50亿元；实现城镇居民人均可支配收入达26784元、农民人均纯收入达16350元，分别增长8.5%、8.9%，均超出县平均水平。引进税收620万元财力，达成全年目标155%。全年，共引进规模企业6家，引进资金1亿元。年内，荣获“株洲市消防工作先进单位”“株洲市计划生育工作先进单位”“株洲市文明窗口”“株洲市铁路护路联防工作先进集体”“株洲县征地拆迁‘百日攻坚’先进单位”“株洲县教育强县创建工作先进单位”“株洲县宣传思想工作先进单位”“株洲县老干工作先进单位”等多个荣誉。

镇村面貌不断改善。年内，投入350余万元，完成配套基础设施和公共设施建设。投入2600余万元，硬化乡村道路，完善水利设施。其中，对35公里农村公路进行改造(包括县指标12.6公里)，投资1300余万元，全面实现“村村通”；对48处“五小”水利工程进行完善，投资200余万元；对7处小二型水库进行了除险加固，投资300余万元；对6个村小型农田水利进行建设，投资500余万元；重点打造“湖南省美丽乡村建设村”—花园村，投资391万元。

始终坚持保民生、促和谐，加快实施为民办实事重点工程，民生保障体系更加完善。完成农村危房改造219栋；继续扩大社保覆盖面，新农保参保率达94%；逐步加大特困群体扶贫解困力度，切实加强救灾、救济工作，发放临时救济资金17.5万元；全面打响脱贫攻坚战，选派85名镇机关干部，结对帮扶贫困户623户，年内脱贫107户300人。

社会治理严抓不懈。治安巡防和楼栋守护效果明显，案发率比上年同期下降31%，开展片区巡防、警地巡防等大小巡逻1200余次，村、社区巡防全面常态化，铁路护路被评为市先进集体。调解处理纠纷436件，调解成功率达96%以上，办结市长热线信访件193件，县信访交办件94

件，网上舆情回复 6 件，答复和处理率100%。开展“平安家庭”评选工作，评选出“县平安家庭”222 户、“镇平安家庭”1846 户。加强对村（居）、油库、砂石场、私营企业安全生产管理，开展安全生产检查 150 余次。

全镇有党员 3584 名，培养入党积极分子 42 名，发展预备党员 22 名，转正 29 名。年内，完成村（居）合并工作，将原有的 40 个行政村合并为 22 个，实现资源的有效整合。新成立 5 家非公经济党组织，进一步延伸基层党组织覆盖领域。

（彭勇辉）

渌口镇村级情况简介表

项目／数量／村或居委会	村（居）民小组（个）	户数（户）	人口（人）	耕地面积（亩）	粮食产量（吨）	人平纯收入（元）	党支部书记	村（居）委会主任
均坝村	24	937	2654	2494	2044	15979	张伏强	
花园村	25	891	2678	2917	2267	14969	张孝放	
大乡村	28	1091	3012	3344	2450	17088	何业罗	
蛇头村	35	1094	3050	3619	2795	14967	何喜林	
青龙湾村	21	1301	3337	2464	1646	19065	陈航行	
漂沙井村	29	955	3302	3226.5	2070	14932	张乎志	
晓岭村	32	1346	3936	4875.5	3392	15763	易东华	
黄霞村	23	887	2936	3113.5	472	15682	姚爱国	
油圳村	27	980	3315	3056	1934	15723	杨洪亮	
关王村	27	749	2580	2558.5	1759	15666	唐胖堤	
张公岭村	38	1238	4139	4154.5	3179	15709	晏海生	
福生村	28	947	3028	3287	2239	15654	李启甜	
新城村	19	575	1951	2852.5	1506	15714	朱继高	
宏夏桥村	28	851	2300	2511.5	1718	15771	姚新和	
檀园村	35	863	2530	2891.5	1894	15759	袁立志	
杨梅村	14	917	2585	1875.3	1317	20122	何业林	张　青
湾塘村	17	1149	3017	1636	1072	18149	张奇龙	陈小平
渌口村	12	1033	2357	621	122	21283	刘晓年	唐建平
双月村	6	605	1616	602	298	23906	晏际民	胡志雄
王家洲村	20	760	1927	836.7	489	18668	陈　姜	陈飞炎
高泉村	15	736	2279	2170	1229	15752	何定先	何跃飞
凳头村	17	567	1926	1663.5	1100	15663	李永久	袁春林
松西子社区	34	2136	6168	4867	3549	19887	唐　辉	
向阳社区	23	4460	11494	—	—	—	刘旭花	何春华
接龙桥社区	31	3376	9414	—	—	—	胡彩琴	龙桂端
伏波社区	48	3995	10842	—	—	—	刘艳芝	张　盼
其他非农居民	—	526	665	—	—	—	—	—
合　计	656	34965	99038	61636.5	40541	16350	—	—

龙船镇

党委书记	刘占良
党委副书记、镇长	谢　娜
党委副书记	石开云
党委委员、人大主席	包喜林
党委委员、政协联络工作负责人	肖文龙
党委委员、纪委书记	姜　鑫
党委委员、副镇长、武装部长	吴　毅
党委委员	张　军
	汤望林
副镇长	潘治邦
	陈　勇

【概况】 株洲县龙船镇地处株洲县西南端，与湘潭、衡阳交界，湘江绕傍而行，京珠高速公路穿境而过。由原王十万乡和原堂市乡合并而成。区域面积160.85平方公里，辖25个行政村1个居委会，662个村民小组，15268户，总人口53615人。全镇有干部职工69人，党政领导12人（含省挂职），镇机关内设五办一所两中心，分别是党政办、社会事务办、综治办、计育办、经济发展办、财政所、堂市便民服务中心、王十万便民服务中心等机构。

2016年，全镇实现财政税收811余万元，完成全年任务数的202.8%。完成固定资产投资3.5亿，实现规模工业总产值2.9亿元，各项指标均大幅超过上年同期。规模以上企业发展到9户，非公经济企业39家，中小企业“湖南味视食品有限公司”生产总值达2000万，完成“小升规”申报。

招商引资成效显著。长源村引进龙抬头农业开发有限责任公司；赤石村引进湘赤食品加工销售有限公司，并正式投入生产；颜家村引进颜家辣酱鸭项目，并作为上海“沪洽周”全县签约项目之一，项目预计投资5亿元。

基层组织逐步夯实。4月，全镇全面完成镇党委换届选举工作。高票选举产生中共龙船镇第一届委员会委员9名，纪律检查委员会委员5名和出席县第十次党代会代表25名。10月，圆满完成县、镇人大换届选举工作，选举产生县人大代表30名，镇人大代表76名，成功召开龙船镇第一届人民代表大会第一次会议，依法依规选举产生龙船镇人民政府镇长1名，人大主席1名，副镇长3名。2016年11月中旬，确定出席县第九届政协会议政协委员6名。通过党委、人大换届选举，镇党委班子结构进一步优化，干部素质进一步提高。

社会救助日趋完善。年内，全镇发放农村低保资金141.9万元、农村五保资金106.35万元、临时救助7.04万元、大病医疗补助40余万元、高龄生活补贴4.24万元；620余名残疾人享受重度残疾护理补贴；帮助就业困难人员及失业人员实现就业，全年提供公益性岗位41个，争取危房改造项目269栋，新农保参保率达101%，居全县第二，新农合参合率92%，社会救助更加完善。

民生项目稳步实施。筹资120万元对枫仙敬老院进行改扩建，完成不可逆转家庭救助中心建设；投资60余万元完成新和敬老院改造建设；完成太水田、庙前、长源、龙泉、神山、腊术、迎春、赤石集中供养中心建设。筹资636万元，兴修五小水利工程53处，达到26个村全覆盖；投入30万元，完成矶头子堤新修工程建设；投入30万元，完成庙前400米的河堤抛石。投入80万元，完成梅山村两公里长的道路水泥硬化工程；完成22.5公里“通畅工程”建设，涉及太水田、腊术、土城、堂市、新和、枫仙、迎春、板塘、湖塘、黄竹、梅山、颜家、河包等13个村。完成堂市、黄竹、枫仙、花石、挽洲、神山、河包7外村的“一事一议”项目；完成堂市自来水厂水管管道铺设工程和王十万水厂验收；着力推进新和、堂市和花石市场改扩建的前期准备工作。

精准扶贫强势推进　通过镇、村两级多次实地调查走访，结合村民代表大会的评选，全镇最终评定精准扶贫对象为539户，1434人。2016年，脱贫人员106户，239人。镇政府通过发展一批、搬迁一批、助学一批、兜底一批做实做细精准扶贫工作。即：通过与湘赤食品加工销售有限公司对接，可为贫困户提供329个就业岗位；改造不可逆转家庭救助中心；帮扶8名中、高职贫困学生通过网上申请获得助学资金；对10个不可逆转贫困户实施集中供养。

科教文卫全面发展。一是教育力度不断加大。切实加大学校硬件设施建设力度，黄竹小学教学楼建设完成，堂市中心幼儿园正式启用并招生，启动花石小学教学楼等配套设施建设，修建了围墙、食堂，对王十万中学、花石小学北面窗户进行全面更换。二是卫计工作不断加强。投入40万元对王十万卫生院、员工宿舍楼进行维修改造，堂市卫生院改造项目即将完工，届时将进一步改善医患人员治疗、生活环境；率先完成国家免费孕前优检475例，完成率103.49%；居民健康信息卡录入工作完成56000多条，有效采集率达到86%；征收社会抚养费13万元。三是文体事业不断进步。堂市、长源等村完成文化广场建设，进一步丰富人民群众业余文化生活，主办“欢乐潇湘、魅力龙船”大型群众文艺汇演活动，为县里的“欢乐潇湘”大型群众文艺汇演选送节目3个，主办端午传统“龙舟赛”等各种文体活动7场，免费放映农村公益电影8场次。

社会秩序稳定和谐。组织开展安全生产大检查12次、专项整治检查9次和“安全生产月”活动。强化依法监管，确保元旦、春节和“五一”“十一”期间的安全。加强重点行业和领域的安全专项整治和隐患排查治理工作，共检查企事业单位50余家，发现安全隐患20多起，已全部整改到位。做到安全检查全覆盖、零容忍、严执法、重实效，全年未发生一起安全责任事故。在全镇范围内评选出镇级平安家庭1436户，县级平安家庭190户。通过对平安创建的宣传，龙船镇2016年上半年民调工作在全县排名第三。　（陈思思）

龙船镇村级情况简介表

项目 数量 村或居委会	村(居)民小组(个)	户数(户)	人口(人)	耕地面积(亩)	粮食产量(吨)	人平纯收入(元)	党支部书记	村(居)委会主任
腊术	29	641	2437	3737	2675	15200	李友根	
颜家	13	406	1564	3012	1661	15300	郭举鹏	马志班
王十万	43	802	2704	5104	3005	14230	刘建良	
赤石	15	385	1326	2086	1434	13750	文清云	文红武
神山	23	578	1681	2002	1514	14680	文虎平	文军初
挽洲	7	310	1150	813	511	15270	陈天锡	罗中华
长源	15	450	1636	3041	1431	15220	文勇	
榜头	19	422	1569	2285	1290	13460	文玉良	周国平
河包	22	672	2268	2591	2019	14180	文金云	李来祥
梅山	36	804	2697	3336	2235	14800	李建民	
花石	30	643	2236	2712	1942	15330	付子其	
枫仙	27	454	1664	1969	1497	15700	唐桂华	付菊云
石龙	43	848	2635	3572	2632	15650	刘作平	
金华	31	743	2690	3742	2629	14920	文启亮	
楼厦	34	631	2365	3664	2498	14760	李柳石	
板塘	34	780	2693	4242	2615	14450	吴茂林	
龙泉	26	657	2292	3310	2601	14100	邓玉春	
堂市	24	677	2217	3690	2447	15170	文争强	
土城	33	725	2288	3917	2392	14350	杨德胜	
庙前	26	545	2078	2788	1585	14220	吴义红	吴政权
黄竹	18	456	1556	1828	1426	13980	文加新	张青松
湖塘	21	568	2060	1984	1507	13910	熊伟	吴新辉
迎春	46	763	2579	4344	3062	15520	吴再满	
太水田	20	494	1721	2190	1384	15390	曾伏秋	刘学其
新和	22	566	2058	3225	1794	15210	曹铁根	田海熊
居委会	5	248	1451	—	—	—	肖立旺	
合计	662	15268	53615	75184	49786	14750	—	—

古岳峰镇

党委书记	刘继伟
党委委员、党委副书记、镇长	龚麒麟
党委副书记	罗新华
党委委员、人大主席	唐添军
党委委员、政协联络工作负责人	楚大争
党委委员、纪委书记	贺　彦
党委委员、副镇长、武装部长	文胜存
党委委员	李灵君
	曹志辉
副镇长	宋　祺
	文光祥

【概况】 古岳峰镇地处株洲县西南部，辖10个行政村，1个居委会，301个村民小组，6462户，22750人。土地总面积80.7平方公里。耕地面积1844.5公顷。有林地面积4580公顷。全年新生人口294人。小Ⅰ型水库1座，小Ⅱ型水库11座，山塘1505口。有中学1所，小学3所，卫生院1所，村级卫生室17个，各类医务人员40人。并村后设有14个党支部，有党员859人。

2016年，全年实现镇本级财政总收入1785万元，完成税收入库1009万元，实现可用财力530万元。固定资产投资达18000万元。农民人均纯收入达到16177元，同比增长21.8%。全年农业、水利、和公益事业支出占镇本级财政总支出一半以上，通过一卡通等形式落实涉农资金补贴2035万元。

中心工作开展顺利。一是基础党建工作明显规范。严格规范14个基层党组织党建工作，组织党支部书记进行业务素质培训，基层党建工作得到不断增强；严把党员“入口关”，规范发展党员程序，新发展党员13名，预备党员转正14名。二是基层组织配备显著增强。圆满完成党委及人大换届选举工作；原19个建制村顺利合并成10个建制村，基层组织设置更加精简合理，新班子成员分工有序，实现特殊时期平稳过渡。三是脱贫攻坚工作深入推进。按照“两不愁、三保障”要求，2016年实现脱贫46户109人。四是社会综合治理水平有力提升。积极开展“平安家庭”、“平安村”评选活动，评选出镇级平安家庭477户和县级平安家庭100户；坚持以预防为主，打防结合的方针，严格落实安全生产一岗双责制，多次开展领导带队安全生产督查及隐患排查，顺利通过安全生产市级“示范乡镇”验收。五是卫计服务能力大幅提高。稳妥开展卫生计生机构合并，进一步明确职责职能，优化资源整合，符合政策生育率达95.8%，完成居民健康卡信息录入25000人次，计生工作多次获市、县先进单位。

产业结构不断优化。一是传统水稻种植现代化。充分发挥古岳峰镇种粮优势，积极推进优质粮食高产创建示范项目，以“面积稳定、产量增加”为目标，在全镇大力推行集中育秧，实现早稻种植1641.5万平方米，全年水稻种植产量约2600万公斤，顺利通过“产量大镇”检查。二是特色种养殖业发展迅速。以三旺村作为全镇养殖示范点，全力推进生态养殖，实现养殖业规模发展；瑞璞鑫方圆生态农业有限公司、聚丰农牧发展有限公司、三旺生态农业有限公司、三赢种养殖合作社等特色农业产业公司创新种植模式，大力发展生猪、特种鱼类、花卉苗圃、优质水果等特色农业产业，经济效益初显；依托古岳峰镇油茶种植传统，新造优质油茶93.3万平方米；打造腰塘苗圃种植基地，新造红心柚20万平方米，其他林类13.3万平方米。三是旅游休闲产业初具规模。积极推进岳峰古寺二期工程大雄宝殿建设，力求将岳峰古寺打造成县级特色旅游景点；红旗村休闲农庄投资200余万元，占地约26.7万平方米，建成集休闲娱乐与特色种养殖于一体的农庄。

惠民建设不断增强。一是基础建设不断夯实。积极争取项目改善农田水利设施建设，投资30万完成杨柳、友谊两大水库渠道清淤共约18.5公里；投资600万完成原三旺、洪宜、腰塘、坝塘4个村小农水利建设；完成30余口骨干山塘清淤修复，对12座水库进行全面隐患排查；完成道路硬化16公里。二是惠民工程全力推进。全力推动污水处理项目、湘潭至古亭500千伏输电工程古岳峰段项目等民生工程，共计投资2000万元；完成集中供养点、“农民工之家”建设，总计投资100万余元；各类惠农补贴、社会救助政策全面落实到位，共计发放资金1269万元。三是文化活动丰富多样。古岳峰镇“欢乐潇湘·幸福渌湘”文艺汇演获县优秀组织奖，农家书屋进一步普及，完成安装广播电视“户户通”工程2300台、“村村响”工程30台，超额完成任务；道德模范推选工作优质完成。四是教育办学条件逐步改善。缓解镇中学用水难问题，投资5万元；改善古岳峰镇中学、向阳小学、金台小学、栗树坪小学4所学校的基础建设，投资50万元。初升高考试中古岳峰镇中学录取率居全县第一。（戴　阳）

古岳峰镇村级情况简介表

项目／数量／村或居委会	村(居)民小组(个)	户数(户)	人口(人)	耕地面积(亩)	粮食产量(吨)	人平纯收入(元)	党支部书记	村(居)委会主任
三　旺	32	654	2456	2852	2883	17698	曹志军	唐国强
向　阳	20	541	1996	1858	2422	15705	刘芝从	易桂安
翟家桥	38	742	2384	3481	3329	16794	李建军	陈小年
虎　啸	32	703	2234	2897	3042	15325	唐铁球	龙晒琴
家　和	39	773	2749	3290	3135	14996	唐建春	—
赵　山	17	308	1098	1310	1857	14999	贺　彦	江光荣
白　壁	52	1035	3703	4372	4144	15979	马祝其	唐水安
岳　峰	24	542	1964	2618	2565	16764	罗畅游	蒋建军
红　旗	28	604	2246	3251	2960	16386	唐海桃	曹仕林
腰　塘	19	370	1270	1738	1862	16910	李拓夫	唐志雄
汤圆坳居委会	1	190	650	—	—	—	易海清	
合　计	302	6462	22750	27667	28199	16177	—	—

凤凰山林场

总支书记、场长　　　　葛　江

【概况】 2016 年，株洲县凤凰山国有林场下设三个工区，一个联营分场，一个林木加工厂，六个护林点，代管一个农业行政村，村民小组 4 个，农户 115 户，属全额拨款副科级事业单位。总人口 446 人，其中干部职工 23 人，退休 27 人，农业人口 396 人。林场总经营面积 4127.9 万平方米。其中，国有林面积 672.7 万平方米，租山造林 666.8 万平方米，联营股份制经营面积 2788.5 万平方米。耕地面积 40.6 万平方米。其中，水田 21.3 万平方米，旱土 19.3 万平方米。林场生态公益林占林地面积的 80.3%，森林覆盖率 94.5%，属于株洲县南部高丘生态公益型林场。一、二、三产业值 581 万元，比上年增长 6.5%。

全年完成财政收入 462 万元，比上年增长 7.8%，财政支出 320 万元。林场有固定资产 115 万元，林木资产 1120 万元，场内有林业公路 28.5 公里，其中水泥硬化公路 9.9 公里。粮食总产量 139 吨，林业产值 78 万元，牧业 12.8 万元，渔业 2.4 万元，楠竹 6 万株。

营林生产。林场争取农业综合开发项目 133.3 万平方米，将纯林改造培育成混交林和复层异龄林，森林抚育 120 万平方米，其中中央财政补贴项目抚育 86.7 万平方米，幼龄林抚育 33.3 万平方米。加强森林资源培育管理，提高营林科技含量，为国家培育和储备一批优质珍稀树种。

基础设施建设。一是对新田工区进行提质改造，林场投入建设资金 12 万余元；二是联系中国移动、联通二大通讯公司，分别在防火瞭望塔旁和寺乙附近修建通讯基站，基本实现林场范围内网络信号全覆盖，结束本场范围内无网络历史；三是按照乡村发展要求，督促福冲村针对从前进组至红旗组江边 2.2 公里的公路路段拓宽至 5 米，并铺砂石，共投资 25 万余元。该项工程给村民的出行和生产提供了便利，促进村域经济发展。

森林防火。林场新修防火道路 6 公里，确保道路通畅的同时，密切联系周边乡、村、组做到群防群治，添置一台消防车及各项防火器材。以风电项目为契机，将龙潭至凤凰山山脊一线防火护林带全线拉通，消除与衡东接壤的火源侵入。内外兼顾，保障林场全年无森林火警发生。

安全生产。年内，林场重点抓好安全生产工作，对在职职工及福冲村民进行安全生产知识业务培训，并特请县劳动局、二医院领导来林场进行安全生产知识培训。做到“以人为本”，提高其安全意识和自身素质，确保全年无安全事故发生。

（龙学成）

凤凰山国有林场村级情况简介表

项目 / 数量 / 村或居委会	村（居）民小组（个）	户数（户）	人口（人）	耕地面积（亩）	粮食产量（吨）	人平纯收入（元）	党支部书记	村（居）委会主任
福冲村	4	115	396	609	139	13000	曾雨林	龙水生

光荣榜

●2016年度省级表彰

经复查合格，保留2014届文明村镇荣誉称号
株洲县渌口镇

经复查合格，保留2012届文明单位荣誉称号
株洲县国家税务局
株洲县烟草专卖局（分公司）

文明村镇
株洲县淦田镇

文明单位
株洲县人民法院
国网株洲县供电分公司

文明标兵单位
株洲县国土资源局

文明家庭
盛鸾英家庭　株洲县渌口镇接龙桥社区

●2016年度市级表彰

文明村镇
株洲县龙船镇
株洲县龙门镇
株洲县古岳峰镇红旗村
株洲县龙船镇长源村
株洲县淦田镇南塘村

文明标兵单位
株洲县经济科技信息化局

文明单位
株洲县统计局
株洲县住房和城乡规划局
株洲县交警大队
株洲县教育局

文明窗口
株洲县国家税务局淦田税务分局

文明校园
株洲县南洲镇中心学校
株洲县职业中等专业学校
株洲县育红小学

文明家庭
株洲县：
宋喜云　阳秋桂家庭
文艳军　文洪家庭

文明公民
株洲县：
肖海波　李水明　罗国平　刘战胜
龙红梅　郭朝阳　张白凡

文明城市创建工作：

1. **先进单位**
   株洲县城管局
   株洲县妇联
2. **文明社区**
   株洲县渌口镇接龙桥社区
3. **先进个人**
   株洲县：刘林满　宋麦庄　晏　治

● 2016年度县级表彰

标兵单位

渌口经济开发区　发改局　老干局
征管办　安监局　卫计局　农业局
株洲县渌湘城市建设投资有限公司
农业发展银行株洲县支行
株洲时代电气绝缘有限责任公司

文明单位

检察院　司法局　政府办　工商联
水利局　档史局　文体广新和旅游局
公路局　林业局
株洲县交通建设发展有限公司
湖南株洲跃达建筑工程有限公司
湖南联合城市建设集团有限公司

文明村镇

龙潭镇　古岳峰镇
南洲镇横江村　龙门镇龙门村
朱亭镇九都湖村　渌口镇均坝村
龙潭镇新燕村　淦田镇淦田社区

文明公民

吴安棉　朱君毅　袁　斌　刘　莎
张　旭　龙　卫　王　帅　易文湘
邓炼红　王　婷　周　安　桂　林
李　双　黄远波　刘清平　陶建湘
谢艳红　唐新蔚　张壮志　凌国强
胡志威　刘　义　周拥军　易智文
肖松山　张　慧　蒋茂豪　吴　雪
王绍辉　张　谦　柳志为　侯　骞
刘云从　易江波　王建军　彭　立
刘　辉　刘志平　姚　垚　郭炼强
李拓夫　齐　斌　文启亮　齐小明
莫贻成　肖艳红　颜向阳　田新双
林雪飞　龚佑超

财税贡献工作优胜单位

湖南发展集团股份有限公司株洲航电分公司
株洲金盛置业有限公司
华新水泥（株洲）有限公司
现代投资股份有限公司潭耒分公司
湖南省烟草公司株洲市公司株洲县分公司
湖南惠天然投资发展有限公司
国网湖南省电力公司株洲县供电分公司
株洲县农村信用合作联社
株洲时代电气绝缘有限责任公司
湖南株洲跃达建筑工程有限责任公司
株洲创林合金有限责任公司
湖南联合城市建设集团有限公司
湖南省中欣建筑工程有限公司
株洲凯裕房地产开发有限公司
湖南伟大集团建设有限公司
瑞华建设集团有限公司株洲分公司
湖南株洲嘉宇建设工程有限责任公司
华融湘江银行股份有限公司株洲县支行
株洲南车奇宏散热技术有限公司
株洲湘火炬火花塞有限责任公司汽车密封分公司
株洲县融兴村镇银行有限责任公司
株洲湘福房地产开发有限公司
株洲友联建筑工程有限责任公司
湖南红蜻蜓贸易有限公司
中国人民财产保险股份有限公司株洲支公司
株洲瑞和房地产开发有限责任公司

株洲兆能机电科技有限公司
现代投资股份有限公司

企业品牌建设工作优胜单位

湖南株洲跃达建筑工程有限责任公司（获奖项目：县地税局业务用房）
株洲星天建筑有限公司（获奖项目：湖南中医高等专科学校附属第一医院中医药大楼室内装饰装修）
湖南联合城市建设集团有限公司(获奖项目：
① 株洲市职教城学府港湾住宅小区3—6#、9—10#栋工程装修工程；
② 新芦淞（<白关>）国际服饰产业园创业园 1.1 期 1#厂房装修工程）
湖南好德塑胶科技发展有限公司（2016 新评省著名商标：顶塑）

信贷服务工作优胜单位

中国农业发展银行株洲县支行
华融湘江银行股份有限公司株洲县支行
株洲县融兴村镇银行有限责任公司
中国邮政储蓄银行株洲县支行
中国农业银行株洲县支行

新型工业化工作：

1. 红旗单位

科经局　统计局　渌口镇

2. 先进单位

经开区　发改局　财政局

3. 先进个人

罗艳兰　陈　勇　袁　雄　张劲峰
田海艳　李　珏　李　志　肖龙江
邓红卫　邓乐刚

渌湘创新工作：

1. 先进单位

湖南洁宇日化新技术股份有限公司
株洲金韦硬质合金有限公司
株洲东亚工具有限公司
株洲方远航空铸造有限责任公司
株洲市兴民科技有限公司
湖南鸿远高压阀门有限公司
株洲光明重型机械制造有限公司
株洲南车奇宏散热技术有限公司
中国人民解放军 76318 部队
湖南华冉科技有限公司
株洲时代电气绝缘有限责任公司
株洲兆能机电科技有限公司
湖南神农林下中药开发有限公司
湖南楚丰农林科技有限公司
株洲松本药业有限公司
渌湘智慧农业星创天地项目（四家单位共同获得：乔西生态农业开发有限公司、宇鑫种养殖农民专业合作社、干明种养殖专业合作社、湖南湘春农业科技开发有限公司）

2. 科技领军人才

湖南达嘉智能包装设备有限公司

3. 先进个人

王　忠

农业产业化建设工作示范单位

湖南湘春农业科技开发有限公司
株洲市明扬农牧综合开发有限公司
株洲银丹农产品有限公司
株洲天宇米业有限公司
株洲县民丰生态种养殖专业合作社

招商引资工作：

1. 先进单位

各镇：龙船镇　渌口镇

古岳峰镇　淦田镇

县直责任单位：经开区　经科局

城投公司

统战部（台办）

县直服务单位：国土局　住建局

2. 先进个人

袁　雄　张　勇　田晓春　陈　喜

易文湘　倪艳君　邓红卫　李正开

曾文强　宋志明

3. 引资中介优秀个人

聂　蕾　黄　群

固定资产投资工作：

1. 先进单位

交通局　住建局　经科局

2. 先进个人

刘益梅　田海艳　赵　琼　马红旗

李铁安　吴泽艳　付新红　朱　耿

罗云峰　唐　敏

综治工作考核情况：

1. 先进单位

南洲镇　朱亭镇　城管局　司法局

财政局　教育局　水利局

食品药品工商质量监督管理局　经科局

人社局　地税局　卫计局

2. 先进村（社区）

龙潭镇紫云村　朱亭镇古镇社区

龙门镇清塘村　淦田镇铜锣村

南洲镇泗马村　渌口镇福生村

龙船镇太水田村　古岳峰镇翟家桥村

3. 先进个人

张苗红（南洲镇）　吴建国（渌口镇）

文胜存（古岳峰镇）　王建军（龙潭镇）

刘亚军（房产局）　张　谦（林业局）

朱富强（统计局）　王　林（农业局）

苏志刚（市场管理处）凌国强（民政局）

周湘华（环保局）　易智文（教育局）

金　勇（交通局）　罗　华（信访局）

龙卫国（法　院）　张学民（检察院）

周孟安（公安局）　刘文辉（司法局）

陈增文（交警大队）　张智敏（政法委）

脱贫攻坚工作：

1. 先进单位

淦田镇　朱亭镇　卫计局

交通局　农业局

2. 先进个人

唐明灯（淦田镇毛坪村）

夏凤姣（渌口镇）　郭晓辉（环保局）

周平娇（老干局）　兰海平（纪　委）

邓红卫（发改局）　朱志明（教育局）

尹群喜（国税局）　邓乐刚（供电公司）

刘爱平（扶贫办）

征地拆迁“百日攻坚”工作：

1. 先进单位

人大办　政协办　纪　委　组织部

宣传部　检察院　工业园　住建局

城管局　交通局

食品药品工商质量监督管理局

林业局　交发公司　渌口镇

南洲镇　征管办　统计局　拆违大队

渌口镇青龙湾村　南洲镇湘渌村

2. 先进个人

胡志威（渌口镇）　吴泽燕（渌口镇）
曾　琳（渌口镇）
陈铁罗（渌口镇青龙湾村）
陈飞炎（渌口镇王家洲村）
罗志光（交警大队）
付建军（渌口镇新城村）
唐晓辉（南洲镇）　梁海燕（南洲镇）
宋辉军（南洲镇）
曹发明（南洲镇湘东村）
张建孝（南洲镇南岸村）
齐　军（国投公司）
罗纪昂（龙潭镇）　谭彬威（纪　委）
言永平（政法委）　刘　彬（县委办）
黄　云（县委办）　黄　铖（政府办）
郭朝阳（城管局）
刘　鹏（食品药品工商质量监督管理局）
何　皓（法制办）　马红旗（房产局）
罗　智（水利局）　陈　勇（龙船镇）
汤　晟（公安局）　刘益光（工业园）
颜　锋（城投公司）
陈怡国（财政局）　蔡　伟（法　院）
陈　勇（卫计局）　肖松山（国土局）
刘战胜（信访局）　田　伟（公安局）
柳志为（环保局）　朱志明（教育局）
张小丹（征管办）　姜锦宏（征管办）
肖海波（征管办）　王　毅（征管办）
李国雄（统战部）　邹　琪（党　校）
曾庆玖（经信局）　刘建秋（供销社）
邹福华（农业局）　彭　勇（征管办）
刘学林（商粮局）　吴元满（移民局）
郭耀湘（发改局）
何业罗（渌口镇大乡村）

教育强县创建工作：

1. 先进单位

南洲镇　渌口镇　淦田镇　财政局
食品药品工商质量监督管理局

2. 先进个人

刘开鑫（朱亭籍台胞）
肖辉煌（龙潭镇）
易湘军（龙门镇）
袁孝其（南洲镇供电所）
汤　晟（渌口镇派出所）
唐添军（古岳峰镇）
文争强（龙船镇堂市村）
宋志鹏（政法委）
马红艳（三中）
刘汝清（朱亭镇生田小学）

计划生育工作

1. 优秀单位

淦田镇　龙门镇

2. 良好单位

龙船镇　南洲镇　龙潭镇

3. 红旗村

渌口镇渌口村　朱亭镇九都湖村
淦田镇建宁村　淦田镇淦田社区
南洲镇南山村　南洲镇田家湾村
龙潭镇龙潭村　龙船镇新和村
龙门镇龙形村　龙门镇龙门村

4. 先进村（居委会）

渌口镇双月村　渌口镇漂沙井村
朱亭镇古镇社区　朱亭镇长远村
淦田镇华石村　淦田镇铜锣村
淦田镇山峡村

古岳峰镇汤元坳居委会
南洲镇横江村　南洲镇荷塘村
南洲镇泗马村　龙潭镇西冲村
龙潭镇新燕村　龙潭镇紫云村
龙船镇颜家村　龙船镇石龙村
龙船镇楼厦村　龙门镇果田村
龙门镇狮凤村　龙门镇洪塘村

安全生产工作：

1. 先进单位

南洲镇　住建局　国土局

2. 先进个人

郭立新（安监局）　谭　震（淦田镇）
吴　毅（龙船镇）　莫红征（龙潭镇）
郭朝阳（城管局）　谭　星（监察局）
邓红兵（交通局）　易智文（教育局）
李　度（华新水泥）
刘战华（诚信烟花公司）

全县党务工作考核情况：

办公室工作考核情况

1. 先进单位

发改局　经科局　公安局　水利局
住建局　卫计局　供销社　淦田镇
南洲镇　龙船镇

2. 先进个人

罗湘铃（县委办）　文再宜（人大办）
刘　胜（政府办）　黄　娟（政协办）
易　茜（纪　委）　江　烨（组织部）
彭　静（宣传部）　谢仁兴（统战部）
张智敏（政法委）　彭　林（人武部）
魏铜娟（老干部局）周长宁（财政局）
谢　丹（机关事务服务中心）
包罗赞（城管局）
胡　靖（教育局）　瞿艳军（人防办）
刘辉良（国土局）　尹群喜（国税局）
贺海文（征管办）　李　灿（城投公司）
田小红（交警大队）　陈金花（龙潭镇）
张文亮（龙门镇）　张燕舞（渌口镇）
王　洋（公共资源交易分中心）

3. 优秀信息员

胡雪莉（水利局）　罗　华（信访局）
梁　丹（纪　委）　徐　丹（农业局）
谢　俊（卫计局）　张亚平（交通局）
周芳琳（商粮局）
文湘荣（食药工商质监局）
晏　丹（教育局）　邹　甜（住建局）
陈文茜（人社局）　黎美琴（国土局）
李俊敏（淦田镇）　陈雁欣（渌口镇）
杨文汇（龙潭镇）

组织老干编制工作考核情况

1. 组织工作先进个人

钱聪平（龙潭镇）　黄卫国（龙门镇）
文　娟（朱亭镇）　陈新华（淦田镇）
马文雯（南洲镇）　郑　咏（渌口镇）
李灵君（古岳峰镇）　侯美姿（龙船镇）
易子安（组织部）　朱　琳（人社局）
易兰平（老干部局）　马　婷（编　办）
阳　杨（公安局）　朱志明（教育局）
刘热欢（工业园）　陈　勇（卫计局）
尹　芳（政府办）　宋婉婵（统计局）
杨　霞（住建局）　刘芳林（党　校）

2. 老干工作先进单位

渌口镇　淦田镇　龙门镇　总工会
财政局　住建局　林业局　交通局

农业局　国土局

3. 老干工作先进个人

王　娴（县委办）　文再宜（人大办）
彭　茹（政府办）　何凯云（政协办）
胡年明（组织部）　罗水清（教育局）
唐建新（经科局）　张四平（卫计局）
赵双红（畜牧局）　蒋荣华（人社局）

4. 机构编制工作先进个人

陈　俊（城管局）　陈秋平（龙潭镇）
符艳辉（农业局）　郭雄华（林业局）
何光辉（财政局）　胡利平（县委办）
胡小燕（龙潭镇）　罗　琦（编　办）
李陈林（朱亭镇）　李雪梅（编　办）
罗水清（教育局）　罗　慧（国土局）
罗　伟（食药工商质监局）
龙　敏（人社局）　李杰凤（政府办）
谭　孟（编　办）　袁迎春（卫计局）
章　程（纪　委）　赵小山（组织部）
夏　兰（交通局）

宣传思想工作考核情况：

1. 先进单位

渌口镇　南洲镇　淦田镇
文　联　团县委　电视台
城管局　食药工商质监局
总工会　公安局

2. 先进个人

马琳艳（龙潭镇）　汤望林（龙船镇）
阳强兴（纪　委）　包　达（政府办）
徐春来（电视台）　晏建怀（文　联）
刘中山（政法委）　姜满珍（政　协）
齐玲利（文体广新和旅游局）
唐红宇（宣传部）

3. 优秀通讯员和网评员

黄吉哲（县委办）
李逸峰（株洲日报社）
熊　军（宣传部）　曾杰明（卫计局）
邹欣蕾（龙潭镇）　陈雁欣（渌口镇）
晏　丹（教育局）　陈　俊（宣传部）
张盘龙（商粮局）　刘爱平（扶贫办）

统战工作考核情况：

1. 先进单位

龙船镇　古岳峰镇　淦田镇　工商联
人防办　食药工商质监局　卫计局
公安局　民进株洲县支部
株洲市创林合金有限公司

2. 先进个人

王　洋（公共资源交易分中心）
马文雯（南洲镇）
胡朗琴（国税局）
陈　群（民革株洲县小组）
张志光（民盟株洲县总支）
王中奇（民进株洲县支部）
吴　英（九三学社渌口支社）
谭智伟（工商联）
郭立华（农工党）
张欣荣（人社局）

政法工作考核情况：

1. 先进单位

公安局指挥中心　公安局国保大队
公安局淦田派出所　检察院公诉科
检察院民行科　法院民一庭
法院办公室　司法局朱亭司法所
司法局法律援助中心

交警大队法制室

2. 先进个人

张盛华（公安局）　王志军（公安局）
赵明众（公安局）　肖　旭（公安局）
杨晋峰（公安局）　王　华（公安局）
曹俊勇（公安局）
谭　浩（消防大队）
朱永国（武警中队）
刘迎胜（检察院）　廖友亮（检察院）
刘淑瑛（检察院）　王　婧（法　院）
易战国（法　院）　刘坤齐（法　院）
刘文辉（司法局）　陈战强（司法局）
蒋　进（交警大队）
李　伟（交警大队）
管亚昆（政法委）

3. 维稳工作先进单位

龙船镇　龙潭镇　淦田镇　民政局
交通局　信访局　住建局
交警大队一中队
公安局渌口派出所
司法局南洲司法所

4. 维稳工作先进个人

文环宇（法　院）　张　雄（龙门镇）
文化成（教育局）　肖洪清（检察院）
罗鹏举（公安局）　文　杏（人社局）
吴国清（交警大队）
龚　广（淦田镇）　谢　亮（政法委）
陈川伟（驻京维稳劝返办）

5. 反邪防邪工作先进单位

龙潭镇　公安局国保大队
渌口镇黄霞村　龙门镇龙门村
龙船镇庙前村

6. 反邪防邪工作先进个人

钱聪平（龙潭镇）　易錾将（龙船镇）
刘艳芝（渌口镇）　易　璋（公安局）
田靖茗（政法委）

7. 人民满意政法窗口

公安局人口大队　公安局朱亭派出所
公安局河西派出所　交警大队车辆管理所
检察院控告申诉科　法院立案信访局
县公共法律服务中心

8. 人民满意政法干警

唐　密（司法局）　宋麦庄（交警大队）
谭建军（检察院）　田　伟（公安局）
唐跃明（公安局）　陈　涛（公安局）
江旭红（公安局）　吴　聃（消防大队）
邓　畅（武警中队）　蔡　伟（法　院）

9. 信访工作先进单位

龙门镇　龙潭镇　淦田镇　南洲镇
公安局　民政局　教育局　住建局
国土局　房产局

10. 信访工作先进个人

彭国安（渌口镇）　彭　立（古岳峰镇）
张　军（龙船镇）　田智慧（朱亭镇）
宋志鹏（维稳办）　刘建坤（信访局）
丁湘阳（人社局）　文加根（经科局）
谭志刚（卫计局）　黄远波（国税局）

县 2016 年“五一”劳动奖章名单

湖南联合城市建设集团有限公司董事长　王志为
株洲时代新材科技股份有限公司事业部　颜学文
株洲县渌口镇中心学校校长　张赛辉（女）

株洲县渌田镇中心卫生院院长　袁仲佳
株洲湘渌米业有限责任公司高级保管员
晏小平
株洲县南洲镇政府财政所所长　彭立新
株洲县公安局巡特警教导员　向　慧（女）
株洲宏畅生态农业发展有限公司总经理
谭翠花（女）

县 2016 年工人先锋号名单

华新水泥（株洲）有限公司质量控制部
湖南鸿远高压阀门有限公司技术部

株洲县各级各部门主要负责人名册

株洲县各级各部门主要负责人名册

● 中共株洲县委及工作部门、归口单位

中共株洲县委

书　记	罗绍昀
副书记	刘克胤　朱　江
县委常委	刘美和　谭伟生
	刘奇伟　张德云
	易运华　武挪强
	刘　辉　谭成华

中共株洲县纪委

书　记	谭伟生
副书记、监察局局长	曹　虎
副书记	尹征东　马　莉
纪委常委	兰海平　谭合明
	刘晓欢　文卫国
纪委常委、监察局副局长	刘志军
监察局副局长	谭　星
办公室主任	周　蕾
组织部长	章　程
党风政风监督室主任	刘　莎
信访室主任	言　健
案件监督管理室主任	刘　云
第一纪检监察室主任	汪　颖
第二纪检监察室主任	周义军
第三纪检监察室主任	谭　毅
案件审理室主任	涂文君
纪委派驻人力资源和社会保障局纪检组长	唐　婷
纪委派驻水利局纪检组长	谢新云
纪委派驻教育局纪检组长	饶卫民
纪委派驻经济科技信息化局纪检组长	汤锐杰
纪委派驻财政局纪检组长	唐　礼
纪委派驻林业局纪检组长	张　剑
纪委派驻商务和粮食局纪检组长	刘　瑛
纪委派驻食品药品工商质量监督管理局纪检组长	文美松
纪委派驻城市管理和行政执法局纪检组长	罗　毅
纪委派驻文体广电新闻出版和旅游局纪检组长	肖　伟
纪委派驻住房和城乡规划建设局纪检组长	胡铁牛
纪委派驻发展和改革局纪检组长	陈　静
纪委派驻民政局纪检组长	宾明辉
纪委派驻交通运输局纪检组长	方　军
纪委派驻卫生和计划生育局纪检组长	刘晓芳
纪委派驻环境保护局纪检组长	石　波
纪委派驻农业局纪检组长	罗晖平

中共株洲县委办公室

主　任	刘　辉
常务副主任	白繁星
副主任、保密局局长（兼）	张建华
副主任、密码管理局局长(兼)、机要局局长(兼)	王　娴
副主任、政研室主任	张　华

副 主 任	谭天飞
	陈川伟（挂职）
渌改办副主任	朱君毅
机要局副局长	刘　洋
政研室副主任	罗湘玲
督查室主任	黄吉哲

中共株洲县委组织部

部　长	谭成华
常务副部长	颜志雄
副部长、县委“两新”党工委书记	陈继红
副 部 长	谭　丽
	曹铁祥（兼）
	周平娇（兼）
党员教育中心主任	唐湘孚
机关工委副书记	周　健
党联办主任	龙理森
县委“两新”党工委书记	赵小山
县委党建办主任	田　富

中共株洲县委宣传部

部　长	刘美和
常务副部长	颜伏招
副部长、文明办主任	唐红宇
副部长	王　婷
	刘中山（兼）
文明办副主任	田晓春

中共株洲县委统战部

部　长	刘奇伟
常务副部长	钟诚华
副部长、台办主任	吴安棉
副部长、县委“两新”党工委副书记(兼)	胡青华

中共株洲县委政法委

书　记	张德云
副书记、维稳办主任	宋志鹏
副书记、综治办主任	张　旭
副 书 记	刘志伟
副书记（兼）、610办主任	陈向阳
政法委员会委员、综治办副主任	言永平
综治办副主任	张智敏
维稳办副主任	谢　亮

县机构编制委员会办公室

主　任	文爱娱
副主任、事业单位登记管理局局长	张润能
副 主 任	马　婷
事业单位登记管理局副局长	张爱军

中共株洲县委老干部局

局　长	周平娇
副局长	曾耀武　王自力
	谭国俊
工会主席	易兰平

中共株洲县委党校、行政干部学校

党总支书记、校长	欧阳开科
党总支副书记、副校长	曾朝晖
副 校 长	刘芳林　朱志勇
校务委员	陈　品　邹　琪

县总工会

党组副书记、主席	文伟明
党组书记	包雄辉
党组成员、副主席	唐艳霞

共青团株洲县委员会

书　记　何彩凤
副书记　李　杏　罗碧峤

县妇女联合会

党组书记、主 席　侯　骞
党组成员、副主席　涂　艳
副主 席　罗　眷

县工商业联合会

主　席（会长）　段琳芳
党组书记　胡青华
党组成员、副主席(副会长)　马永鸿　陈　喜

县文学艺术界联合会

党组成员、主　席　晏建怀
党组成员、副主席　吴　雪

● 株洲县人民代表大会常务委员会及工作部门

县人大常委会

党组书记、主任　罗禧瑰
党组副书记、副主任　郭兴龙
党组成员、副主任　李桂香　张国雄　唐定文
副主任（兼）　何　沙
党组成员、常务委员　文再宜
常务委员　王洪兵　尹征东　邓炼红　邓艳群　杨　平　吴顺祥　何　莹　何伏桂　何彩凤　何翌滔　张志光　张步峰　段琳芳　侯　骞　郭峥峥　唐铁安　彭亦武　谢莉香　颜伏招　颜志雄

人大办公室

主　任　文再宜
副主任　邓日红

选举任免联络工作委员会

主　任　邓炼红
副主任　马　玲

法制工作委员会

主任委员　王洪兵
副主任委员　张仲春

财政经济委员会（预算工作委员会）

主任委员　吴顺祥
副主任委员　李俏枝

教育科学文化卫生工作委员会

主　任　彭亦武
副主任　彭　悦

农业和农村工作委员会

主　任　谢莉香
副主任　刘双斌

城乡建设环境资源保护委员会

主任委员 何　莹

副主任委员 李兴平

● 株洲县人民政府及工作部门、归口单位

株洲县人民政府

党组书记、县长 刘克胤

党组副书记、常务副县长 武挪强

党组成员、副县长 晏永辉　于大平　黄团结　漆帅花　刘行国

副县长 吴宏亮

党组成员 刘　伟　曹　虎　谭伟军　黄汉林　文申良

县政府办公室

党组书记、主　任 谭伟军

党组成员、副主任 王　波　陈向荣　李浩治

党组成员、创建办主任 谢运长

副主任（兼）、县接待中心主任 何湘桂

金融办副主任 伍洪峰

法制办副主任 何　皓

县机关事务服务中心

主　任 李光荣

副主任 喻灿辉　谢　丹

县食品药品工商质量监督管理局

党组书记、局长、县委“两新”党工委副书记（兼） 罗铁纯

党组副书记、副局长 曹廷厚

党组成员、副局长 叶舜尧　刘　鹏　冯旭光　付　辉　罗　伟　侯　赛

食品药品和质量技术检验检测所所长 孙青怡

县政务服务中心

主　任 罗胜利

副主任 马林奇　唐冰峰

县信访局

局　长 王　帅

副局长 刘战胜　王　珏

县审计局

党组书记、局长 黄汉林

党组副书记、副局长 周志文

党组成员、副局长 何胜伏

总审计师 田丰收

经责审办公室专职副主任 蒋　鸿

县档案史志局

局　长 周铁刚

副局长 王　婵　张凯鹏

县人力资源和社会保障局

党组书记、局长 曹铁祥

党组成员、副局长 张　纯　吴立志　胡敦森　晏金花

工会主席 蒋荣华

就业局局长　文　杏
社保局局长　郭运霞
城乡居民社会养老保险局局长　张　斌
医保局局长　王　晟
劳动保障监察大队大队长　张　黎
人力资源服务中心主任　冯吉子
农村合作医疗办公室主任　张志光

县公安局

党委书记、局长　黄团结
党委副书记　董　智
党委副书记、副局长　咏　洲
党委委员、副局长　罗　伟　赵伟平
　张　雄　周孟安
党委委员、纪委书记　刘　宇
党委委员　罗　永
纪检监察室主任、警务督察大队大队长　彭太平
指挥中心主任　刘　恺
法制工作室主任　万　韧
警务保障室主任　王朝阳
警务保障室教导员　曾　征
刑事侦查大队大队长　唐　智
治安管理大队大队长　袁正华
治安管理大队教导员　罗鹏举
国内安全保卫大队大队长　文　胜
禁毒大队大队长　刘名田
人口与出入境管理大队大队长　曾剑凌
人口与出入境管理大队教导员　项新元
巡特警大队大队长　侯志铁
巡特警大队教导员　向　慧
经济侦查大队大队长　曾新宇
经济侦查大队教导员　田　伟
网络安全保卫大队大队长　刘　力
网络安全保卫大队教导员　何　允
看守所所长　谭　建
看守所教导员　张　义
拘留所所长　杨　陈
拘留所教导员　陈　强
渌口派出所所长　汤　晟
南洲派出所教导员　刘益财
淦田派出所所长　袁正力
朱亭派出所所长　冯亮军
河西派出所所长　宾韦伟
水上派出所所长　肖育林
水上派出所教导员　刘江文

县司法局

党组书记、局　长　夏伟清
党组成员、副局长　刘文辉　唐　密

县交警大队

党总支书记、大队长　罗　伟
政　委　马和平
副政委　陈增文
副大队长　张清林　刘石坚
　宋麦庄
纪检组长　易四清
车管所所长　朱渌江
事故室主任　吴国清

县发展和改革局

党组书记、局长　邓霞云
党组副书记、副局长　郭耀湘

党组成员、副局长　姚汉林　谭　准　向新根
副局长　李建文　邓红卫　陈　恒
工会主席　刘　丹

县“两型”办

主　　任　叫秋平
副 主 任　苏　芳　李雨恒

县文体广电新闻出版和旅游局

党组书记、局长　唐欣荣
党组副书记、副局长　齐玲利
党组成员、副局长　林明亮　许建勇　何邦正
党组成员　周渌水
文化市场综合执法大队队长　万辉阳
文物局局长　吴利人
工会主席　李元满

县统计局

党组书记、局长　姜芳玲
党组成员、副局长　朱富强
副 局 长　胡兆云
总统计师　李　艳
经济调查队队长　张劲峰
普查中心主任　刘益梅

县经济科技信息化局

党组书记、局长　梁　静
党组副书记、副局长　唐建新
党组成员、副局长　张永跟　李纪奎　黄　卫　周　敏　李建华　魏　球
电力行政执法大队大队长　周　盛

县公路局

党总支书记、局长　许　颖
副 局 长　田小红　皮定安
王家洲超限检测站临时负责人　刘国泉
路政大队临时负责人　游文斌

县交通运输局

党组书记、局长　易国林
党组成员、副局长　田红军
副 局 长　唐　伟
党组成员　夏　兰
党组成员、公路站站长　何志新
总工程师　肖功武
党组成员、运管所所长　张亮程

县商务和粮食局

局　长　陈代陆
党组书记　黄艳伟
党组副书记、副局长　周刻良　刘学林
党组副书记　罗纯程
党组成员、副局长　李民武　易文湘　刘晓明　晏光全　齐永丹
党组成员、市场管理处主任　苏志刚
党组成员　喻意良

县财政局

党组书记、局长　唐定文
党组副书记、副局长　肖红国
党总支副书记　张是良
党组成员、副局长　张　峰　陶建湘　柳亚莉
副 局 长　刘正红

党组成员、评审中心主任　吴　茵
党组成员、农开办主任　张冬林
总会计师　吴光泉
非税收入管理局局长　易志安
国库集中支付核算中心主任　何花群
乡镇财政服务中心主任　倪桂华

县卫生和计划生育局

党组书记、局长　王宇平
党组副书记、副局长　陈　勇
党组成员、副局长　谭志刚　王松良　赵　勇　李　敏
党组成员、疾控中心主任　朱雪全
党组成员、妇幼保健计生服务中心主任　姜　岚
副局长、红十字会常务副会长　何　朋
工会主席　张四平
卫计综合监督执法局局长　何　亮
乡镇卫生院会计核算中心主任　黄小丹

县农业机械管理局

党组书记、局　长　肖卫平
党组成员、副 局长　尹立新　罗真翔　李渐秋
工会主席　唐青云

县农业局

党委书记、局　长　李光泉
党委副书记　王　林
党委委员、副局长　李正开　曹学良　傅立科　邹福华　马永红
党委委员、农技推广中心主任　田　磊
党委委员、农源办主任　钟敬武
农办副主任　殷　绘
总农艺师　罗国强
工会主席　吴　婷
经管站站长　林梓樟

县林业局

党组书记、局长　彭志中
党组副书记、副局长　马小欢
党组成员、副局长　刘志高　雷利辉
党组成员、林业综合执法大队队长　张　谦
党组成员　刘　军
森林公安局局长　刘运良
森林公安局政委　易进求
山林纠纷调处办公室主任　刘昕星
凤凰山国有林场党总支书记、场长　葛　江

县畜牧兽医水产局

党组书记、局长　郑光辉
党组副书记、副局长　文向德
党组成员、副局长　凌万根　龙水成　田卫红
工会主席　赵双红

县水利局

党委书记、局长　李　颖
党委委员、副局长　尹　健　齐安平　颜　卫（挂职）
党委委员　罗　智
防汛抗旱指挥部办公室主任　陶新永

县民政局

党组书记、局长、县委“两新”党工委副书记(兼)　冯卫平
党组副书记、副局长　邹细祥

党组成员、副局长　唐震祁　张庆元　张小平
党组成员、社会福利中心主任　晏　希
慈善办主任　杨爱国

县残疾人联合会

理事长　彭春明
副理事长　文红霞　肖迎春

县科学技术协会

党组书记、主　席　黄建辉
党组成员、副主席　李国清　田腊林

县教育局

党组书记、局　长　齐满珍
党组成员、副局长　朱志明
副局长、主任督学　宋　鸥
党组成员、副主任督学　文化成

县广播电视台

台　长　刘中山
党总支书记　肖　凌
副台长　凌卫红　贺　琼

县住房和城乡规划建设局

党组书记、局长　刘力军
党组副书记、副局长　刘威望
党组成员、副局长　郭兰馨　孙先云　袁梅仙　肖伯平　李　盛
总工程师　刘月平
党组成员、重点办主任　汤茂军
工会主席　易艳华
市政园林绿化管理处主任　朱飞宇

县城市管理和行政执法局

党委书记、局长　张高峰
副局长(兼)、环卫处主任　李剑源
副局长　包罗赞　孙惠希　郭朝阳
党委委员、拆违大队大队长　罗国平
党委委员、城管执法大队大队长　晏　治

县征地工作协调管理办公室

主　任　刘天职
副主任　陈再平　殷建明

城市建设投资有限公司

党总支书记、董事长　周　群
总经理　谭庆余
监事会主席　唐　兴
党总支副书记、副总经理　张荣华
副总经理　徐鹏程　雷　军

县城市建设投资管理中心

副主任　彭　茹　魏一鸣

县国有资产投资有限公司

党总支书记、董事长　晏品兼
总经理　吴万里
监事会主席　孙志恒
副总经理　易跃平　齐　军　文红斌

县国有资产投资管理中心

主　任　周　毅
党总支书记　王豪亮
副主任　凌　云　孙炜杰　刘　甜

县公共资源交易中心

党组书记、主任　杨柳贤
党组成员、副主任　谭震宇　夏　天
副主任　董明明

县房产管理局

党总支副书记、局长　龙东明
党总支书记　马红旗
副局长　易　青　邓江介　肖　湘
工会主席　刘亚军

县环境保护局

局　长　周恒立
副局长　张光河　曾文强　柳志为
工会主席　万清安
环境监察大队队长　马泽华
环境监测站站长　郭晓辉

县人民防空办公室

党组书记、主　任　田要耕
党组成员、副主任　谢新文　张艳红　张　娟

县移民开发局

局　长　刘世新
副局长　吴元满　唐新蔚

县供销合作社联合社

党总支书记、主任　李　昕
副主任　何绍光　邓永红

县安全生产监督管理局

党组书记、局　长　郭立新
党组成员、副局长　刘明星　周卫斌
总工程师　刘中坚

渌口经济开发区管理委员会

党工委书记　彭铁锋
副书记、主任　刘　伟
党工委副书记、纪工委书记　刘热欢
党工委委员、副主任　曹永祥　江　勇
办公室主任　彭　丹
招商科科长　唐炳强
规划科科长　易耀湘

渌口经济开发区产业发展有限公司

党总支书记、董事长　袁上兵
总经理　文开启
监事会主席　何兰军
副总经理　李晓春　胡　毅　刘益光

交通发展建设有限公司

党总支书记、董事长　何立新
总经理　林　辉
监事会主席　孙　乾
副总经理　张　平　刘　峰　包　闯

县职业中专、教师进修学校

党总支副书记、校长 唐石林
党总支书记 彭伟文
副校长 张汉鑫 周伟男 彭中辉

县五中

党总支书记、校长 郑国文
副校长 文　勇 王　忠 罗荣璐 周　建

县一中

校　长 罗壮道

县三中

校　长 彭春芳

县一医院

院　长 瞿　梅
党总支书记 蒋智勇
副院长 王国胜 钱发良 谢照林

县中医院

院　长 喻华球
副院长 易大利 蔡建君 凌　峰 谢彦博

县渌口电站

站　长 陶新永

● 政协株洲县委员会及工作部门

中国人民政协协商会议株洲县委员会

党组书记、主席 王亚男
党组副书记 刘奇伟
党组成员、副主席 邓霞云 齐满珍
副主席 李文亮 瞿　梅（兼） 陈代陆（兼）
党组成员、秘书长 朱永胜
党组成员、常务委员 钟诚华 黄　娟
常务委员 桂　林 彭卫红 姜满珍 游胜军 何凯云 宋　鸥 何　朋 向泽军 万方明 周继荣 刘佐清 张壮志 赵　琼 郭立华 谭建军 周文斌 张　文 李爱军 谭　星 谭裕兴

办公室

主　任 黄　娟
副主任 黄柳燕

提案委员会

主　任 游胜军

经科委员会

主持工作 文　涌

人口资源环境委员会
主　任　　彭卫红

文史委员会
主　任　　姜满珍

联络联谊工作委员会
主　任　　桂　林

机关党总支
书　记　　何凯云

● 株洲县人民法院

党组书记、院长　　邓国平
党组副书记、副院长　　文环宇
党组成员、副院长　　蒋爱清　龙卫国
党组成员、纪检组长　　谢运勇
党组成员、政工室主任　　刘　丽
党组成员　　吴发明
副院长　　黄建军
工会主席　　徐恩泽
审委会专职委员　　李如鹰
执行局局长　　周晓玲
执行局政委　　刘　静
非诉行政案件执行局局长　　汤晓洪
非诉行政案件执行局政委　　蔡　伟
立案信访局局长　　唐以红
法警大队政委　　张　毅
朱亭法庭庭长　　刘文权
淦田法庭庭长　　易战国

● 株洲县人民检察院

党组书记、检察长　　凌　辉
党组副书记　　齐新文　张学民
党组成员、副检察长　　汤青山　李红勇　谭　乾
副检察长　　谭建军
党组成员、纪检组长　　肖洪清
党组成员、政工室主任　　戴　亮
检委会专职委员　　孟志伟　申　湘
反贪污贿赂局局长　　廖友亮
反渎职侵权局局长　　陆胜军
反渎职侵权局教导员　　罗曙光
法警大队队长　　马海妍
法警大队教导员　　汤汝松

● 株洲县人民武装部

部　长　　易运华
政治委员　　陈雪勇
副部长兼军事科长　　周学芝
政工科科长　　彭　林
后勤科科长　　李　栋

● 在县省、市直管单位

县国家税务局
局　长　　刘伟文
副局长　　黄　春　周书华　顾　宁

纪检组长 黄远波
渌田税务分局局长 丁希安

县地方税务局
党组书记、局长 韩友林
党组成员、副局长 尹国秋 彭红丹 易建彬
党组成员、纪检组长 贺众欢
工会主席 周辉广

县国土资源局
局　长 文申良
副局长 刘辉良 肖松山
总经济师 王　平
土地储备中心主任 刘光明
征地拆迁所所长 喻文广

国网株洲县供电分公司
总经理 刘云从
党总支书记 苏文强
副总经理 吕博勇 陈贵斌

县烟草专卖局
局长、经理、党组书记 陈舜尧
副局长 李明生
纪检组长 夏琛乔

中国邮政株洲县分公司
总经理、书记 唐安明
副总经理 张　畅 林　立 盛连江

中国电信株洲县分公司
总经理、党总支书记 叶晓波
副总经理 唐文波
副总经理、工会主席 孙　杨

中国移动通信株洲县分公司
经　理 周勇波
副经理 陈忠良 朱荟璇

中国石化株洲县石油分公司
经　理 陈湘惠
党支部书记 唐月尔
副经理 刘智国 周　倩 王　勋

县地方海事处
处　长 杨献忠
副处长 周汉雄

县交通建设质量安全监督局
局　长 （缺）
副局长 邓绍明 陈朝晖

株洲市住房公积金管理中心株洲县管理部
主　任 李　云

湖南省新华书店有限责任公司株洲县分公司
经　理 蒋茂豪
副经理 王洁平 周　谓

县自来水公司
经　理 宋　毅

金融、保险机构

中国农业发展银行株洲县支行

支部书记、行长　黄卫民
支委委员、副行长　罗湘闽　颜　斌

中国农业银行股份有限公司株洲县支行

党委书记、行长　王晚成
党委委员、副行长　姜　龙　吴　琪　谭文娟

县农村信用合作联社

党委书记、理事长　蔡本文
党委副书记、主任　谭全良
纪委书记、监事长　丁伯华
党委委员、副主任　田忠于　蔡湘华

中国人保财险株洲支公司

经　理　龙艳群
副经理　侯　波　陈小利

中国人寿保险株洲支公司

经　理　谢友兰
副经理　刘运林　唐　颖

中国平安产险株洲县支公司

经　理　谢艳红